未成年人权益法律保护系列

预防未成年人犯罪法律知识
百问百答

孙培江·主编
赵　敏　王　飞　彭志娟　金练红·副主编

中国民主法制出版社
全国百佳图书出版单位

图书在版编目（CIP）数据

预防未成年人犯罪法律知识百问百答/孙培江主编
.—北京：中国民主法制出版社，2022.3
（未成年人权益法律保护系列）
ISBN 978-7-5162-2769-5

Ⅰ.①预… Ⅱ.①孙… Ⅲ.①未成年人保护法—预防犯罪—中国—问题解答 Ⅳ.①D922.7-44

中国版本图书馆 CIP 数据核字（2022）第 017407 号

图书出品人：刘海涛
出版统筹：乔先彪
责任编辑：逯卫光　袁月

书名／预防未成年人犯罪法律知识百问百答
作者／孙培江　主编
出版·发行／中国民主法制出版社
地址／北京市丰台区右安门外玉林里 7 号（100069）
电话／（010）63055259（总编室）　63058068　63057714（营销中心）
传真／（010）63055259
http：//www.npcpub.com
E-mail：mzfz@npcpub.com
经销／新华书店
开本／16 开　710 毫米×1000 毫米
印张／14.5　字数／197 千字
版本／2022 年 6 月第 1 版　2022 年 6 月第 1 次印刷
印刷／三河市宏图印务有限公司

书号／ISBN 978-7-5162-2769-5
定价／56.00 元
出版声明／版权所有，侵权必究。

（如有缺页或倒装，本社负责退换）

前 言

少年司法是衡量司法进步性、文明性的重要表征。自 1984 年上海市长宁区人民法院创立我国第一个专门审理未成年人刑事案件的合议庭以来,少年法庭经过三十多年的筚路蓝缕,取得了瞩目的成就,积累了宝贵的经验,形成了相对独立的少年审判工作体系,建立了专业化的少年审判法官队伍,在预防和矫治未成年人犯罪、维护未成年人权益、保护未成年人健康成长等方面发挥了重要作用。如今,我国少年司法制度已过"而立之年",未成年人法治工作"面临全面依法治国和全面深化司法体制改革浪潮的洗礼",发展遇到新的情况,既有新机遇,更有新挑战。2020 年 12 月 26 日,《中华人民共和国预防未成年人犯罪法》(本书简称《预防未成年人犯罪法》)经第十三届全国人大常委会第二十四次会议修订表决通过。修订后的《预防未成年人犯罪法》法律条文从五十七条增至六十八条,定位保护少年和保护社会的双重目标,将对未成年人的不良行为由"预防"改为"干预",对不同类型越轨未成年人的干预和矫治进行了细化规定,确立和完善了专门学校矫治教育制度、社会调查和心理测评制度等,对促进我国未成年人犯罪预防与矫治事业的发展具有里程碑意义。

新修订的《预防未成年人犯罪法》自 2021 年 6 月 1 日起正式施行,为了更好地开展新修订法律的宣传工作,营造未成年人成长的良好社会环境,未成年人审判的发源地上海市长宁区人民法院精心挑选了 100 个热点问题,牵头组织编写了《预防未成年人犯罪法律知识百问百答》一书。本书结合最新的立法规定、最生动的司法执法实践,用通俗易懂的语言为预防未成年人犯罪提供全方位解答,为未成年人成长提供全过程法治保障。

借本书付梓之际,谨向长期以来对未成年人法治工作给予关心、支持、帮助的各级领导和社会各界人士表示真挚的感谢!希望本书能够为促进我国未成年人法治事业的发展尽绵薄之力。

目 录

第一章 总 则 / 001

1. 为什么要制定预防未成年人犯罪法？ / 001
2. 哪些主体在预防未成年人犯罪工作中负有重要责任？ / 003
3. 预防未成年人犯罪具体由哪些政府负责？各级人民政府在预防未成年人犯罪方面的职责有哪些？ / 005
4. 学校如何开展性教育？如何预防未成年人性犯罪的发生？ / 007
5. 为何要建设校园法治教育专门队伍？应如何进行人员选拔？ / 008
6. 如何促进未成年人身心健康发展？ / 012
7. 为什么要对未成年人犯罪从轻或减轻处罚？ / 014
8. 导致未成年人犯罪的原因有哪些？ / 017
9. 国内外预防未成年人犯罪的经验有哪些？ / 019
10. 专门教育为什么要坚持行政化决定机制，是否可以通过修正刑法的方式来实现？ / 022
11. 如何增强未成年人辨别是非和自我保护的能力？ / 024
12. 有哪些方式可以帮助未成年人进行心理矫治和心理干预，以及采取这些方式的必要性？ / 026

第二章 预防犯罪的教育 / 029

13. 学校如何开展预防未成年人犯罪的教育？ / 029
14. 学校如何配合社会预防未成年人犯罪？ / 031
15. 如何预防未成年学生实施校园欺凌行为？ / 033
16. 如何培养未成年人的思想品德以及呵护未成年人的心理健康？ / 035
17. 家庭教育对预防青少年犯罪有何积极意义？如何形成良好的家庭氛围？ / 037

18. 预防留守未成年人重新犯罪应当尤其注意什么？ / 039
19. 教育行政部门在预防未成年人犯罪方面有哪些职责？ / 041
20. 如何大力推进中小学"法治校长进校园"的普法教育工作？ / 043
21. 学校可以通过何种渠道了解调查本校的校园暴力现状？发现校园暴力现象后，学校应当如何处理？ / 045
22. 学校应如何开展社会主义道德教育，培养学生践行社会主义核心价值观？ / 049
23. 如果学校发现有未成年人辍学，应当如何处理？如何使其接受教育？ / 051
24. 如果你发现所在的社区有未成年人被迫辍学，作为社区工作人员应该如何做？ / 053
25. 社会如何为未成年人营造良好的网络环境？ / 055
26. 如何预防未成年人的网络犯罪？ / 057
27. 开展法治教育课对预防未成年人犯罪有何意义？ / 059
28. 校园欺凌有何危害？ / 061

第三章　对不良行为的干预 / 064

29. 未成年人有哪些不良行为值得重视？ / 064
30. 什么是不良行为？应建立何种机制应对有不良行为的未成年学生？学校能否在未告知父母的情况下径自对有不良行为的未成年学生采取管理教育措施？ / 067
31. 未成年人犯罪经常涉及的类型是哪几种？ / 068
32. 发现有未成年人卖淫、嫖娼或赌博，学校应如何处理？学校应如何开展反"黄、赌、毒"教育？ / 070
33. 如何对未成年人犯罪的受害人进行保护？ / 072
34. 学校发现未成年人可能涉及或已经涉及犯罪，应当如何处理？ / 076
35. 学校应该如何处理校园欺凌事件？ / 078
36. 寄宿制学校应当如何加强对学生安全管理？若遇未成年人无故夜不归宿，应当如何处理？学校应当如何促进寝室氛围和谐，室友间融洽相处？一旦发现同寝室的未成年人有矛盾摩擦，应当如何处理？ / 079

37. 发现学生参与犯罪团伙或非法组织，学校应当如何处理？／082

38. 学校在招聘教职员工时是否需要对其进行背景调查？
    是否需要对其进行心理健康测评？／083

39. 应当如何处理品行不良或有教唆、胁迫、引诱学生实施
    不良行为或严重不良行为的教职工？／085

40. 什么是"校园暴力"？什么是"校园软暴力"？它们分别会
    对未成年人造成什么消极影响？／088

41. 学校与家庭应如何加强合作，实现对预防未成年人
    犯罪的家校共育？／090

42. 学校及相关部门应如何维护校园及校园周边治安，
    保障学生安全？一旦发现校外人员无故进入校园，
    应当如何处理？／092

43. 社会在预防未成年人犯罪的工作方面应当如何做？／094

44. 学校因不良行为惩处未成年人前是否应当举行听证会？／097

第四章　对严重不良行为的矫治／099

45. 什么是严重不良行为？应建立何种机制处理有严重
    不良行为的未成年学生？／099

46. 什么是青少年网络欺凌？／101

47. 学校应如何保证刑满释放和接受社区矫正的未成年人
    受到平等的教育待遇？／103

48. 未成年人严重不良行为具体有哪些？／104

49. 严重不良行为与违法行为、犯罪行为有哪些相同点和
    不同点？／108

50. 如何界定未成年人"实施严重危害社会的行为，情节恶劣
    或者造成严重后果"以及"多次实施严重危害社会的
    行为"？／110

51. 如何预防青少年毒品犯罪？／110

52. 当发现有人教唆、胁迫、引诱未成年人实施严重不良行为的，
    哪些主体负有报警的义务？／112

53. 未成年人受到教唆人或胁迫人的威胁时，公安机关应当立即
    采取的保护措施有哪些？／114

54. 监护人如何消除或减轻未成年人严重不良行为给他人
或社会带来的后果？／116

55. 针对未成年人的严重不良行为，监护人可以采取哪些措施管教
未成年人？／118

56. 对有严重不良行为的未成年人，公安机关可以采取哪些矫治
教育措施？／119

57. 对有严重不良行为的未成年人，所在学校可以采取哪些矫治
教育措施？／123

58. 未成年人的父母或者其他监护人在矫治教育措施的实施
过程中负有哪些责任？／125

59. 未成年人具有哪些情形的，可以将其送入专门学校接受
专门教育？／127

60. 有权决定将未成年人送入专门学校接受专门教育的法律
主体有哪些？／129

61. 为何要对未成年人进行矫治教育措施？／130

62. 什么是"专门学校"？它与普通学校有哪些共同点
和不同点？／132

63. 进入专门学校接受矫治教育的未成年学生能否回到普通
学校就读？需要经过哪些程序？／135

64. 专门学校应如何开展对未成年人的矫治教育？／136

65. 进入专门学校学习的未成年人的学籍如何处理？
如若符合毕业条件能否毕业？／139

66. 专门学校对接受专门教育的未成年人的父母或其他监护人
负有什么责任？／140

67. 父母或其他监护人、亲属能否探望正在接受专门教育的
未成年人？／142

68. 如果未成年人及其监护人对矫治教育措施的行政决定不服，
可以通过什么法律途径进行救济？／143

69. 未成年人犯哪些罪应当负刑事责任？／144

70. 未成年人盗窃或者诈骗亲属财物的行为是否构成犯罪？／146

第五章 对重新犯罪的预防 / 148

71. 为什么要重视对未成年人重新犯罪的预防？ / 148
72. 为预防未成年人重新犯罪，司法机关在办理未成年人刑事案件时应当注意什么？ / 150
73. 司法机关应当邀请哪些人参与对涉罪未成年人的教育活动？ / 151
74. 讯问和审判涉罪未成年人，哪些人需要到场？ / 152
75. 什么是合适成年人？对其在预防未成年人重新犯罪方面有何要求？ / 154
76. 少年法庭受理案件的范围和特别程序有哪些？ / 156
77. 未成年人刑事案件社会调查制度是什么？ / 158
78. 如何对涉罪未成年人进行心理矫治和认知调整？ / 160
79. 对于无固定住所、无法提供保证人的未成年人如何适用取保候审？ / 162
80. 未成年犯的羁押、管理和教育与成年犯有什么区别？ / 165
81. 未成年犯的刑罚执行机关是哪个组织机构？它和成年犯监狱有什么不同吗？ / 167
82. 对未成年犯适用刑罚应当注意什么？ / 170
83. 未完成义务教育的涉罪未成年人还可以再接受义务教育吗？ / 172
84. 未成年犯管教所在预防未成年人重新犯罪中起到什么作用？ / 174
85. 社区矫正机构有哪些加强法治教育和进行职业教育的职责？ / 176
86. 社区矫正对于未成年犯的必要性和意义是什么？ / 178
87. 如何对涉及刑事案件的未成年人进行法治教育？ / 181
88. 安置帮教是什么？哪些机构或人员应当做好安置帮教工作？ / 184
89. 如何对刑满释放的未成年人进行安置帮教？ / 187
90. 如何理解对于有过违法犯罪经历的未成年人，在复学、升学、就业等方面不得歧视？ / 190

91. 未成年人犯罪有哪些特殊的法律保护制度？ / 191
92. 在司法领域如何保护未成年犯罪人的个人隐私
    和个人信息？ / 194
93. 未成年人犯罪记录封存制度是什么？封存内容包括哪些？
    它对预防未成年人重新犯罪有什么意义？ / 195
94. 如果未成年人的犯罪记录泄露，有什么救济途径？ / 199

第六章 法律责任 / 201

95. 诉讼过程中，国家机关发现实施严重不良行为的未成年人的
    父母或者其他监护人不依法履行监护职责的，可以
    采取什么措施？ / 201
96. 学校及其教职员工对预防未成年人犯罪有何特殊责任？ / 204
97. 根据《预防未成年人犯罪法》规定，教职员工在什么情况下，
    会被教育行政部门、学校依法予以解聘或者辞退？ / 207
98. 在复学、升学、就业等方面歧视相关未成年人的，
    应当承担什么责任？ / 208
99. 教唆、胁迫、引诱未成年人实施不良行为或者严重不良行为，
    应当承担什么责任？ / 211
100. 国家机关及其工作人员在预防未成年人犯罪工作中滥用职权、
    玩忽职守、徇私舞弊的，应当承担什么责任？ / 214

后　　记 / 217

第一章 总 则

1. 为什么要制定预防未成年人犯罪法？

《预防未成年人犯罪法》第一条规定，为了保障未成年人身心健康，培养未成年人良好品行，有效预防未成年人违法犯罪，制定本法。

"我们的社会在害怕我们的孩子，我想我们不知道如何对他们设限。他们开始以骇人听闻的方式行事，没有人阻止他们。"[1] 近几年来，18岁以下未成年人异常犯罪的行为引发社会关注和热议，一些案件不断挑战人们的道德及心理底线，他们的违法犯罪行为不仅给被害家庭带来灾难，给社会带来不安定因素，也给他们自己的一生带来难以估量的严重后果。这些极端恶性案件也使得未成年人犯罪冲击着大众的视线和心理，推动了《预防未成年人犯罪法》的修订完善。

未成年人保护工作事关未成年人健康成长和亿万家庭幸福安宁，事关社会大局稳定和国家长治久安。党的十八大以来，以习近平同志为核心的党中央高度重视未成年人健康成长，持续加强未成年人保护工作。青少年在人类社会发展过程中是一个重要而特殊的群体，起着承前启后的作用，关系到一个国家的未来和希望。青少年正处于成长的关键时期，也是个人心理发育成熟的重要阶段，具有人成长初期特殊的生理、心理特征。进入青春期后，加之外界环境的各种影响，青少年身体发育迅速，形体、内分泌等都会发生快速而巨大的变化。因此，青少年心理特征错综复杂。根据发展心理学和神经科学领域的一些研究发现，十几岁的孩子大脑尚未完全成熟，他们通常缺乏判断力，有冲动的倾向。额叶皮层是大脑中负责自我控制、有效判断和灵敏控制的部分，在整个童年和青年早期发展缓慢。因此，未成年人一方面寻求刺激、喜欢冒险，尤其和同龄人在一起的时候，他们缺乏判断对错和考虑后果的能力，但另一方面又希望遵守纪律。"青春期是介于儿童和成人之间的一段特殊时期一个短暂的发展阶

---

[1] ［美］克莱门斯·巴特勒斯、［美］弗兰克·施马莱格、［美］迈克尔·G. 特纳：《未成年人违法犯罪》（第10版），崔海英、张丽欣、徐超凡译，中国人民大学出版社2020年版，第10页。

段，处于这一时期的个体期望更多的尝试和冒险，倾向于忽视长期后果，对同龄人和其他社会影响高度敏感。"由于这种特殊的生理、心理特征，一方面，青少年由于缺乏自我保护的意识和能力，容易成为被伤害的对象；另一方面，他们也容易因为冲动和冒险，走上违法犯罪的道路而成为施害者。因此，通过法律保护未成年人不受伤害、对未成年人违法犯罪行为进行预防十分必要和紧迫。

1992年，我国签署了联合国《儿童权利公约》，并先后出台《中华人民共和国未成年人保护法》（以下简称《未成年人保护法》）和《预防未成年人犯罪法》，旨在保护未成年人的权益，同时预防和减少未成年人犯罪的危害。最高人民法院2018年发布的司法数据显示[①]，2009—2017年全国未成年人犯罪数量呈下降趋势，其中2016年降幅达18.47%。盗窃罪居未成年人犯罪首位，未成年人寻衅滋事罪、聚众斗殴罪案件有所上升。2016年1月1日—2017年12月31日，全国法院新收未成年人犯罪中，被告以初中生为主，占比68.08%，是犯罪预防的主要人群；从年龄上看，16周岁以上未成年人犯罪占比接近九成，16—17周岁的未成年人最容易犯盗窃罪，14—15周岁的未成年人最容易犯抢劫罪；从性别方面看，男性未成年人犯罪占比超过九成；从地段区域上看，浙江、上海、北京为外来未成年人犯罪高发地区，农村地区未成年人犯罪发案率超八成，须引起重视；家庭方面，流动、离异等家庭的未成年人犯罪排名靠前；犯罪时间和地点，网吧成为未成年人犯罪案件高发场所，深夜和凌晨为未成年人犯罪高发时间。这一数据和大多数研究结果保持一致，即在青春期（15—19岁）会出现犯罪率高峰，但在二十几岁初期出现下降态势，冲动行为随着10—30岁的年龄增长而下降，犯罪风险在16—17岁达到峰值。

最高人民检察院2020年发布的《中国未成年人检察实录（2014—2019）》通过对近年来未成年人刑事案件情况进行分析发现，当前未成年人犯罪总体形势趋稳向好，未成年人涉嫌严重暴力犯罪和毒品犯罪、校园欺凌和暴力犯罪、14—16周岁未成年人犯罪数量逐步减少，未成年人重新犯罪率整体平稳。但稳中有变，好中有忧，未成年人部分犯罪数量有所回升，未成年人聚众斗殴、寻衅滋事、强奸犯罪人数上升。

[①] 《最高法：我国未成年人犯罪量连续9年下降》，载天津长安网2018年6月3日，http://www.tjcaw.gov.cn/yw/zysy/tjcaw-ihcmurvf6509319.shtml。

另外，一些司法数据显示出未成年人再犯罪在某些地区处于上升态势，比如 2015—2018 年浙江省某市检察机关受理审查起诉的未成年人再犯罪案件 83 件 83 人，呈逐年上升趋势。这是因为未成年犯罪人，尤其是回归社会后的未成年犯罪人的处境堪忧。一些未成年人因年少时的冲动留下不良记录，导致升学、就业乃至整个人生都处于被社会排斥的状态，还有些迷途知返的孩子因种种不公平对待让他们感到被社会厌弃，进而萌生邪念，再次走向犯罪。

这些数字表明，我国在未成年人司法保护工作方面取得了重要进展，但是预防和减少未成年人违法犯罪工作仍需要进一步有针对性地加强和完善。在任何一个被犯罪所困扰的社会里，主要的问题不是惩罚犯罪，而是预防年轻人犯罪。面对未成年人违法犯罪，我们必须未雨绸缪，加强犯罪预防，并帮助那些误入歧途的孩子早日回归正途。

《未成年人保护法》和《预防未成年人犯罪法》的制定和修订，正是旨在通过法律更好地保护未成年人自身权益，同时也预防和减少他们对社会和他人的危害。实践证明，这两部法律的颁布和实施，为动员全社会保护未成年人和开展预防未成年人违法犯罪工作起到了重要作用。

2. 哪些主体在预防未成年人犯罪工作中负有重要责任？

预防未成年人犯罪具有综合性和复杂性，多方广泛参与是预防未成年人犯罪工作的重要特征。《预防未成年人犯罪法》第四条规定："预防未成年人犯罪，在各级人民政府组织下，实行综合治理。国家机关、人民团体、社会组织、企业事业单位、居民委员会、村民委员会、学校、家庭等各负其责、相互配合，共同做好预防未成年人犯罪工作，及时消除滋生未成年人违法犯罪行为的各种消极因素，为未成年人身心健康发展创造良好的社会环境。"因此，构建政府、学校、家庭、基层组织和司法机关等多位一体的综合协调机制，是预防制度社会化和专业化的体现，更是预防未成年人犯罪工作的自身要求。

一是政府主导的综合协调机构。预防未成年人犯罪的工作开展，政府综合协调功能发挥尤为重要。长期以来，我国将预防青少年违法犯罪工作归属于社会治安综合治理，由各级社会治安综合治理委员会专门设立预防青少年违法犯罪工作领导小组，具体负责领导工作，并已取得了明显成效，这在我国已经形成了一大特色和优势。需要更进一步的是，应当通过法律途径明确其执法主体的地位和责任，或者探索成立具有统筹协调功能的"预防未成年人犯罪委员会"，全面组织领导预防未成年人犯罪工作。通过一体化运行的统筹协调机制，公安机关、人民法院、人民检察院及其他国家机关发挥自身保障未成年人的优势，积极履行各自职能作用。

二是学校教育和惩戒作用。在预防未成年人犯罪工作中，学校的重要性不言而喻。与父母或者其他监护人的教导相比，未成年人在学校受到的教育对其人格的培养也至关重要。一些学校会将所谓的差生和优生区分开来，这并没有起到激励效果，一些偏激的学生甚至选择通过特立独行来表明自己"差生"的身份，进而可能会走上犯罪的道路。我们一直强调素质教育不仅仅指德智体美全面发展，更重要的是因材施教。每个人都有自己的闪光点和天赋，学校应当发挥引导和教育作用，树立学生的自我认同感，从源头上预防未成年人犯罪。不得不提的一点就是关于教师的惩戒权，所谓的惩戒是指教师依法对学生进行适当惩罚。应当明确教师对学生有一定的惩戒权，但必须严格区分必要的惩戒与体罚、变相体罚和侮辱学生人格尊严的行为，督促教师遵循目的正当、措施适度、程序公正、人格尊重的要求，合法、合理地行使教师惩戒权，充分发挥教师惩戒权的教育效果。

三是基层群众性自治组织。基层群众性自治组织与未成年人日常生活最为密切，居民委员会和村民委员会的作用不容忽视，应当承担好未成年人与家长、学校、社会帮教机构和国家机关等机构之间的衔接协调。随着时代的发展，居民委员会和村民委员会中受过社会工作专门教育的人才比例不断增加，有助于更加充分发挥居民委员会和村民委员会的应有作用，包括对未成年人进行一定程度的心理辅导，推动各方协同合力，共同预防未成年人犯罪。在特殊情况下，居民委员会和村民委员会还可以充当临时监护人的角色，更好保障未成年人的合法权益。

四是家长的责任制度。预防未成年人犯罪，最重要的责任在于父母。当前由于多种原因，父母未尽到相应职责，对未成年人不管不顾，拒绝履行应尽的监护职责的现象确实客观存在。针对这种情况，应当采取有效措施，对于放任被监护人实施有害未成年人身心健康成长的不良行为的，由公安机关、人民检察院、人民法院对父母或其他监护人予以训诫并责令加强家庭矫治教育。对于放任被监护人实施严重危害社会和他人权益的严重不良行为或治安违法行为，责令其缴纳保证金并接受家庭教育指导，定期向居民委员会或村民委员会报告家庭教育情况，造成损害后果的替代被监护人全额赔偿，受害人是未成年人的，必须与被监护人共同赔礼道歉，并赔偿精神损失费，造成受害人后续心理疾病的还应当承担心理治疗费用。对于放任被监护人实施犯罪行为的，在以上措施之外，由公安机关予以治安处罚，构成犯罪的依法追究其刑事责任。从当前形势来看，只有强化监护人的主体职责，才能促使其积极参与未成年人的不良行为矫治和犯罪预防工作。应当确保未成年人的父母或者其他监护人充分履行监护职责，学习家庭教育知识，创造良好、和美、文明的家庭环境，进而构建社会主义和谐社会。

3. 预防未成年人犯罪具体由哪些政府负责？各级人民政府在预防未成年人犯罪方面的职责有哪些？

《预防未成年人犯罪法》第五条规定："各级人民政府在预防未成年人犯罪方面的工作职责是：（一）制定预防未成年人犯罪工作规划；（二）组织公安、教育、民政、文化和旅游、市场监督管理、网信、卫生健康、新闻出版、电影、广播电视、司法行政等有关部门开展预防未成年人犯罪工作；（三）为预防未成年人犯罪工作提供政策支持和经费保障；（四）对本法的实施情况和工作规划的执行情况进行检查；（五）组织开展预防未成年人犯罪宣传教育；（六）其他预防未成年人犯罪工作职责。"

省级人民政府应当将专门教育发展和专门学校建设纳入经济社会发展规划，至少确定一所专门学校按照分校区、分班级等方式设置专门场所，对因不满刑事责任年龄不予刑罚的未成年人进行专门矫治教育。县级以上地方人民政府成立专门教育指导委员会，根据需要合理设置专门学校。

在预防未成年人犯罪工作中，教育行政部门应当根据法律规定和部门职责开展工作。《预防未成年人犯罪法》关于教育行政部门在预防未成年人犯罪工作中的职责规定主要表现在以下几个方面：（1）教育行政部门应当将预防犯罪教育纳入学校教学计划，指导教职员工结合未成年人的特点，采取多种方式对未成年学生进行有针对性的预防犯罪教育。由于未成年人在心理发展、智力发育等方面不完全，抽象思维对于他们来说比较枯燥，用形象生动的教育方式可以调动他们学习法律常识的积极性。教育行政部门可以自己，也可帮助学校组织举办展览会、报告会、演讲会等多种形式的预防未成年人犯罪的法治宣传教育活动。同时应当将预防犯罪教育的工作效果纳入学校年度考核内容。(2) 组织、举办多种形式的预防未成年人犯罪的教育活动。鼓励和支持学校聘请社会工作者长期或者定期进驻学校，协助开展道德教育、法治教育、生命教育和心理健康教育，参与预防和处理学生欺凌等行为；应当通过举办讲座、座谈、培训等活动，介绍科学合理的教育方法，指导教职员工、未成年学生的父母或者其他监护人有效预防未成年人犯罪；应当会同有关部门建立学生欺凌防控制度，要求学校加强日常安全管理，完善学生欺凌发现和处置的工作流程，严格排查并及时消除可能导致学生欺凌行为的各种隐患。(3) 对不适宜在学校工作的教职员工采取行政措施。对于教唆、胁迫、引诱未成年人实施不良行为或自身品行不良、影响恶劣、不适宜在学校工作的教职员工，教育行政部门应当予以解聘或者辞退。(4) 负责专门教育的相关工作。对有严重危害社会行为等法定情形的未成年人，经专门教育指导委员会评估同意，教育行政部门会同公安机关可以决定将其送入专门学校接受专门教育；对因不满法定刑事责任年龄不予刑事处罚的未成年人，经专门教育指导委员会评估同意，教育行政部门会同公安机关可以决定对其进行专门矫治教育，承担未成年人的教育工作。

居民委员会、村民委员会主要职责有以下几个方面：(1) 居民委员会、村民委员会应当积极开展有针对性的预防未成年人犯罪宣传活动，协助公安机关维护学校周围治安。(2) 及时掌握本辖区内未成年人的监护、就学和就业情况，组织、引导社区社会组织参与预防未成年人犯罪工作。(3) 及时制止本辖区内未成年人的不良行为，督促其父母或者其他监护人依法履行监护职责。未成年人的父母或者其他监护人、学校、居民委员会、村民委员会发现有人教唆、胁迫、引诱未成年人实施严重不良行为的，应当立即向公安机关报告。(4) 对接受社区矫正、刑满释放的未成年人，应当采取有效的帮教措施，协助司法机关以及有关部门做好安置帮教工作。居民委员会、村民委员会可以聘请思想品德优秀、作风正派、热心未成年人工作的离退休人员、志愿者或其他人员协助做好安置帮教工作。

《预防未成年人犯罪法》第五十六条规定，对刑满释放的未成年人，未成年犯管教所应当提前通知其父母或者其他监护人按时接回，并协助落实安置帮教措施。没有父母或者其他监护人、无法查明其父母或者其他监护人的，未成年犯管教所应当提前通知未成年人原户籍所在地或者居住地的司法行政部门安排人员按时接回，由民政部门或者居民委员会、村民委员会依法对其进行监护。

4. 学校如何开展性教育？如何预防未成年人性犯罪的发生？

《未成年人保护法》第四十条规定："学校、幼儿园应当建立预防性侵害、性骚扰未成年人工作制度。对性侵害、性骚扰未成年人等违法犯罪行为，学校、幼儿园不得隐瞒，应当及时向公安机关、教育行政部门报告，并配合相关部门依法处理。学校、幼儿园应当对未成年人开展适合其年龄的性教育，提高未成年人防范性侵害、性骚扰的自我保护意识和能力。对遭受性侵害、性骚扰的未成年人，学校、幼儿园应当及时采取相关的保护措施。"

这是我国"性教育"一词首次进入未成年人保护法，在2012年修正的《未成年人保护法》中，相关内容表述为：学校应当根据未成年学生身心发展的特点，对他们进行社会生活指导、心理健康辅导和青春期教育。回溯历史，"青春期教育"最早开始被正式使用是在原国家教育委员会和国家计划生育委员会1988年发布的《关于在中学开展青春期教育的通知》。此后，在《预防未成年人犯罪法》等法律中，开始提及开展"青春期教育"。之后又有法律文件将"性教育"表述为"生理卫生教育""性健康教育"。《预防未成年人犯罪法》第十二条规定："预防未成年人犯罪，应当结合未成年人不同年龄的生理、心理特点，加强青春期教育、心理关爱、心理矫治和预防犯罪对策的研究。"

然而，青春期教育、生理卫生教育、性健康教育与性教育并不等同，它们都不能完整地反映全面性教育的内容。2018年，联合国《国际性教育技术指导纲要》（修订版）中明确指出了全面性教育的八个核心概念：（1）关系；（2）价值观、权利、文化与性；（3）理解社会性别；（4）暴力与安全保障；（5）健康与福祉技能；（6）人体与发育；（7）性与性行为；（8）性与生殖健康。从这些概念可以看出，除了传达性与生殖健康相关知识，全面性教育还包含很多内容，比如，对性积极美好的态度和价值观、培养孩子与此相关的生活技能等。性教育包含非常丰富的内容，并不是青春期孩子的特殊需要，而是孩子从出生就该接受的教育。2020年"性教育"一词写入《未成年人保护法》，在中国性教育历史上具有里程碑意义——第一次在法律意义上确立了"性教育"的地位。

学校开展性教育要发挥教育优势，提早准备相应的教学大纲、教学计划、教学内容和师资力量，为开展性教育奠定坚定基础。一方面，可以以学科为突破口，在学科教学中渗透性健康教育。另一方面，可以设置校本课程，专门开展性教育；还可以通过主题班会、讲座、社团活动等开展丰富多彩的性宣传教育活动。除了课堂授课外，还可以通过学生欢迎的形式，如讲座、宣传片、宣传册、家庭教育、主题班会、同伴教育、社团活动等适时开展全方位的性健康教育，促进学生身心全面发展。性教育作为一项系统工程，也要推进学校性教育与家庭性教育相结合。学校应当将性教育内容告知家长，以保证教育内容的协调一致。还可以利用家长会、网络等，向家长传播科学的性知识、性观念和性态度，促进家校沟通，协同开展性教育。

预防未成年人实施性犯罪需要性教育与法治教育协同开展。通过性教育让未成年人对性产生全面而健康的了解，避免未成年人因好奇心理在心智不成熟的青少年时期实施性犯罪。性教育中蕴含的核心概念之一——价值观、权利、文化与性也会为青少年树立正确的性观念，阻止性犯罪动机的出现。法律作为社会生活的最后一道防线，法治教育使得未成年人接受法律蕴含的价值观，知悉违法犯罪所带来的后果及负面影响，以法律规范自己的行为，约束自己拒绝实施性犯罪。

5. 为何要建设校园法治教育专门队伍？应如何进行人员选拔？

青年兴则国兴，青年强则国强，青年有希望，未来的发展就有希望。青少年违法犯罪，究其原因，除了社会变革时期的一些因素外，学校、家长和学生普遍重视应试教育而忽视素质的培养，也是原因之一。许多学校重视知识教育轻视品德教育，政治思想教育薄弱，法治教育没有得到应有重视，造成许多学生不知法、不懂法，在缺乏衡量自己行为的标准和认识行为性质的情况下，实施了违法犯罪行为。青少年学生是国家未来的建设者和革命接班人，青少年时期又是人的世界观、价值观、人生观形成的关键阶段，可塑性极强。为了有效预防青少年犯罪，必须大力开展法治宣传教育，使学生懂法、用法、守法。

学校在提高青少年法治素养的过程中具有不可替代的作用，学校法治教育对建设法治国家具有现实长远的意义，必须认真抓好。2016年，教育部、司法部、全国普法办印发《青少年法治教育大纲》（以下简称《大纲》），对开展校园法治教育作出了重要指示。《大纲》指出，青少年法治教育的总体目标是以社会主义核心价值观为引领，普及法治知识，养成守法意识，使青少年了解、掌握个人成长和参与社会生活必需的法律常识和制度、明晰行为规则，自觉尊法、守法；规范行为习惯，培育法治观念，增强青少年依法规范自身行为、分辨是非、运用法律方法维护自身权益、通过法律途径参与国家和社会生活的意识和能力；践行法治理念，树立法治信仰，引导青少年参与法治实践，形成对社会主义法治道路的价值认同、制度认同，成为社会主义法治的忠实崇尚者、自觉遵守者、坚定捍卫者。

为了实现这一目标，学校必须对法治教育给予充分重视，组建团队专项负责校园法治教育工作。由于校园法治教育人员的水平和素养将直接关乎校园法治教育的顺利开展和工作成果，因此必须设置科学的遴选标准来组建一支专业的校园普法队伍。在组建、选拔校园法治教育专门队伍时，应当尽可能地挑选有法学教育背景的教职人员，也可以从司法和执法机关、法学教育、法律服务机构或第三方教育机构等单位邀请或聘请法治副校长、校外法治辅导员对本校教职工进行法律知识培训，然后组织专项考核，根据考核结果择优选取。

未成年人不同学段的法治教学内容应统筹安排、层次递进。因此，为便于教育管理众多学生，校园法治教育队伍内部组织架构可以再向下细分，设置小学低年级组（1—2年级）、小学高年级组（3—6年级）、初中组（7—9年级）和高中组（高一至高三年级）。各组教职工法治教育培训的内容，应依据其所在组法治教育对象的不同而有所不同。同时，为鼓励支持未成年人普法教育工作，《预防未成年人犯罪法》第十四条规定，国家对预防未成年人犯罪工作有显著成绩的组织和个人，给予表彰和奖励。第二十三条规定，教育行政部门应当将预防犯罪教育的工作效果纳入学校年度考核内容。为贯彻落实上述法律精神，学校也应定期对校园法治教育成果进行考评，评选杰出校园法治教育工作组或杰出工作人员，并予以奖励表彰。

《预防未成年人犯罪法》第十七条规定，教育行政部门、学校应当将预防犯罪教育纳入学校教学计划,指导教职员工结合未成年人的特点,采取多种方式对未成年学生进行有针对性的预防犯罪教育。也就是说,预防犯罪教育的内容应根据学龄特点有针对性设置,相应地,预防犯罪教育工作的评选标准就应根据所负责年级学生的法律知识掌握情况而定,具体如下。

小学低年级组的校园法治教育成效可以通过考察本校1—2年级学生对以下法律知识的掌握程度反映:(1)认知国家象征及标志。(2)初步建立国家、国籍、公民的概念,初步建立对家庭关系的法律认识。(3)初步建立规则意识,初步理解遵守规则、公平竞争、规则公平的意义与要求。(4)初步建立法律面前人人平等的观念。(5)了解消防安全知识、基本交通规则,知晓常用公共服务电话。(6)初步了解自然,爱护动植物,为节约资源、保护环境做力所能及的事。

小学高年级组的校园法治教育成效可以通过考察本校3—6年级学生对以下法律知识的掌握程度反映:(1)建立对宪法的法律地位和权威的初步认知。了解人民代表大会制度,初步认知主要国家机构,国家主权与领土,认知国防的意义,增强民族团结意识。(2)初步了解公民的基本权利和义务,简要认知重要民事权利,了解法律对未成年人的特定保护;初步理解权利行使规则,树立依法维权意识,树立有权利就有义务的观念,建立对校园欺凌行为的认知和防范意识。(3)了解制定规则要遵循一定的程序,进一步树立规则意识,遵守公共生活规则。初步了解合同以及合同的履行,理解诚实守信和友善的价值与意义。(4)初步了解消费者权益保护、道路交通、环境保护、消防安全、禁毒、食品安全等生活常用法律的基本规则。(5)初步认知未成年人能够理解和常见的违法和犯罪行为及其危害和要承担的法律责任。(6)初步了解司法制度,了解法院、检察院、律师的功能与作用。(7)知晓我国加入的一些重要国际组织和国际公约。

初中组的校园法治教育成效可以通过考察本校7—9年级学生对以下法律知识的掌握程度反映:(1)了解国家基本制度,强化国家认同。初步了解政府依法行政的基本原则,了解重要国家机构的职权。认知国家尊重和保障人权的意义。加深对公民基本权利和义务的认识。(2)了解民事法律活动的基本原则。了解合同和违约责任,树立诚信意识和契约精神。初步了解物权的概念,加深对知识产权的认识,理解保护知识产权的意义。了解有关民事侵权行为的法律规范和基本原则,认识与学生生活实践相关的民事侵权行为(校园伤害事故等)。了解劳动权利及其保障原则,以及教育、社会保险等相关方面的法律规定。(3)初步了解政府运行的法治原则,了解治安、道路交通、消防、环境保护、国家安全、公共卫生、教育、税收等公共事务的法律原则,初步形成依法参与社会公共事务的意识。(4)加深对社会生活中常见违法行为的认知,强化法律责任意识,巩固守法观念。了解犯罪行为的特征、刑罚种类,建立对校园暴力等青少年常见违法犯罪行为的防范意识和应对能力;初步认知罪刑法定、无罪推定等原则,正当防卫、紧急避险等概念。(5)初步了解我国司法制度的基本原则,建立尊重司法的意识。初步理解程序正义在实现法治中的作用,建立依法处理纠纷,理性维护权利的意识。

高中组的校园法治教育成效可以通过考察本校高一至高三年级学生对以下法律知识的掌握程度反映:(1)了解我国社会主义法律体系的构成;理解法的特征与作用,法治的内涵与精神,初步形成对中国特色社会主义法治道路的认同。加深对宪法的地位、功能和价值的认识,明晰宪法原则,深入理解宪法所确立的国家基本制度,加深对公民基本权利与基本义务的认知,加深对重要法治原则的理解,了解选举制度和重要法律规定,认知法治与民主的关系。了解宪法实施及其监督的程序与机制。(2)理解民事活动的基本法律原则和核心概念,了解物权的法律概念与基本规则,树立尊重所有权的观念,进一步了解合同订立与履行的法律规则,深化对诚信原则的认识。了解知识产权保护的意义和法律规则。简要了解侵权责任的原则、概念。全面认知家庭、婚姻、教育、劳动、继承等与学生个人成长相关的法律关系。了解与生活密切相关的行政法律中的重要规则,认知和理解政府行政管理的法治原则,建立权力受法律制约,有权力就有责任的观念。理解法律的运行规则,了解犯罪构成以及罪刑法定等基本原则。了解保障人权的重要性及其含义,理解法治与权利保障的关系。(3)认知民事、行政、刑事方面的法律责任,深化守法意识。了解诉讼制度的基本原则,以及调解、仲裁、行政复议等多元化纠纷解决机制,建立对正当程序原则的认识,树立理性表达诉求、依法维护权益的意识。了解人民法院、人民检察院的机构设置与职能,理解法官、检察官对维护司法公正的价值。了解律师的资格条件、业务范围和权利义务,理解律师维护社会正义的价值。(4)了解国际法的基本原则,我国签署加入儿童权利公约、残疾人权利公约等主要国际公约的基本内容。

党的十八届四中全会明确提出,"把法治教育纳入国民教育体系,从青少年抓起,在中小学设立法治知识课程"。习近平总书记在中国共产党第十九次全国代表大会上强调要"加大全民普法力度,建设社会主义法治文化,树立宪法法律至上、法律面前人人平等的法治理念"。加强青少年法治教育,使广大青少年学生从小树立法治观念,养成自觉守法、遇事找法、解决问题靠法的思维习惯和行为方式,是全面依法治国、加快建设社会主义法治国家的基础工程;是在青少年群体中深入开展社会主义核心价值观教育的重要途径;是全面贯彻党的教育方针,促进青少年健康成长、全面发展,培养社会主义合格公民的客观要求。作为普法工作的一线阵地,各学校应当积极响应党和国家的号召,凝聚各方力量,切实加强校园法治教育工作,为预防和减少未成年人犯罪,促进国家法治进程贡献力量。

6. 如何促进未成年人身心健康发展?

2020年修改通过的《未成年人保护法》构建了保护未成年人的新格局,明确了社会各界保护未成年人的新职责。

政府保护。政府应开展家庭教育指导,对家长提供支持。民政部内设机构中专门设立儿童福利司,健全农村留守儿童关爱服务体系和困境儿童保障制度,指导儿童福利、收养登记、救助保护机构管理工作。民政部门代表国家监护困境儿童,在法定情形下依法对未成年人进行临时监护和长期监护。

司法保护。首先,司法部门应格外关注涉案未成年人的心理健康。《未成年人保护法》规定公安机关、人民检察院、人民法院和司法行政部门应当确定专门机构或者指定专门人员,负责办理涉及未成年人案件。办理涉及未成年人案件的人员应当经过专门培训,熟悉未成年人身心特点。专门机构或者专门人员中,应当有女性工作人员。另外,在询问性侵害或者暴力伤害案件中的未成年被害人、证人时,应当采取同步录音录像等措施,尽量一次完成,避免多次询问对未成年人的心理造成伤害。其次,司法部门应督促有关单位切实担负起保护未成年人的职责。《未成年人保护法》第一百一十四条规定，公安机关、人民检察院、人民法院和司法行政部门发现有关单位未尽到未成年人教育、管理、救助、看护等保护职责的，应当向该单位提出建议。另外，《未成年人保护法》第一百零五条专门规定了检察机关的监督权：人民检察院通过行使检察权，对涉及未成年人的诉讼活动等依法进行监督。

学校保护。首先，学校应注意育人与教书并重，帮扶困境学生。《未成年人保护法》第三十条规定，学校应当根据未成年学生身心发展特点，进行社会生活指导、心理健康辅导、青春期教育和生命教育。对于留守未成年学生、困境未成年学生，学校应当配合政府有关部门建立信息档案，开展关爱帮扶工作。其次，建立防范校园欺凌工作机制，对教职员工、学生等开展防控学生欺凌的教育和培训。对于欺凌行为，学校应当立即制止，通知实施欺凌和被欺凌未成年学生的父母或者其他监护人参与欺凌行为的认定和处理；对相关未成年学生及时给予心理辅导、教育和引导；对相关未成年学生的父母或者其他监护人给予必要的家庭教育指导。最后，建立预防性侵害、性骚扰未成年人工作机制。《未成年人保护法》第四十条规定，对性侵害、性骚扰未成年人等违法犯罪行为，学校、幼儿园不得隐瞒，应当及时向公安机关、教育行政部门报告，并配合相关部门依法处理。学校、幼儿园应当对未成年人开展适合其年龄的性教育，提高未成年人防范性侵害、性骚扰的自我保护意识和能力。对遭受性侵害、性骚扰的未成年人，学校、幼儿园应当及时采取相关的保护措施。

家庭保护。未成年人的父母或者其他监护人应当学习家庭教育知识，接受家庭教育指导，创造良好、和睦、文明的家庭环境。家长要提高安全意识，防范安全风险。父母应心系留守孩子。《未成年人保护法》第二十二条规定，未成年人的父母或者其他监护人因外出务工等原因在一定期限内不能完全履行监护职责的，应当委托具有照护能力的完全民事行为能力人代为照护；无正当理由的，不得委托他人代为照护。"照护"不同于"监护"，受委托人只是替家长代为照看孩子，监护职责还在家长身上，监护权没有转移。那么孩子不在身边，家长如何履行监护职责？《未成年人保护法》第二十三条有详细规定："未成年人的父母或者其他监护人应当及时将委托照护情况书面告知未成年人所在学校、幼儿园和实际居住地的居民委员会、村民委员会，加强和未成年人所在学校、幼儿园的沟通；与未成年人、被委托人至少每周联系和交流一次，了解未成年人的生活、学习、心理等情况，并给予未成年人亲情关爱。"

社会保护。公共场所应当设置搜寻走失未成年人的安全警报系统。场所运营单位接到求助后，应当立即启动安全警报系统，组织人员进行搜寻并向公安机关报告。住宿行业认真履行入住询问义务。密切接触未成年人行业建立入职查询制度。《未成年人保护法》第六十二条规定了密切接触未成年人的单位招聘工作人员入职查询制度。这些单位招聘工作人员时，应当向公安机关、人民检察院查询应聘者是否具有性侵害、虐待、拐卖、暴力伤害等违法犯罪记录；发现其具有前述行为记录的，不得录用。密切接触未成年人的单位应当每年定期对工作人员是否具有上述违法犯罪记录进行查询。通过查询或者其他方式发现其工作人员具有上述行为的，应当及时解聘。2020年9月18日，最高人民检察院发布5起教职员工准入查询违法犯罪信息典型案例，通过查询违法犯罪记录，将潜在的"大灰狼"从教职员工队伍中清除出去。

网络保护。国家应对网络游戏和网络直播进行法律规范。网络服务提供者应承担防范网络侵害未成年人权益的义务。《未成年人保护法》第六十八条规定：新闻出版、教育、卫生健康、文化和旅游、网信等部门应当定期开展预防未成年人沉迷网络的宣传教育，监督网络产品和服务提供者履行预防未成年人沉迷网络的义务，指导家庭、学校、社会组织互相配合，采取科学、合理的方式对未成年人沉迷网络进行预防和干预。

7. 为什么要对未成年人犯罪从轻或减轻处罚？

犯罪是具备辨认和控制自己行为能力的人在其意识和意志的支配下所实施的危害社会的行为。辨认和控制自己行为能力取决于行为人的生理、心理、智力和社会知识的发展程度，这必然受到年龄因素的影响。未成年人由于生理和心理特点，并不能完全辨认和控制自己的行为，因而缺乏适用相应刑罚的必要性和合理性，只有达到一定年龄，能够辨认和控制自己的行为，并能够适应刑罚的惩罚和教育的人，才能够要求他们对自己的危害行为依法负刑事责任。因此，世界上各个国家的刑法均设立了各自的刑事责任年龄制度。

我国古代立法者已经认识到刑事责任同人的年龄之间存在联系，并且将年龄大小作为减免刑事责任的事由之一。西周时期就规定了 7 岁以下的幼儿犯罪不承担刑事责任，被认为是世界上最早的刑事责任年龄制度。汉朝废除秦朝以身高作为刑事责任能力标准的规定，划分了刑事责任年龄，这一做法为后世法典所沿袭。刑事责任年龄制度发展到唐代，也达到了封建社会的最高水平。主要内容有：刑事责任年龄的划分。唐代将刑事责任年龄划分为四个阶段，即无刑事责任年龄阶段（不满 7 岁和年满 90 岁）、相对负刑事责任年龄阶段（7—10 岁，80—90 岁）、减轻刑事责任年龄阶段（10—15 岁，70—80 岁）和完全负刑事责任年龄阶段（15—70 岁）。其中有些内容对今天的立法和司法都有借鉴、参考意义。唐代刑事责任年龄制度为宋、元、明、清所沿用。[1]

新中国成立后，我国的刑事责任年龄立法经历了一段较长时间的争论和反复修改。1950 年的《中华人民共和国刑法大纲草案》将刑事责任年龄的起点设定为 14 岁，规定犯罪人未满 14 岁者不处罚，14 岁以上未满 18 岁者得从轻处罚；1951 年发布的《关于未成年人被匪特利用放火投毒是否处罚问题的批复》将刑事责任年龄下调至 12 岁；1957 年的《中华人民共和国刑法草案》再次修改刑事责任年龄的规定，将未成年人承担刑事责任的起点提高到 13 岁；1979 年，14 岁以下未成年人完全无刑事责任能力，14—16 岁的未成年人对部分严重犯罪承担刑事责任，14—18 岁的人犯罪应当从轻或减轻处罚的立法模式正式确立；在全面研究修改刑法并制定更加完备的刑法典的过程中，1988 年的刑法修改稿一度将刑事责任年龄的起点改回 13 岁，但最终并未被采纳，14 岁的刑事责任年龄规定沿用至《中华人民共和国刑法修正案（十）》。

随着社会发展步伐的不断加快，未成年人犯罪低龄化趋势凸显，越来越多的低龄未成年人实施暴力行为伤害他人的恶性事件被报道出来。然而根据第十一次修正前《中华人民共和国刑法》（以下简称《刑法》）第十七条的规定，未满 14 周岁的未成年人不须承担刑事责任。一系列由未成年人实施的极端恶性案件及处理结果先后曝光引发舆论及社会公众的质疑。在 2019 年全国两会上，30 名全国人大代表联名提交了关于修订《未成年人保护法》的议案，建议将未成年人刑事责任年龄下调至 12 周岁，这一

---

[1] 中国法律年鉴编辑部编：《中国法律年鉴（2006 年）》，中国法律年鉴社 2006 年版，第 784 页。

议案的提出更是引起了社会公众和法学界对于是否应当降低刑事责任年龄的广泛讨论。

2020年12月26日第十三届全国人民代表大会常务委员会第二十四次会议通过《中华人民共和国刑法修正案（十一）》（以下简称《刑法修正案（十一）》），将《刑法》第十七条修改为："已满十六周岁的人犯罪，应当负刑事责任。已满十四周岁不满十六周岁的人，犯故意杀人、故意伤害致人重伤或者死亡、强奸、抢劫、贩卖毒品、放火、爆炸、投放危险物质罪的，应当负刑事责任。已满十二周岁不满十四周岁的人，犯故意杀人、故意伤害罪，致人死亡或者以特别残忍手段致人重伤造成严重残疾，情节恶劣，经最高人民检察院核准追诉的，应当负刑事责任。对依照前三款规定追究刑事责任的不满十八周岁的人，应当从轻或者减轻处罚。因不满十六周岁不予刑事处罚的，责令其父母或者其他监护人加以管教；在必要的时候，依法进行专门矫治教育。"

本次修法，一方面彰显了立法坚持问题导向，及时顺应民意提升刑事治理体系与治理能力之初衷；另一方面依然表现出国家在未成年人犯罪问题上克制、审慎的立场。下调刑事责任年龄并非把我国的刑事责任年龄普遍降低，而是类似于英美法国家所采取的"恶意补足年龄"做法，严格地附条件、附程序适用。从实体上，仅限于已满12周岁不满14周岁的人犯故意杀人、故意伤害罪，致人死亡或者以特别残忍手段致人重伤造成严重残疾、情节恶劣的情形；在程序上，要求由最高人民检察院核准追诉，才可以追究其刑事责任。

同时，该修正案统筹考虑《刑法》修改和《预防未成年人犯罪法》修改相关问题。与修订前的《预防未成年人犯罪法》相比，现行《预防未成年人犯罪法》更注重对非行青少年①进行早期干预与矫治，防止非行青少年实施更加严重的社会越轨行为。《刑法修正案（十一）》将收容教养修改为专门矫治教育，规定："因不满十六周岁不予刑事处罚的，责令其父母或者其他监护人加以管教；在必要的时候，依法进行专门矫治教育。"这样

---

① 一般来说，有以下7种行为的青少年会界定成所谓的"非行"少年：(1) 经常与有犯罪习性之人交往；(2) 经常出入少年不当进入之场所；(3) 经常逃学或逃家；(4) 参加不良组织（黑社会）；(5) 无正当理由经常携带刀械；(6) 吸食或施打烟毒或麻醉药品以外之迷幻物品；(7) 有预备犯罪或犯罪未遂而为法所不罚之行为。

就避免了过去"一放了之"的情况,是对未成年人惩教与保护并重政策精神的进一步体现。

刑法不等于刑罚,也不只意味着惩罚。刑法可以作为教育和改造青少年犯罪人的有效工具。《刑法修正案(十一)》对刑事责任年龄的弹性降低具有合理性,在坚持"教育为主、惩罚为辅"的未成年人犯罪刑事政策的同时,又能更好发挥有效防治青少年犯罪,保障社会秩序,保护人民群众生命财产安全的作用。

8. 导致未成年人犯罪的原因有哪些?

导致未成年人犯罪的原因较多,现代研究通常认为主要有以下几种因素。

第一,家庭因素。离异的单亲家庭、混合家庭、未婚生育、无家可归、失业、酗酒和暴力等是影响当今青少年的一些家庭问题,经历此类问题的少年很有可能作出社会无法容忍的行为。研究表明,家庭冲突和婚姻适应不良比家庭结构破裂更容易导致未成年人违法犯罪。出生顺序在中间的子女比最大或最小的子女更容易出现违法犯罪行为,以及来自大家庭的子女比小家庭有更多的违法犯罪倾向,但这更多可能是因为父母无力满足这些孩子的情感和经济需求,而与出生顺序或家庭规模无关。有违法犯罪的兄弟姐妹或父母的未成年人比没有的更容易引发违法犯罪行为,兄弟姐妹可能会从其他家庭成员那里学习违法犯罪行为。经历家庭拒斥的儿童比未经历过的更容易产生违法犯罪行为,被拒斥程度越重的儿童越容易参与违法犯罪行为。贫困也可能对未成年人的违法犯罪行为的增加产生影响。缺乏母亲的监督、父亲(母亲)反复无常(严厉)的管教、父母拒斥和缺乏亲子依恋等似乎是导致严重和持续犯罪最重要的预测因素。家庭中不利因素越多,未成年人的犯罪率越高。也就是说,家庭内部的多种风险因素比单一因素更容易导致未成年人违法犯罪。另外,在家庭环境中不得不提对未成年人和成年人行为与态度的塑造有深远影响的两个问题:忽视和儿童虐待。"忽视"这个词通常指忽视儿童或少年的生理、情感或道德需要。当一个孩子可用以下语句来描述时,其身体、情感、智力成长和福利都处于危险境地:营养不良,衣不蔽体,很脏,没有适当的住所或睡眠安排;无人监督,无人照料;生病,缺乏必要的医疗护理;否认有被爱、被需要、安全感、有价值感的正常体验(情感忽视);没有正常上学;被剥削、过度劳累。研究表明，儿童时期受到虐待或忽视会导致未成年时期被捕的可能性增加59%，成年后被捕的可能性增加29%，因暴力犯罪被捕的可能性增加30%；受虐待的儿童在首次被捕时年龄更小，罪行几乎是一般人的两倍，被捕次数也更多；身体虐待和被忽视（相对于性虐待）的儿童最有可能日后因为暴力犯罪而被捕。①

第二，校园因素。有关未成年人违法犯罪的大多数主要理论都认为，学校是导致未成年人违法犯罪行为的因素之一。霸凌、学业失败、在校社会地位低、辍学、不良交往等都是常被提起的相关因素。当未成年违法者从前在学校表现不佳时，他们就会搞破坏、辍学或被停学——所有这些都会进一步强化他们的越轨行为。有些孩子很难取得学业成就，于是这些年轻人就转向实施犯罪，以弥补他们的地位挫败感、失落感和低自尊感。儿童通过接触他人和模仿他人的行为来学习犯罪行为——儿童可能会认为犯罪行为是可以被接受的，因为他们所接触的人对这种行为的定义是积极的。学校教育中也有很多因素可能导致未成年人犯罪。学校的教育实践如果偏离素质教育的办学目标，把追求升学率作为学校教育的中心甚至唯一任务，这可能会使部分学生产生厌学情绪，有的甚至发展到逃学、辍学、退学。另外，如果学校的心理教育缺失，在性教育方面过于保守，教育方法简单粗暴，不懂得、不善于根据未成年人的生理、心理、智力特点开展教学和思想工作，而是采用简单的说教、训斥，甚至罚款、体罚、变相体罚等侵害未成年人合法权益的方法来管理学生；或者歧视后进生，冷嘲热讽，甚至采取劝退、开除等形式将后进生推向社会，就容易引发学生的逆反心理，造成师生关系的紧张与对立。极端情况下，那些受到过伤害的学生甚至会对学校和教师进行报复并由此走上犯罪的道路。同时，如果存在学校管理的缺陷，比如管理不善、纪律松弛的学校，不能形成良好的校风，那么学生极易受不良因素的影响，出现各种偏差行为。学校如果忽视对学生自我保护意识的培养，只注重应试教育，则会加大学生的被害倾向。而这些受到过伤害的学生，又容易产生报复心理，模仿犯罪人的手法对校园中低年级的同学实施敲诈勒索甚至抢劫财物。

第三，个体性因素。未成年人自身的生理、心理发育特点等也是影响

---

① [美] 克莱门斯·巴特勒斯、[美] 弗兰克·施马莱格、[美] 迈克尔·G. 特纳：《未成年人违法犯罪》（第10版），崔海英、张丽欣、徐超凡译，中国人民大学出版社2020年版，第177页。

其犯罪的原因。当代生物学主义认为,产生犯罪行为的是遗传特征和社会条件的结合。大量研究表明,遗传因素对行为有影响。有证据表明,多动障碍、注意力缺陷、学习障碍与参与犯罪行为之间有联系。也有人支持由于营养不良、过敏和接触铅等物质而导致的体内化学物质失衡与未成年人违法犯罪行为有关。但是这种联系非常微弱,尽管不良的饮食和维生素缺乏可能会影响未成年人的情绪感受,但这并不意味着未成年人会卷入违法犯罪行为。心理学主义更关注人格的情感构成。早在20世纪,著名的心理学家弗洛伊德针对未成年人犯罪提出了在20世纪大部分时间里比较有影响力的三个见解:(1)儿童尚未学会控制本我的原始驱动力(原始本能和原始动力),他们很难区分社会可接受的行为和社会不可接受的行为;(2)儿童必须学会控制他们的性冲动和攻击冲动,这会使孩子们必须以社会可接受的方式来缓解内心紧张;(3)儿童在5岁时的情感经历会影响他的余生。童年期经历的情感创伤,包括无意识的负罪感,很可能导致终生的心理问题。其他的心理学家已经将精神分析的观点应用于少年违法者的情境研究中,其中一些研究如下:由于家庭关系的冲突性,少年违法者对父母有很大的怨恨,会把他们的怨恨转移到其他权威人物身上;幼儿时期自我发展紊乱,可能会导致反社会人格特征的发展,如自私、冲动和不负责任等。顽固不化的少年违法者有时候被称为精神病态者,也被称为反社会者。反社会者更容易有违法犯罪行为。分析表明,反社会人格具有以下特征:敌意、自我为中心、充满恶意、嫉妒和对他人漠不关心。反社会人格往往缺乏野心、毅力和动机,具有非传统和非正统的价值观与信念(如责任心低),难以控制自己的行为。

另外,未成年人犯罪还受到其他一些因素的影响,比如社区环境、社会环境、不良咨询等。

9. 国内外预防未成年人犯罪的经验有哪些?

我国法院审判方面有许多预防未成年人的犯罪经验。其一,坚持未成年人利益最大化原则,确保未成年人依法得到特殊、优先保护。对未成年人犯罪要坚持"教育、感化、挽救"方针和"教育为主、惩罚为辅"原则。对未成年人权益要坚持双向、全面保护。坚持双向保护,既依法保障未成年被告人的权益,又要依法保护未成年被害人的权益,对各类侵害未成年人的违法犯罪要依法严惩。坚持全面保护,既要加强对未成年人的刑事保护，又要加强对未成年人的民事、行政权益的保护，努力实现对未成年人权益的全方位保护。其二，深化综合审判改革，全面加强未成年人权益司法保护。将与未成年人权益保护和犯罪预防关系密切的涉及未成年人的刑事、民事及行政诉讼案件纳入少年法庭受案范围。人民法院审理涉及未成年人案件，应当根据案件情况开展好社会调查、社会观护、心理疏导、法庭教育、家庭教育、司法救助、回访帮教等延伸工作，提升案件办理的法律效果和社会效果。其三，加强审判机制和组织建设，推进未成年人审判专业化发展。坚持未成年人审判的专业化发展方向，加强未成年人审判工作的组织领导和业务指导，加强审判专业化、队伍职业化建设。其四，加强专业队伍建设，夯实未成年人审判工作基础。各级人民法院应当高度重视未成年人审判队伍的培养和建设工作，为少年法庭配备专门的员额法官和司法辅助人员，加强法官及其他工作人员的业务培训，审理涉及未成年人案件的人民陪审员应当熟悉未成年人身心特点，具备一定的青少年教育学、心理学知识，并经过必要的业务培训。其五，加强审判管理，推动未成年人审判工作实现新发展。对涉及未成年人的案件实行专门统计，建立符合未成年人审判工作特点的司法统计指标体系，掌握分析涉及未成年人案件的规律，有针对性地制定和完善少年司法政策，定期发布未成年人审判白皮书和司法建议，完善未成年人审判档案管理制度。其六，加强协作配合，增强未成年人权益保护和犯罪预防的工作合力。加强与公安、检察、司法行政等部门的协作配合，健全完善"政法一条龙"工作机制，加强与有关职能部门、社会组织和团体的协调合作，健全完善"社会一条龙"工作机制，加强未成年人审判社会支持体系建设。

国外预防未成年人犯罪有许多成果，网络管理和矫正项目作为其中比较重要的环节，其经验可作为我国政策制定的参考。

不良资讯是导致未成年人犯罪的重要原因，当今时代，青少年接触不良资讯主要源于互联网。我国网络监管已经采取了一些有力措施，也取得了积极成效，但仍有不足，可参考借鉴域外网络内容管理经验，结合我国实际，进一步予以完善。首先，推动我国未成年人网络保护专门立法。从各国对未成年人网络保护和内容管理的立法模式看主要有分散保护模式，如英国、德国等国是通过普通立法中的一般规定和相关判例法来实现对未成年人的网络保护的,通过修订和完善现行各类法律法规来扩大适用范围。也有通过专门立法给予单独保护的方式,如美国是采取专门立法保护的模式对未成年人网络活动进行法律保护和规制。我国的立法实践虽然与英国、德国类似,但这种保护仍存在较大的差距,因法律体系不完善、规定较为宽泛,实际操作起来无法有效地为未成年人网络活动提供保障。所以,可以借鉴美国等国家采取专门立法保护的模式,推动我国未成年人网络保护专门立法。其次,采用分级制度。许多国家对未成年人网络保护的立法都是建立在网络内容分级的基础上的,对分类及内容有一定的标准,有利于法律的执行。而我国目前尚未采用分级制度,对网络不良信息的认定,尤其是色情、淫秽等概念的界定标准模糊且存在争议,不利于对未成年人开展针对性的网络保护。因此,建立分级制度确有必要。从世界上对网络内容分级及识别的实践经验来看,可供选择的技术手段多样,比如包含网络内容分级标准的 PICS 技术标准协议;建立数据库用于自动识别网络不良信息;关键词识别、预警技术,可以较为准确地提取网络上出现的"敏感词",用于判断未成年人的网络活动状态,继而进行报警等。最后,应当推动社会各界建立网络内容管理意识。纵观多国经验,网络内容的分级、限制应该是建立在一个多方共识、参与的基础上,由政府监管、多部门联动、行业管理、开发商经销商自律、家长控制等共同构建的体系。目前,我国还没有形成社会各界共同参与的良好氛围,应推动全社会形成共识,自主承担特定的义务,实现对未成年人网络活动的全方位保护。

对未成年不良行为者适用什么样的矫正项目,需要创新思维,借鉴国外的成熟做法并结合我国的实际,设计一系列的未成年偏差行为者社会化矫正项目,包括针对个人的矫正项目和对家庭的矫正项目。具体来说,可以考虑借鉴以下方法:首先,采用家庭监禁和电子监控方式。一方面这些方式可以对未成年不良行为者形成一定的威慑,使其对法律有一种敬畏,认识到自己行为的危害性;另一方面出于对未成年人保护的理念,这些方式可以避免对未成年不良行为者的"标签"化效应。既是对未成年不良行为者的监督,又是对未成年偏差行为者的惩罚。其次,采用中途之家、震慑性监禁方式。中途之家是一种有效的社区矫正形式,2007年,我国第一家中途之家在北京市朝阳区建成,主要针对社区服刑人员和刑释解教人员中的"三无"人员（无家可归、无亲可投、无生活来源）及其他特殊人员，是一种过渡性的社区矫正常设机构，在我国一些发达地区已成立这样的机构，还应扩大其适用范围。震慑性监禁是指对犯罪人所适用的短期监禁。该设计旨在让犯罪人体验监狱的艰苦生活，利用对监禁刑的惧怕心理来阻止他们实施更为严重的犯罪行为，在经历短暂的监禁之后，让他们在社区继续接受监督并完成矫正任务。

10. 专门教育为什么要坚持行政化决定机制，是否可以通过修正刑法的方式来实现？

修订后的《预防未成年人犯罪法》，删除有关收容教养制度的条款，并继续坚持对未达到刑事责任年龄的罪错未成年人采取行政化的决定机制。新法规定了成立专门教育指导委员会对罪错未成年人进行评估，同时规定教育行政部门和公安机关送入专门学校的决定程序，增加了专门教育的法律依据和执行方式，从而确保对罪错未成年人措施的行政化决定程序走入法治轨道。

应当看到的是，坚持专门教育的行政化决定方式是适合当前我国国情的制度选择。首先，我国通过坚持立法阶段的谦抑性原则和司法阶段的罪刑法定原则来对行政违法和刑事犯罪进行区分。立法层面上的刑法谦抑性原则是指在没有可以替代刑罚之外的方式才可将某种违反法律秩序的行为规定为犯罪行为，意思是除了采取刑罚已经没有其他的处罚方式。在司法层面，按照罪刑法定原则，《中华人民共和国刑事诉讼法》（以下简称《刑事诉讼法》）规定，未经法院依法判决，任何人不得被判有罪；对不构成犯罪或不需要追究刑事责任案件侦查机关应当撤销案件，检察机关应当作出不起诉决定。由此可见，有权决定出罪的主体并非只是法院。对未达到刑事责任年龄人触犯刑法的案件均不能定性为犯罪案件，在此情况下，当公安机关和检察机关明知道行为人因未达到刑事责任年龄不构成犯罪，却仍坚持将案件送入法官手中，是对罪刑法定原则和出罪规定的违反。因此，坚持对罪错未成年人采取专门教育行政化决定机制是贯彻我国刑法谦抑性原则和罪刑法定原则的重要体现。其次，符合我国行政违法与刑事犯罪二元分立司法实践状况。二元分立司法是指根据国家行政事务职权分工要求，为维护社会公共秩序，实现对社会的有效治理，可以通过国家立法的形式交由警察机关决定对公民采取人身强制性质的法律制裁方式。警察权在我国体现为治安管理处罚法的制定和颁布,通过行政性法律赋予公安机关作出限制人身自由的执法权限。因此,对未达到刑事责任年龄的罪错未成年人这一特殊主体采取行政化的决定机制是符合我国国情和司法实践状况的制度选择。近年来,随着我国民主法治观念的深入人心及全面依法治国、全面从严治党建设不断向前深入发展,对公安机关的各种监督途径,包括公安机关内部监督、纪检监察部门监督、网络媒体监督以及人大代表和广泛的人民群众监督等能形成有效的监督力量,充分制约或限制公安机关滥用权力,从而保障公安机关对罪错未成年人作出决定的行政程序在阳光下运行。我国公安机关具有丰富的办案经验,未达到刑事责任年龄的罪错行为案件由于行为人社会阅历较浅、违法犯罪动机简单,侦破难度一般不大,公安机关有能力也有责任和义务承担起对这部分罪错未成年人违法犯罪案件的侦破和处理任务。

因此,不论是从我国司法实践需求还是实际矫治效果的角度来看,坚持我国专门教育的行政化决定方式是解决当前罪错未成年人决定机制的应然选择。

结合我国当前国情,专门教育并不适宜进行司法化程序改造,即通过修正刑法方式进行。首先,尽管从世界范围来看,由法院作出决定的司法化程序已成为罪错少年决定机制的主要模式,但要明确的是,这些国家普遍设立了较低的刑事责任年龄标准,司法程序仍然只是对已达刑事责任年龄的未成年人适用,只不过适用的是专门针对少年特殊制定的刑事法律。因此,大陆法系国家普遍注重区分违法和犯罪行为的界限,并没有把未达到刑事责任年龄等非犯罪案件纳入司法审判范围。除此之外,世界各国也存在对少年罪错案件行政化决定程序的实践特色,对我国具有一定借鉴意义。如俄罗斯强调通过未成年人事务及其权利保护委员会等行政机构对罪错未成年人发挥作用。只强调借鉴国外少年司法制度的司法化经验,但未充分结合当前中国司法审判系统的实践情况进行考虑并不可取。

其次,当前我国少年司法制度和少年审判模式发展缓慢,难以承载司法化改革目标。目前来看,我国未成年人审判专业机构建设发展并不充分,自1984年上海市长宁区人民法院成立第一个少年法庭开始,至今三十余年我国少年司法制度发展几经受挫,少年法庭改革模式几经辗转仍存在争议,且目前尚无独立的少年法院成立。司法实践中基层法院办案压力普遍偏大，再增加大量因未达到刑事责任年龄不构成犯罪的刑事审判业务，对基层法院特别是少年法庭来说无异于雪上加霜。而一旦将这部分人也纳入司法审判系统中，需要同时修改《中华人民共和国宪法》（以下简称《宪法》）、《刑法》、《刑事诉讼法》以及《预防未成年人犯罪法》等多部法律来与之配套衔接形成完善的法律体系。

最后，采取刑事司法模式未能体现未成年人特殊保护需要。众所周知，未成年人身心发育不健全，对其适用严肃压抑的刑事审判模式会导致其产生封闭心理和反社会人格，从而容易引发再犯，造成更加严重的后果。在案件侦查和审判中采取的羁押措施必然会阻碍未成年人继续接受正常的义务教育。进入司法审判程序必然有案卷"留档"，再好的犯罪记录封存制度也不如没有记录，对于这部分未成年人今后求职就业将产生严重制约从而产生"标签效应"①，不利于罪错未成年人的再社会化。不仅如此，采取司法化程序设计虽然能提供一定的司法程序保障，但与此同时带来漫长的诉讼周期以及超长的羁押期限同样不利于未成年人的特殊保护需要。

在当前我国少年司法制度的现实背景下，司法化改造不仅忽视了国情和司法实践状况，采取刑事司法模式也未能体现对未成年人特殊保护的需要。专门教育的行政化决定方式是符合当前我国国情的制度选择。

11. 如何增强未成年人辨别是非和自我保护的能力？

辨别是非的能力是对犯罪进行自我防范和自我行为控制的前提条件。未成年人如果针对是非标准不清，罪与非罪的界限不明，就谈不上自觉去预防犯罪。自我保护的能力是指未成年人在受到各种不良行为和违法犯罪行为侵害时，能够摆脱、制止以及对自己进行保护的能力。实践中，有许多未成年人在受到他人不法侵害时，由于得不到有效的保护，不能及时摆脱恶劣环境，导致该未成年人也走上犯罪道路，由原来的受侵害者变成侵害者。因此，加强未成年人辨别是非和自我保护的能力，是对未成年人进行保护和预防未成年人犯罪的一个重要内容。

首先，要教育未成年人明辨是非，学会识别违法行为和合法行为。父

---

① 标签理论是以社会学家莱默特和贝克尔的理论为基础而形成的一种社会工作理论。其在犯罪领域主要是指：人们之所以犯罪，是因为对其他个体和社会群体对待自己破坏社会规则的认识产生了偏差，其他人将社会规则的违反者称为罪犯，而规则的破坏者迫于群体压力，意识到自己很难再融入群体，从而自暴自弃，继续破坏既定规则，从事违法犯罪活动。

母是孩子的第一任老师，未成年人的健康成长离不开家长的教育引导。在家庭教育中，家长应不断提高家教水平，引导孩子从小树立正确的世界观、人生观、价值观，培养孩子明辨是非的能力，让孩子正确地认识什么事情可以做，什么事情不可以做。在学校教育中，要加强对未成年人的法治教育，使其树立遵守法律、法规及社会公共道德规范和运用法律自我保护的意识。学校应将预防犯罪的教育作为法治教育的内容纳入学校教育教学计划，结合实际举办以预防青少年犯罪教育为主要内容的报告会、演讲等活动，教导未成年人如何识别侵害权益的行为，比如，别人的哪些身体部位其他人不能碰，什么情况下是校园欺凌，发生肢体冲突要及时告知家长、老师，等等。

其次，应当引导未成年人树立自我保护意识。就目前来说，未成年人受到伤害的很大一部分原因就是缺乏自我保护意识，身处危险而不自知，从而容易造成极大的安全隐患。现在独生子女居多，必须要着重加强对未成年人自我保护意识的树立，教育其不轻信陌生人，不贪图便宜。比如，独自在家要提高警惕，不给陌生人开门；有陌生人打招呼要尽量远离，拒绝陌生人的无故示好；当陌生人问路，可以为其指路，但一定不能随意为陌生人带路；当陌生人要送零食或玩具时，要经过父母的允许才能接受；在学校和同学相处要注意语言、动作，避免发生语言暴力和肢体冲突。

再次，要让未成年人在遭遇侵害时学会求助。当未成年人遇到侵害和危险时，有时因为自身能力不够、社会经验缺乏等原因，单凭一己之力难以摆脱困境，此时，学会向外界求助尤为重要。未成年人身心发展均未成熟，在遭遇侵害时，可能会选择逃避、忍让，不敢告诉家长或老师，导致侵害人变本加厉，被侵害人处境更加危险，形成恶性循环。在对未成年人进行安全教育时，要鼓励其学会向外界求助，避免独自默默承受伤害。家长和老师要加强与未成年人的沟通交流，随时留意观察生活细节，一旦发现异常情况，比如回家比平时晚、身体不舒服、情绪闷闷不乐、不愿上学、不愿和异性接触等，一定要注意和缓地询问原因，耐心地帮助开解，避免未成年人默默地承受痛苦，也避免伤害持续发生。

最后，要传授未成年人防范及抵御侵害的策略技巧。家长在家庭教育中，可以通过共同阅读图书绘本、观看教育片等方式，传授孩子在遭遇危险时的应对技巧。学校要认真开展法治教育活动，通过开设专门的安全教育课程，加强孩子的性教育知识普及，有针对性地教导未成年人如何预防和应对性侵害、性骚扰、校园欺凌等违法行为；通过办板报、手抄报、校刊专栏、校园广播、召开主题班会、举办法治讲座、开展法律知识竞赛、编著通俗的法律教材、开设法治诊所等形式，对未成年人进行法治教育，传授抵御侵害的方法技巧。法院、检察院作为司法保护的重要主体，可以通过开展"公众开放日""青少年法治夏令营"活动、举办"送法进校园""开学法治第一课"主题讲座、制作发放安全教育宣传册、发布典型案例等形式，不断加强对未成年人的普法力度，推动校园安全教育，切实提高未成年人的自我保护意识和能力。常见的防范抵御侵害的技巧有：（1）牢记可信赖的成年人的姓名、电话，这样在遇到侵害时，可以及时寻求他们的帮助；（2）学会拒绝不当要求，坚决不与坏人坏事同流合污；（3）独自在家时，不要给陌生人开门，如有人撬门扒窗，立即大声呼救或电话报警，必要时可拿起家里的菜刀、锤子作为武器来震慑歹徒；（4）在路上遇到陌生人尾随，应想办法跑到人多的地方，或躲避到单位、居民家；（5）迷路走失后，应及时告诉警察，或者打电话给自己最信赖的人来接，不要向其他陌生人求助；（6）上学时，应与同学结伴而行，身上不要装过多的钱，不要携带珍贵物品，即使携带也不要随意显露；（7）遇到坏人绑架、劫持、伤害等暴力侵害时，要大声呼救，并根据情况决定是否反击。如果坏人过于凶狠，一般不要与其硬拼，这时要镇静、机智地与之周旋，找机会脱身并报警；（8）遭遇违法犯罪行为侵害时，及时报警，并记住坏人的身体特征和其他线索，以利于公安机关破案。

12. 有哪些方式可以帮助未成年人进行心理矫治和心理干预，以及采取这些方式的必要性？

青少年时期是未成年人健全人格发展的关键时期，是需要特别保护和教育的时期。未成年人在青少年时期容易受到外界不良影响的感染，走上犯罪道路或成为犯罪对象。同时，青少年时期发育阶段的独特生理、心理特点又决定了此时对未成年人进行心理干预和矫治能够收到最有益的效果。因此，相比于成年加害人、被害人，未成年人更需要心理干预和矫治。导致未成年人作出犯罪行为的主要原因在于其心智、价值观念不成熟，同时家庭、学校、社会对未成年人的心理教育也存在不足。对涉罪未成年人开展心理矫治工作,能够引导其树立正确的价值观念,养成良好的思想道德品质。所以,重视涉罪未成年人的心理矫治工作,可消除其错误认知,有利于防止涉罪未成年人犯罪。

根据未成年人的心理特征,目前主要有以下心理干预和矫治的方法:(1)认知行为疗法。未成年犯罪嫌疑人或陷入心理困境的未成年被害人大多都存在错误认识,即对自己的行为或者损害产生了错误的认识,不认为自己的行为伤害了他人或者对自己遭受的损害不以为意,从而可能导致更大的错误认知甚至走上违法犯罪的道路。因此,对其进行心理矫治时首先应当改变其错误认知,矫正思想观念,使其对自己的行为和情绪形成理性的认识,转变消极认知,从而消除其不良的行为习惯,积极培养和发展良好的行为。(2)精神分析疗法。未成年人的心理困境主要来源于生活中遭遇的困难和创伤,不对曾经的创伤进行纾解难以真正帮助其走出困境。可以通过鼓励未成年人讲述自己的心理冲突,帮助其解决内心的矛盾冲突的方式矫正其消极的行为模式,培养积极的心理态度。(3)抑制式矫治法。该方法主要依赖于被矫治者自己的良知和外界的刺激来遏制未成年人犯罪动机的形成和发展,如用典型的反面案例来刺激未成年犯罪嫌疑人,唤醒其良知,自觉地放弃犯罪的动机和犯罪的念头,达到对未成年犯罪嫌疑人进行教育和引导的目的。(4)移情能力培养法。该方法多用于已经涉嫌犯罪的未成年人,引导涉嫌犯罪的未成年人换位思考,想象自己的不当行为给受害者带来的伤害,感受受害者的痛苦,使其产生羞愧感,自觉改变心理态度及行为模式来实现心理矫治的目的。(5)松弛反应训练法。心理矫治的未成年人对象起初往往对矫治活动有抵触和对抗情绪,因此需要使未成年人身心放松,更容易接受心理干预与矫治的引导。松弛反应训练法就是通过自我调整训练,由身体放松进而导致整个身心放松,以对抗由于心理紧张而引起交感神经兴奋的不良反应,从而达到消除紧张情绪的目的,一般应用较多的是渐进性松弛法。利用松弛反应训练技术,可以有效缓解涉案未成年人的紧张、对立等负性情绪,以轻松积极的状态接受案件处理过程中的各种活动。(6)训练式矫治法。未成年人有求知欲、模仿能力强、精力充沛及注重朋友关系等特点,训练式矫治法通过对未成年人进行社会生活知识及技能的培训,教导其学会建立和维持良好的人际关系,从而达到改善未成年人人际关系的目的,避免其在以后的生活中遭到人际关系方面的挫折,从而出现心理困境。

目前,对未成年人进行心理干预与矫治的方法主要有以上几类,但伴随心理学知识的发展及未成年人心理状态的变化,心理矫治与心理干预的方式也在不断发展,因此必须与时俱进,在实践中不断改善矫治方法,更好地呵护未成年人的心理健康。

第二章 预防犯罪的教育

13. 学校如何开展预防未成年人犯罪的教育？

《预防未成年人犯罪法》第十五条规定：国家、社会、学校和家庭应当对未成年人加强社会主义核心价值观教育，开展预防犯罪教育，增强未成年人的法治观念，使未成年人树立遵纪守法和防范违法犯罪的意识，提高自我管控能力。第十七条规定：教育行政部门、学校应当将预防犯罪教育纳入学校教学计划，指导教职员工结合未成年人的特点，采取多种方式对未成年学生进行有针对性的预防犯罪教育。相关内容在1999年及2012年修正的《预防未成年人犯罪法》中表述为"教育行政部门、学校应当将预防犯罪的教育作为法制教育的内容纳入学校教育教学计划，结合常见多发的未成年人犯罪，对不同年龄的未成年人进行有针对性的预防犯罪教育"。由此可见，2020年的修订强调"结合未成年人的特点"进行有针对性的预防犯罪教育，使得预防犯罪教育更科学、更人性化。

学校是青少年成长的主要场所，是开展预防青少年犯罪教育的重要阵地，学校必须承担起培养学生思想品德法治意识，提升学生道德素质，树立学生遵纪守法和杜绝违法犯罪自觉意识的教育任务。学校开展预防犯罪的教育工作主要有以下内容：首先，将预防犯罪的教育纳入学校教育教学计划，结合典型的未成年人犯罪案例，举办多种形式的预防未成年人犯罪的法治宣传活动，对不同年龄的未成年人进行有针对性的预防犯罪教育。为了落实《预防未成年人犯罪法》的要求，各地政府可以具体化课程的要求，如广东省在2007年1月1日实施的《广东省预防未成年人犯罪条例》第十二条第一款规定："学校每学期应当组织不少于五个课时的法制讲座，对学生进行法制教育、预防犯罪教育，讲授自我保护知识，树立遵纪守法和防范违法犯罪的意识，引导其通过合法途径维护自己的合法权益。"其次，针对存在不良行为的学生展开特殊的教育。《预防未成年人犯罪法》对"不良行为"作出了具体规定，该法第三十八条规定："本法所称严重不良行为，是指未成年人实施的有刑法规定、因不满法定刑事责任年龄不予刑事处罚的行为，以及严重危害社会的下列行为：（一）结伙斗殴，追逐、拦截他人，强拿硬要或者任意损毁、占用公私财物等寻衅滋事行为；（二）非法携带枪支、弹药或者弩、匕首等国家规定的管制器具；（三）殴打、辱骂、恐吓，或者故意伤害他人身体；（四）盗窃、哄抢、抢夺或者故意损毁公私财物；（五）传播淫秽的读物、音像制品或者信息等；（六）卖淫、嫖娼，或者进行淫秽表演；（七）吸食、注射毒品，或者向他人提供毒品；（八）参与赌博赌资较大；（九）其他严重危害社会的行为。"对有不良行为的未成年学生，学校可以开展针对他们的特殊教育活动，如聘任心理专家进行心理疏导，邀请法学教育专家进行专门的法治教育，坚决将未成年人违法犯罪的动机扼杀在摇篮中。

　　法治教育可以促使青少年理解并认可法律蕴含的价值观，并参照法律规范自觉调整自己的行为，一方面预防违法犯罪行为发生，另一方面提高自我保护能力，避免成为违法犯罪行为的受害者。法治教育是青少年学生受教育权的重要组成部分，也应当成为学校对青少年进行教育的重要内容，因此，学校不得懈怠开展预防未成年人犯罪的教育工作。同时，开展预防犯罪的教育活动离不开专业人士的参与，《预防未成年人犯罪法》对专业人士入校参与预防犯罪的教育活动提出了要求。《预防未成年人犯罪法》第十八条规定："学校应当聘任从事法治教育的专职或者兼职教师，并可以从司法和执法机关、法学教育和法律服务机构等单位聘请法治副校长、校外法治辅导员。"第十九条规定："学校应当配备专职或者兼职的心理健康教育教师，开展心理健康教育。学校可以根据实际情况与专业心理健康机构合作，建立心理健康筛查和早期干预机制，预防和解决学生心理、行为异常问题。学校应当与未成年学生的父母或者其他监护人加强沟通，共同做好未成年学生心理健康教育；发现未成年学生可能患有精神障碍的，应当立即告知其父母或者其他监护人送相关专业机构诊治。"

　　开展预防未成年人犯罪教育是一项系统工程，学校作为主要的教育平台承担主要责任，但家庭教育也是预防未成年人犯罪教育中不可或缺的一部分，《预防未成年人犯罪法》第十六条规定："未成年人的父母或者其他监护人对未成年人的预防犯罪教育负有直接责任，应当依法履行监护职责，树立优良家风，培养未成年人良好品行；发现未成年人心理或者行为异常的,应当及时了解情况并进行教育、引导和劝诫,不得拒绝或者怠于履行监护职责。"因此,必须推动家庭教育与学校教育共同推进,提升未成年人遵纪守法的意识,共同建立起预防未成年人犯罪的围墙。

14. 学校如何配合社会预防未成年人犯罪?

《预防未成年人犯罪法》第四条第二款规定:国家机关、人民团体、社会组织、企业事业单位、居民委员会、村民委员会、学校、家庭等各负其责、相互配合,共同做好预防未成年人犯罪工作,及时消除滋生未成年人违法犯罪行为的各种消极因素,为未成年人身心健康发展创造良好的社会环境。第十五条规定:国家、社会、学校和家庭应当对未成年人加强社会主义核心价值观教育,开展预防犯罪教育,增强未成年人的法治观念,使未成年人树立遵纪守法和防范违法犯罪的意识,提高自我管控能力。第十七条规定:教育行政部门、学校应当将预防犯罪教育纳入学校教学计划,指导教职员工结合未成年人的特点,采取多种方式对未成年学生进行有针对性的预防犯罪教育。第十八条规定:学校应当聘任从事法治教育的专职或者兼职教师,并可以从司法和执法机关、法学教育和法律服务机构等单位聘请法治副校长、校外法治辅导员。第十九条规定:学校应当配备专职或者兼职的心理健康教育教师,开展心理健康教育。学校可以根据实际情况与专业心理健康机构合作,建立心理健康筛查和早期干预机制,预防和解决学生心理、行为异常问题。学校应当与未成年学生的父母或者其他监护人加强沟通,共同做好未成年学生心理健康教育;发现未成年学生可能患有精神障碍的,应当立即告知其父母或者其他监护人送相关专业机构诊治。第二十二条规定:教育行政部门、学校应当通过举办讲座、座谈、培训等活动,介绍科学合理的教育方法,指导教职员工、未成年学生的父母或者其他监护人有效预防未成年人犯罪。学校应当将预防犯罪教育计划告知未成年学生的父母或者其他监护人。未成年学生的父母或者其他监护人应当配合学校对未成年学生进行有针对性的预防犯罪教育。

学校配合社会预防未成年人犯罪的措施如下:

其一,加强法治教育。

首先,真正落实学校的法治教育,使未成年人形成知法、懂法、守法的好习惯。从近几年来在校学生犯罪案件来看,学校对法治教育课程很不重视，导致未成年人对法律常识了解得非常有限。因此，预防未成年人犯罪必须加强法治教育。加强法治教育，主要是运用法律知识来规范未成年人的日常行为，在这一过程中，学校要选择跟未成年人生活、学习及心理状况相关的法律知识来学习，如《未成年人保护法》《中华人民共和国民法典》（以下简称《民法典》）和《刑法》等。通过对这些法律的学习，有利于提高未成年人的法律意识、权利意识、义务观念、责任感、遵守法律和纪律的自觉性。未成年人在知法、懂法的前提下，要逐步养成守法的好习惯。

其次，学校对学生进行有针对性的预防犯罪教育，组织各种形式的预防犯罪报告会。实践中学校一般会聘请公安机关或者法院、检察院专门负责未成年人犯罪刑事案件工作的人员到校做报告。内容以对近期易发多发的未成年人违法犯罪案件进行分析为主，如果是以发生在学生身边的案件进行解说，由于听众曾亲身经历，因此会感受更深，教育效果更佳。或是组织学生到法庭进行观摩案件审理，使学生更直观地了解犯罪的后果，也是比较常见的预防方式。

最后，聘请法治辅导员或法治副校长到学校开展预防犯罪工作。比如在2011年底，河南高院与共青团河南省委联合建立"一校一法官"制度，将送法进校园工作制度化，开展"开学第一堂法律课活动"，到中、小学校给学生作法治报告。各地学校聘请的法治辅导员或法治副校长大都由公安机关、检察院、法院中熟悉未成年人身心特点的工作人员担任，在每个学期的开学后或放假前到学校对学生上法治教育课。

其二，改进教育方式，提高教育质量。

学校教育要关注人的发展，重视学生心理和人格的健全，为此，教育必须人性化。首先，要建立良好的师生关系，通过良好的师生关系改善学生在学校的表现，强化学生对学校的依恋，使学生热爱学校生活，减少外界不良环境对学生的影响。其次，要根据学生的年龄特点和兴趣爱好，开展丰富多彩的校园活动，使学生将个人的时间和精力投入符合社会道德规范的追求和对未来成功的期盼上，培养学生良好的世界观、人生观和价值观。此外，教学评估要多元化，要多角度、多途径、多方位评价学生，使每个学生在学校的学习生活都有成就感、荣誉感，让每个学生都能找到存在感。

其三，进行专门的心理咨询和矫治活动，提高学生的心理素质。

设置专门的心理咨询机构，针对未成年人表现出的叛逆、冲动、从众、自控力差、人际关系冲突、自我意识偏差等特殊心理特征，进行辅导和咨询。关注"问题少年"，及时发现未成年人的一些异常行为，及时化解未成年人在违法犯罪方面所表现出的"合理化"情绪。可以采取个别咨询的方法，也可以采取团体咨询、电话咨询、专栏咨询、家庭咨询等方法，对一些心理咨询不能完全地解决问题的未成年人，要进行专门的心理治疗。

其四，加强与家庭的沟通。

学校要强化家庭教育，充分发挥家庭的教育功能，学校应当配合有关部门把对家长的教育和提高纳入预防未成年人犯罪的具体工作，采取举办家长学校、家庭教育讲座、家庭法律知识竞赛等多种形式的活动，使家长认识到肩上的重任，给孩子创造一个良好的家庭环境，以一言一行、一举一动影响、熏陶、感染孩子。

15. 如何预防未成年学生实施校园欺凌行为？

近年来，校园欺凌事件频发，引发各界高度重视。有关部门先后颁布多个防范校园欺凌的文件，2016年4月国务院教育督导委员会办公室印发《关于开展校园欺凌专项治理的通知》，2016年11月教育部等9个部门联合出台《关于防治中小学生欺凌和暴力的指导意见》，2016年12月国务院教育督导委员会办公室印发《中小学（幼儿园）安全工作专项督导暂行办法》，2017年教育部等11个部门联合出台《加强中小学生欺凌综合治理方案》等规定。根据以上规定，结合《未成年人保护法》《预防未成年人犯罪法》等法律，预防未成年学生实施校园欺凌行为应当注重以下几个方面。

一是坚持预防为主、加强教育。应当注重对校园欺凌的主动介入、提前预防，通过改善校园内部的环境，将校园欺凌遏制在萌芽阶段，做到从事后惩戒为主到事先预防为主。而事先预防最重要的就是对学生的素质教育，《预防未成年人犯罪法》第十五条明确要求："国家、社会、学校和家庭应当对未成年人加强社会主义核心价值观教育，开展预防犯罪教育，增强未成年人的法治观念，使未成年人树立遵纪守法和防范违法犯罪的意识，提高自我管控能力。"学校不仅是教授知识的场所，更是承担着促进学生全面发展，培育合格接班人的重要任务。学校应当教育和帮助未成年人维护自身的合法权益，增强自我保护的意识，在课程设置上，应当加大对道德、心理方面的教育，如设立心理讲座和开展心理咨询、主题班会等方式，让每个学生都能深切认识到校园欺凌所带来的巨大危害，教会学生们在紧急情况下面对校园欺凌应当作何应对，从源头上铲除校园欺凌的恶果。学校也应更新教育观念，全面贯彻国家教育方针，坚持立德树人，回归到教书育人的本质上来。

二是建立健全相应的法律法规。在一个法治国家中，任何重大的社会问题都应当通过法律的方式来解决，校园欺凌也应当如此。但是相对于专项立法，我国在以往实践中一直以来更倾向于专项整治。所谓的专项整治，即出于整治某项突出的社会问题的需要，由主管部门或多个部门，在较短的时间内从重、从快地进行的行政检查、执法处罚行动。诚然在进行专项整治的过程中，校园欺凌的问题会在短时间内得到一定的缓解，但是并不能从根本上解决问题。对此我们应当推动从专项整治到专项立法的改变，以立法的制度化、专业化来解决校园欺凌这一问题，对某些性质恶劣的校园欺凌案件，必须通过法律来进行教育、矫治或处罚，及时纠正校园里的不良风气，避免学校隐瞒严重的欺凌行为、保护校园欺凌的实施者。学校应当根据法律法规的规定，及时向公安机关、教育行政部门报告严重的校园欺凌情况，积极配合相应部门的执法行为。

三是加强社会各界的参与。虽然校园欺凌主要发生在校园中，如走廊、教室、运动场等地，但是不可避免地会有一部分校园欺凌会从校园内发展到校外，如放学时段的学校大门、快餐店、文具店、书店等学生聚集的地方。这些因素告诉我们，要求政府和学校方面发挥其应有的作用固然重要，也要加强社会各方力量的参与。党的十八大以来，"法治社会"这一理论命题逐渐成为法治建设过程中的重要内容，党的十九大报告强调要"坚持法治国家、法治政府、法治社会一体建设"。而在我国的以往社会实践中，校园欺凌的工作往往主要依赖政府的指导和治理，社会力量并不能发挥其应有的作用，有关社会组织的规定往往过于笼统模糊，欠缺可操作性。《预防未成年人犯罪法》第九条规定，国家鼓励、支持和指导社会工作服务机构等社会组织参与预防未成年人犯罪相关工作，并加强监督。社会力量的这种参与功能在一些国家取得了积极成效。例如，美国国家学校安全中心在 1987 年就组建了防治校园欺凌的专门团体,一些志在倡导反对欺凌行为的个人,通过建立网站、演讲等方式宣传校园欺凌的危害以及防治措施;又如在英国,一些社会团体,如全国防止虐待儿童协会(NSPCC)、欺凌干预组织(BIG)、戴安娜奖、儿童港湾以及石墙组织等,都为学校反欺凌工作提供专门支持和帮助,学校可以从这些反欺凌组织中借鉴处理欺凌问题的专业知识和实践经验。在建设法治社会的大背景下,我国应着力构建社会团体、组织与政府机关及学校综合治理之新模式,引入社会力量,积极探索社会力量参与治理校园欺凌的具体路径。

16. 如何培养未成年人的思想品德以及呵护未成年人的心理健康?

《预防未成年人犯罪法》第十五条规定:国家、社会、学校和家庭应当对未成年人加强社会主义核心价值观教育,开展预防犯罪教育,增强未成年人的法治观念,使未成年人树立遵纪守法和防范违法犯罪的意识,提高自我管控能力。因此,学校、家庭作为未成年人学习和生活的场所,应当注重对未成年人思想品德的培养,引导其积极健康成长,将违法犯罪的意识扼杀在摇篮中。培养未成年人思想品德要做到以下几个方面:首先,完善学校思想品德教育。学校作为主要的教育场所,自然也承担着未成年人思想品德培养工作的主要责任。加强和改进学校的思想品德教育工作可以:(1)坚持以德育为育人基础。严格贯彻执行党和国家的教育方针,始终把德育放在首位,处理好教育教学工作各个方面的问题。强化"德才兼备,以德为先"的教育观念,深化道德教育在前的教育理念。统筹发展未成年人的文化教育、道德教育和审美教育,不能一味重视文化教育而偏废其他方面。(2)实施素质教育。我国的教育强调要以提升国民素质为实质,重视对学生的创新思维与动手能力的培养,全面实施素质教育。随着学生年龄的增长提供不同的思想品德教育内容,例如,小学重视"爱祖国、爱人民、爱劳动、爱科学、爱社会主义"的教育和社会文明教育;初中强调爱国主义教育、集体主义教育和社会文明三个方面的教育;高中则重点进行马克思列宁主义、共产主义等思想教育,帮助学生树立健康向上的世界观、价值观、人生观。其次,加强家庭思想品德教育。家庭是未成年人成长的摇篮,家庭教育在青少年思想品德形成过程中发挥着至关重要的作用。家长作为孩子的第一任老师,要不断提升自身的素质与修养，不仅要提高文化知识水平，而且还要提高道德素质。家长应当完善家庭教育方式，掌握并采取多样化的教育方式，以取得期望的成果。家长要树立正确的家庭教育理念，不仅要注重孩子的学业成绩，更要重视培养孩子的道德品质，促进孩子的全面发展，让孩子健康快乐地成长，营造物质生活和精神生活都和谐的家庭环境。

未成年人的心理健康是促使未成年人健康成长必不可少的一部分，也是预防未成年人违法犯罪不可或缺的组成部分。《预防未成年人犯罪法》第十九条规定，学校应当配备专职或者兼职的心理健康教育教师，开展心理健康教育。学校可以根据实际情况与专业心理健康机构合作，建立心理健康筛查和早期干预机制，预防和解决学生心理、行为异常问题。学校应当与未成年学生的父母或者其他监护人加强沟通，共同做好未成年学生心理健康教育；发现未成年学生可能患有精神障碍的，应当立即告知其父母或者其他监护人送相关专业机构诊治。在呵护未成年人心理健康方面，我国依然任重道远，因此可以结合国情借鉴国外有关心理健康教育的相关举措，比如：美国通过心理素质训练和心理健康教育活动，来提高全体学生的心理素质，其主要形式是组织一系列活动，在活动中让学生自己去发现、体验和探究某些心理状态，以此来改变态度和认知观念，从而提高心理素质；丹麦心理健康教育的方法之一是行动能力培养法，即让学生有机会自己决定自己的未来，并按照自己的打算采取行动，教育的重点是训练和培养学生的"行动能力"，强调学生自己教育自己和主动参与的能力；日本学校心理健康教育主要围绕提高学生适应现代社会的心理素质展开，重点是发现问题后的指导与矫正，其目的是提升学生的思维力、判断力，增强心理健康的实践能力，并将学习兴趣、学习方法和学习能力、独立思考能力、判断是非能力和行动能力作为重点，为他们日后适应剧烈变化的社会生活和环境奠定基础。当前我国中小学生心理健康状况不容乐观。据调查：小学生有心理行为问题的占10%左右；初中生占15%左右；高中生约为20%。[1] 在认识到心理健康重要性及未成年人心理健康问题严峻的状况下，必须积极采取有效举措来呵护未成年人心理健康。

---

[1] 俞国良：《我国中小学心理健康教育的现状与发展》，载《教育科学研究》2001年第7期。

17. 家庭教育对预防青少年犯罪有何积极意义？如何形成良好的家庭氛围？

家庭教育，是未成年人教育的组成部分之一，是学校教育的补充和延伸，它开始于孩子出生之日，甚至可上溯到胎儿期，婴幼儿时期的家庭教育是"人之初"的教育，在人的一生中起着奠基的作用。父母是未成年人的第一任老师，家庭有着学校及社会教育无可替代的角色和作用。

《预防未成年人犯罪法》第十六条规定："未成年人的父母或者其他监护人对未成年人的预防犯罪教育负有直接责任，应当依法履行监护职责，树立优良家风，培养未成年人良好品行；发现未成年人心理或者行为异常的，应当及时了解情况并进行教育、引导和劝诫，不得拒绝或者怠于履行监护职责。"由此可见，未成年人的监护人，应当承担抚养、教育和保护未成年人的义务。家长要全面学习有关家庭教育方面的知识，系统掌握家庭教育科学理念和方法，增强家庭教育的本领，用正确思想、正确方法、正确行动教育和引导孩子。

英国著名教育家尼尔曾说："问题少年是问题父母的产物。""问题少年"的产生往往与家庭教育不当有着密切的联系。父母作为家庭教育的执行者，必须发挥家庭教育在未成年人世界观、人生观、价值观形成过程中的重要作用。我国的各项法律明确了家庭教育的具体内容，规定家庭对子女的教育主要侧重于法治教育、思想道德教育、生理心理健康和行为习惯的培养。《教育部关于加强家庭教育工作的指导意见》中明确指出家长应严格遵循孩子的成长规律，这一意见为家长进行家庭教育提供了思想指导。

对于建立良好的家庭氛围，在坚持传统的道德、伦理教化等因素外，还要坚持立法先行，我国在《中华人民共和国教育法》（以下简称《教育法》）、《预防未成年人犯罪法》、《未成年人保护法》及《民法典》等法律法规中明确规定，未成年人父母必须承担起抚养、教育未成年子女的法定义务。当前，《中华人民共和国家庭教育促进法》的制定出台，有助于促使家庭教育法治化、规范化、具体化。在该法出台之前，2020年，全国人大代表庹庆明指出："走访调研中，我发现涉案罪错未成年人背后，都不同程度存在家庭教育缺失或不当问题。所以我今年打算提家庭教育立法的建议，希望用更加完善的法律弥补家庭对青少年保护的缺失。"① 只有坚持立法先行，才能对监护人不履行职责、怠于履行监护职责进行追责，从而做到从家庭启航，净化未成年人成长的家庭环境，让其从小接受规则、诚信教育，做遵纪守法好公民。将家庭教育予以立法化，可以更加充分保障未成年人的合法权益，弥补单纯依靠学校进行教育的不足，为未成年人健康成长营造良好环境，同时也为预防未成年人犯罪提供更好的基础。

我们还要进一步强化亲职教育的质量，在必要的时候要进行强制亲职教育。所谓亲职教育，就是一门教育父母如何成为合格、高效父母的课程。而强制亲职教育，就是国家机关依照职权，以强制执行的方式，要求监护失职的家长参加一系列关于监护的课程，这不仅是一种专业知识的强制输入，更是一种法治意义上的警醒。家庭是孩子的第一所学校，家长是孩子的第一位老师，家长的人生观、世界观、价值观、处理问题的态度与方式，对孩子生活习惯、道德品行、谈吐举止等产生影响和示范，会伴随孩子的一生。随着网络的普及和发展，现阶段的亲职教育可以发挥更大的价值。有着相似环境的父母完全可以凭借论坛、微博、微信等平台交流自己的问题，从而可以使其监护水平得到充分提高。父母借此可以积极引导未成年人形成健全的人格，培养良好的行为模式，树立规范意识，消除未成年子女潜在的致罪因素。

孕育良好的家庭环境要依靠家庭中每一个人的努力。良好的家庭环境彼此相处融洽，可以促进一个人的健康成长，培养他的道德品行和良好习惯，而残缺的家庭环境则会抑制一个人的全面发展。不少学者认为，残缺家庭是滋生犯罪意识和产生犯罪行为的重要原因之一。家庭作为未成年人的港湾，父母应当为其提供良好的家庭环境，从而培养出为社会所需要的人。父母的家庭教育的水平高低，与家庭教育在预防未成年人犯罪中所起的作用大小是密切联系的。未成年人是祖国的未来，未成年人的健康发展关系到家庭的和谐安宁和祖国的繁荣昌盛，在未成年人的成长路上，许多因素都发挥着不可或缺的作用，而家庭作为他们的首个课堂，父母的道德素质、文化水平、教育方式和对未成年人的监护程度会对未成年人产生深远的影响。家庭教育应纳入国民教育体系，为预防未成年人犯罪奠定坚强

---

① 庹庆明：《完善法律　规范青少年家庭教育》，载百家号"最高人民检察院"2020年5月13日，https://baijiahao.baidu.com/s? id=1666573860494930605&wfr=spider&for=pc。

的社会基础，扫除未成年人成长障碍，从而减少犯罪的悲剧发生。

18. 预防留守未成年人重新犯罪应当尤其注意什么？

留守儿童是一个集合名词，指外出务工连续3个月以上的农民托留在户籍所在地家乡、由父母单方或其他亲属监护，接受义务教育的适龄儿童。

留守儿童问题是一个具有综合性的社会问题。它既囊括了教育问题，也涉及心理、法律、社会、经济等方面的问题。这些问题是否得到解决不仅关乎未成年人的健康成长，更与社会的和谐稳定息息相关。在普遍存在的隔代监护的情况下，留守儿童往往缺少亲属家人来自精神层面的关注和沟通，不少未成年人与家人的亲密度较低，甚至存在怨恨情绪。除此之外，留守儿童在学习成绩、人际交往等方面也都存在一定的问题，对自我理解和社会认知方面存在偏差，更可能面临校园霸凌情况。为应对上述问题，国家、社会、学校和家庭应当对未成年人加强社会主义核心价值观教育，开展预防犯罪教育，增强未成年人的法治观念，使未成年人树立遵纪守法和防范违法犯罪的意识，提高自我管控能力。

预防留守未成年人重新犯罪，家庭教育是基础。根据《预防未成年人犯罪法》第十六条规定，未成年人的父母或者其他监护人对未成年人的预防犯罪教育负有直接责任，应当依法履行监护职责，树立优良家风，培养未成年人良好品行；发现未成年人心理或者行为异常的，应当及时了解情况并进行教育、引导和劝诫，不得拒绝或者怠于履行监护职责。原生家庭教育的缺失是促使留守未成年人误入歧途的主要原因，预防留守未成年人重新犯罪必须提高父母的监护意识，促使父母返乡，从源头上解决留守未成年人高犯罪率的问题。2016年以来，各地区各部门切实贯彻落实党中央、国务院的决策部署，多线并行，有针对性地实施留守未成年人的关爱保护工作。民政部门及乡镇街道应当深入走访调查留守未成年人家庭，密切关注、切实记录留守儿童身心情况，积极监督监护人承担监护责任。在随访排查的过程中，相关责任方若发现监护人怠于履行监护责任，应及时报告司法机关。公安、检察院、法院应针对失职监护人采取不同程度的监护干预措施，如训诫、刑事拘留等，必要时可以剥夺失职监护人的监护权。监督、惩戒双管齐下，有利于唤醒留守未成年人父母对自身监护职责的意识，能够有效提高监护质量，夯实监护责任，构建留守未成年人健康的原生家庭环境。此外，政府应当持续推进返乡创业项目，引导留守未成年人父母返乡工作，做好就业扶贫、随迁子女就地入学等工作，为从源头上减少留守儿童现象提供有效政策支持。

预防留守未成年人重新犯罪，学校教育是关键。新修订的《未成年人保护法》首次对学生欺凌行为进行定义，指出学生欺凌是发生在学生之间，一方蓄意或者恶意通过肢体、语言以及网络等其他手段实施欺压、侮辱等行为，造成另一方人身伤害、财产损失或者精神损害等行为，并明确规定了学校在学生欺凌及校园性侵行为等防控与处置机制。根据《预防未成年人犯罪法》，教育行政部门、学校应当将预防犯罪教育纳入学校教学计划，指导教职员工结合未成年人的特点，采取多种方式对未成年学生进行有针对性的预防犯罪教育；学校应当聘任从事法治教育的专职或者兼职教师，并可以从司法和执法机关、法学教育和法律服务机构等单位聘请法治副校长、校外法治辅导员；应当配备专职或者兼职的心理健康教育教师，开展心理健康教育，学校可以根据实际情况与专业心理健康机构合作，建立心理健康筛查和早期干预机制，预防和解决学生心理、行为异常问题；学校应当与未成年学生的父母或者其他监护人加强沟通，共同做好未成年学生心理健康教育；教育行政部门应当会同有关部门建立学生欺凌防控制度，学校应当加强日常安全管理，完善学生欺凌发现和处置的工作流程，严格排查并及时消除可能导致学生欺凌行为的各种隐患；教育行政部门鼓励和支持学校聘请社会工作者长期或者定期进驻学校，协助开展道德教育、法治教育、生命教育和心理健康教育，参与预防和处理学生欺凌等行为；教育行政部门、学校应当通过举办讲座、座谈、培训等活动，介绍科学合理的教育方法，指导教职员工、未成年学生的父母或者其他监护人有效预防未成年人犯罪；学校应当将预防犯罪教育计划告知未成年学生的父母或者其他监护人，未成年学生的父母或者其他监护人应当配合学校对未成年学生进行有针对性的预防犯罪教育。学校应建立学生欺凌防控制度，对师生开展防范学生欺凌的教育和培训，对受欺凌学生及时开展心理辅导以及对相关监护人必要的家庭教育指导。在针对留守儿童群体的校园暴力事件高发的大背景下，学校有义务对留守未成年人的心理和行为进行健康引导，老师应在校园暴力发生前做好预防工作，时刻关注学生间的人际关系和日常活动情况，定期开展品德教育工作，培养谦让、友善的同学关系；学校可以开展校园暴力相关专题讲座，帮助学生认识校园暴力，主动避免施加和被施加校园暴力行为。在严重的校园暴力行为发生后，老师和学生必须及时报告公安机关，对施害者不盲目纵容，对受害者不忽视懈怠，就事论事，坚决拒绝"和稀泥"的态度。

预防留守未成年人重新犯罪，社会教育是重中之重。《预防未成年人犯罪法》第二章规定，各级人民政府及其有关部门、人民检察院、人民法院、共产主义青年团、少年先锋队、妇女联合会、残疾人联合会、关心下一代工作委员会等应当结合实际，组织、举办多种形式的预防未成年人犯罪宣传教育活动。有条件的地方可以建立青少年法治教育基地，对未成年人开展法治教育；居民委员会、村民委员会应当积极开展有针对性的预防未成年人犯罪宣传活动，协助公安机关维护学校周围治安，及时掌握本辖区内未成年人的监护、就学和就业情况，组织、引导社区社会组织参与预防未成年人犯罪工作；青少年宫、儿童活动中心等校外活动场所应当把预防犯罪教育作为一项重要的工作内容，开展多种形式的宣传教育活动；职业培训机构、用人单位在对已满16周岁准备就业的未成年人进行职业培训时，应当将预防犯罪教育纳入培训内容。未成年人犯罪往往是激情犯罪，主要原因包括法律意识薄弱，对社会的认知较浅等。相较于一般未成年人，留守未成年人普遍缺乏家庭教育。成年人榜样效用的缺位使未成年人对世界的认知较为模糊，易被他人误导，在教唆和挑拨下极有可能误入歧途。故而在未成年犯罪者回归社会之后，可以由基层自治组织等社会组织对缺失的家庭教育进行补位，针对已接受矫治教育的未成年犯罪者设置专门性的法治与社会教育。村民委员会、居民委员会可以在管辖区域内开办法治教育沙龙，邀请劳动模范等先进工作者讲述自身工作经历，鼓励未成年犯罪者向他们进行深入学习和了解，帮助留守未成年犯罪者建立正确、稳固的世界观人生观价值观和社会认知体系。

19. 教育行政部门在预防未成年人犯罪方面有哪些职责？

教育行政部门在预防未成年人犯罪方面承担着与学校同等重要的作用。其职责主要分布在对未成年人预防犯罪的教育、对严重不良行为的矫治两个方面，这两个方面也是《预防未成年人犯罪法》的主要部分。可见，教育行政部门在预防未成年人犯罪方面承担着不可或缺的重要法定职责。首先，在预防犯罪的教育方面，教育行政部门主要承担着协同学校开展预防犯罪教育的职能。《预防未成年人犯罪法》第十七条规定："教育行政部门、学校应当将预防犯罪教育纳入学校教学计划,指导教职员工结合未成年人的特点,采取多种方式对未成年学生进行有针对性的预防犯罪教育。"第二十条规定:"教育行政部门应当会同有关部门建立学生欺凌防控制度。学校应当加强日常安全管理,完善学生欺凌发现和处置的工作流程,严格排查并及时消除可能导致学生欺凌行为的各种隐患。"第二十一条规定:"教育行政部门鼓励和支持学校聘请社会工作者长期或者定期进驻学校,协助开展道德教育、法治教育、生命教育和心理健康教育,参与预防和处理学生欺凌等行为。"第二十二条第一款规定:"教育行政部门、学校应当通过举办讲座、座谈、培训等活动,介绍科学合理的教育方法,指导教职员工、未成年学生的父母或者其他监护人有效预防未成年犯罪。"第二十三条规定:"教育行政部门应当将预防犯罪教育的工作效果纳入学校年度考核内容。"综上,根据法律规定,教育部门应当连同学校共同开展预防犯罪教育、建立学生欺凌防控制度、聘请社会工作者长期或者定期进驻学校,协助开展道德教育、法治教育、生命教育和心理健康教育。

其次,在对未成年人严重不良行为的矫治方面,教育行政部门主要承担对有严重不良行为的未成年人进行评估、会同公安机关决定将未成年人送入专门学校接受专门教育、决定将未成年人转回普通教育等职责。《预防未成年人犯罪法》对教育行政部门提出以下工作要求。第四十三条规定,对有严重不良行为的未成年人,未成年人的父母或者其他监护人、所在学校无力管教或者管教无效的,可以向教育行政部门提出申请,经专门教育指导委员会评估同意后,由教育行政部门决定送入专门学校接受专门教育。第四十四条规定,未成年人有下列情形之一的,经专门教育指导委员会评估同意,教育行政部门会同公安机关可以决定将其送入专门学校接受专门教育:(1)实施严重危害社会的行为,情节恶劣或者造成严重后果;(2)多次实施严重危害社会的行为;(3)拒不接受或者配合本法第四十一条规定的矫治教育措施;(4)法律、行政法规规定的其他情形。第四十五条规定,未成年人实施刑法规定的行为、因不满法定刑事责任年龄不予刑事处罚的,经专门教育指导委员会评估同意,教育行政部门会同公安机关可以决定对其进行专门矫治教育。省级人民政府应当结合本地的实际情况,至少确定一所专门学校按照分校区、分班级等方式设置专门场所,对前款规定的未成年人进行专门矫治教育。前款规定的专门场所实行闭环管理，公安机关、司法行政部门负责未成年人的矫治工作，教育行政部门承担未成年人的教育工作。第四十六条第一款规定，专门学校应当在每个学期适时提请专门教育指导委员会对接受专门教育的未成年学生的情况进行评估。对经评估适合转回普通学校就读的，专门教育指导委员会应当向原决定机关提出书面建议，由原决定机关决定是否将未成年学生转回普通学校就读。根据以上法律规定，教育行政部门承担以下职责：对有严重不良行为的未成年人进行评估，决定其进入专门学校接受专门教育；对不满法定刑事责任年龄不予刑事处罚的未成年人进行评估，决定其进行专门矫治教育；对接受专门教育的未成年人进行评估，决定其转回普通学校。

20. 如何大力推进中小学"法治校长进校园"的普法教育工作？

《预防未成年人犯罪法》第十八条规定，学校应当聘任从事法治教育的专职或者兼职教师，并可以从司法和执法机关、法学教育和法律服务机构等单位聘请法治副校长、校外法治辅导员。为推动法治教育进校园、进课堂、进头脑，提高中小学生自觉守法和自我保护意识，营造平安和谐文明的校园法治环境，各中小学要积极开展"法治校长进校园"普法教育活动，教育引导师生掌握法律知识、树立法治意识、养成守法习惯，让法治精神在脑海中扎根、在潜移默化中培育、在身体力行中深化，知法、懂法、守法、用法。

据统计，全国共有 2.7 万名检察官担任中小学法治副校长，有效推进了青少年法治教育的深入开展。[①] 那么什么是法治副校长？其职能职责又有何与众不同呢？

2020 年，上海市高级人民法院、上海市人民检察院、上海市公安局、上海市教育委员会、上海市司法局等 6 部门 7 月底联合印发《关于加强本市中小学校法治副校长工作的若干意见》（以下简称《意见》），并随即开始施行。《意见》明确了法治副校长的概念，即司法行政部门会同教育行政部门为中小学配备法治副校长，法治副校长是指不脱离原工作岗位，不占学校领导职数和人员编制的，从法院、检察院、公安、司法行政等单位

---

① 最高检：《全国有 2.7 万名检察官担任中小学法治副校长》，载中华人民共和国最高人民检察院官网 2020 年 5 月 14 日，https://www.spp.gov.cn/spp/zdgz/202005/t20200514_460969.shtml。

选聘、派出的公职人员。为确保普法教育的专业性和高质量，担任法治副校长应当符合以下条件：（1）政治素质好，品德优秀，作风正派，具有志愿服务和奉献精神，热心青少年法治教育工作；（2）有较为丰富的法律知识与实践经历，从事政法工作两年以上，具有较强的语言表达能力和组织协调能力，并了解教育教学规律；（3）一般具有大专以上学历，从事政法工作多年的法律工作者学历可高中以上；（4）身体健康，能坚持正常工作。

《意见》同时明确中小学法治副校长按照聘任协议约定的范围履行职责，主要职责如下：（1）协助、参与学校法治宣传教育规划的制订，督促学校法治宣传教育教学计划、教材、课时、师资的落实；抓好教师队伍的法治宣传教育，提高教师队伍的法律素质；开展创建"平安校园""遵纪守法光荣校"等活动；（2）联系学校实际，结合学生特点，实施有针对性的法治宣传教育，切实提高广大青少年学生的法律意识和法治观念，提高遵纪守法的自觉性，每学期组织不少于两次的法治课（或活动）；（3）协助、指导学校开展依法治校工作，帮助学校加强内部安全防范，健全和完善各项规章制度，落实各项防范措施；（4）贯彻落实《未成年人保护法》《预防未成年人犯罪法》及其他教育法律法规，抓好预防青少年违法犯罪工作，切实维护未成年人的合法权益；（5）认真开展对在校学生的法治宣传教育，积极配合学校做好不良行为学生的教育转化工作，对有严重不良行为的学生的教育转化工作，对有严重不良行为的学生协调学校、家长、村民委员会签订帮教协议，落实帮教措施；（6）了解掌握学校周边地区治安动向，及时提出开展治安秩序整治的工作建议，积极参加学校周边治安秩序整治；（7）配合有关部门严肃查处，侵害师生合法权益和滋扰校园的案件，及时帮助解决学校周边影响青少年健康成长的突出问题，维护学校正常的教学、生活秩序；（8）协助有关部门妥善处理青少年学生的违法犯罪案件和校园伤害事故，为师生及时提供法律咨询和帮助；（9）沟通学校与社区、家庭以及社会有关方面的联系，互通信息，配合协作，促进学校、家庭、社会相结合的一体化教育网络的完善；（10）利用家长学校对学生家长进行法治教育，不断提高学生家长的法律意识和道德素养，争取家庭和社会的支持与配合，营造良好的青少年成长环境。

《意见》还明确提出上海中小学应至少配备1名法治副校长，参与学生欺凌治理和罪错学生教育矫治等工作，督促学校健全完善侵害未成年人案件强制报告、涉及性侵害违法犯罪人员入职前查询和从业限制等制度机制。根据《意见》，法治副校长人选由法院、检察院、公安、司法行政等派出单位提供，参与制订学校法治教育规划、计划，协助学校开设法治教育课程；根据治安形势变化，结合学校实际和学生特点，以案释法，实施有针对性的法治教育。法治副校长每年应落实一般不少于4课时的法治教育任务。

为了确保"法治校长入校园"工作顺利开展，各相关部门要明确职责，严格履行。司法行政部门要会同有关部门组织法治副校长的业务培训，帮助、指导他们开展法治宣传教育工作，及时发现、培养典型，交流推广经验；教育行政部门要把法治副校长的工作情况作为评估学校整体工作的一项重要内容，配合有关部门做好法治副校长的选聘、审核、培养、管理和考核等工作；法院、检察院、公安、司法行政等派出单位提供符合资质的法治副校长人选，并督促、指导和支持法治副校长有序开展工作，各级人民检察院和教育、司法行政部门应当将法治副校长工作纳入整体工作部署，加强组织领导，明确责任部门，健全工作机制，强化督促检查，结合工作实际，组织开展评选法治教育精品课程、课件、优秀法治副校长等竞优活动，提升法治副校长工作水平。学校要大力配合，为法治副校长提供必要的工作保障，充分发挥法治副校长的作用。

其他地区也可借鉴上述意见的精神，由司法行政部门、教育行政部门和学校各司其职，合力推进"法治校长进校园"的普法教育活动顺利开展，切实推进中小学校治理体系和治理能力现代化，发挥法治副校长职能作用，保证其工作质量，从而健全青少年法治教育支持体系，预防青少年违法犯罪，促进青少年健康成长。

21. 学校可以通过何种渠道了解调查本校的校园暴力现状？发现校园暴力现象后，学校应当如何处理？

作为学生的"第二个家"，学校不仅要为学生提供一个教风优良的学习环境，更要保障学生在校期间的身心健康和人身安全。《未成年人保护法》明确规定，学校应当全面贯彻国家的教育方针，实施素质教育，提高教育质量，注重培养未成年学生独立思考能力、创新能力和实践能力，促进未成年学生全面发展……学校应当建立安全制度，加强对未成年人的安全教育，采取措施保障未成年人的人身安全。

校园暴力的存在毫无疑问是未成年学生全面发展和人身安全的巨大隐患。为此，学校可以定期对校内的校园暴力状况开展调查，鼓励学生对校园暴力事件及时报告、发放相关问卷调查、了解校内心理医生接收涉及校园暴力学生的情况或设立匿名信箱等方式，并采取相应措施，从而减少校园暴力现象，为学生创造一个更加安全、和谐的校园环境。

以河北省承德市某初级中学为例，该校为了更全面、更深入了解学生对校园暴力的看法、产生原因、高发地点等相关信息，有针对性地设置了相关问题并制成问卷下发给全校学生填写。经统计发现，本校现存的暴力行为的主要参与人员是学生，然后是校外人员和教师；校园暴力的易发时段从高到低依次为午休、晚间放学、课间休息；校园暴力易发生的地点主要是操场、校园偏僻角落、走廊及学校周边；校园暴力的主要形式是行为暴力和语言暴力；在遇到校园暴力时，50%以上的学生都会选择默不作声……通过对搜集数据的分析，学校采取了对应的措施，如设置德育、心理健康教育课程并号召各班开展杜绝校园暴力的主题班会，引导学生树立正确的社会价值观，了解校园暴力的危害；加大校园监控力度，排查校园内存在的监控盲区，特别加强对操场、走廊及学校大门周边的监控；安排督导人员在学生休息期间进行巡视……以上举措实施以后，该校的校园暴力事件发生频率明显得到改善。[1]

当然，即使预防校园暴力的措施相当之完善，也无法完全杜绝其发生。一旦发生校园暴力事件，学校应当采取何种措施呢？

首先，是对受害者的保护。（1）发现校园暴力事件后，校内安保人员应第一时间赶往现场，立即制止暴力行为，及时介入调查真相，避免事件对受害者不利影响进一步扩大。如果校园暴力事件的性质可能涉及违法犯罪，则及时报告移送公安部门。（2）维护受害者的合法权益，保障其获得相应的身体治疗、心理医疗和损害赔偿。《预防未成年人犯罪法》第二十一条规定，教育行政部门鼓励和支持学校聘请社会工作者长期或者定期进驻学校，协助开展道德教育、法治教育、生命教育和心理健康教育，参与预防和处理学生欺凌等行为。未成年人在经历校园暴力事件后，可能会对

---

[1] 张岩双：《初中校园暴力调研及预防研究——以承德市第十六中学为例》，河北大学2019年硕士学位论文。

心理健康造成极大创伤。因此，学校应聘请常驻心理医疗人员，确保在相关事件发生后进行及时的心理干预。（3）学校应尊重受害人法定监护人的知情权，及时将相关情况告知其家长，并鼓励其冷静对待，理智处理，切勿采取以暴制暴的方式解决问题。《预防未成年人犯罪法》第十六条规定，未成年人的父母或者其他监护人对未成年人的预防犯罪教育负有直接责任，应当依法履行监护职责，树立优良家风，培养未成年人良好品行；发现未成年人心理或者行为异常的，应当及时了解情况并进行教育、引导和劝诫，不得拒绝或者怠于履行监护职责。因此，在经历校园暴力事件后，家庭成员对受害者要正确地进行持续性心理治愈与疏导，如鼓励监护人倾听未成年人诉说烦恼，实时关注其情绪、心理和性格的变化，引导孩子正确应对校园暴力，给予未成年人足够的温暖和关怀，运用合理合法的方式为其排忧解难，帮助孩子早日走出校园暴力的阴影。（4）进一步完善校园暴力防控工作制度。《预防未成年人犯罪法》第二十条规定，教育行政部门应当会同有关部门建立学生欺凌防控制度。学校应当加强日常安全管理，完善学生欺凌发现和处置的工作流程，严格排查并及时消除可能导致学生欺凌行为的各种隐患。校园暴力的横行说明学校监管并不到位，因此，学校应构建完善的校园安全保卫系统，对校园重点区域、重点时段进行重点布防，加强巡查，确保校园暴力事件无处遁形。

其次，是对施暴者处理。由于校园暴力的实施主体可能是未成年学生，也可能是教职工和校外人员，而又因为我国法律对未成年人群体实施特殊保护，因此要分情况进行讨论。

第一，当校园暴力的实施主体是未成年学生时，学校的处置要遵循教育、感化、挽救方针。《预防未成年人犯罪法》第三十一条规定："学校对有不良行为的未成年学生，应当加强管理教育，不得歧视；对拒不改正或者情节严重的，学校可以根据情况予以处分或者采取以下管理教育措施：（一）予以训导；（二）要求遵守特定的行为规范；（三）要求参加特定的专题教育；（四）要求参加校内服务活动；（五）要求接受社会工作者或者其他专业人员的心理辅导和行为干预；（六）其他适当的管理教育措施。"第三十三条规定："未成年学生偷窃少量财物，或者有殴打、辱骂、恐吓、强行索要财物等学生欺凌行为，情节轻微的，可以由学校依照本法第三十一条规定采取相应的管理教育措施。"因此，若学生是首次参与校园暴力或实施导致的危害结果不大，学校可以自主决定从轻处理。如对实施暴力的学生开展批评教育，责令施暴学生对受害者赔礼道歉，取得谅解。对于反复发生的一般性暴力事件，学校在批评教育的基础上可视情节和危害程度予以纪律处分。情节比较恶劣、对受害者心理造成明显伤害但尚未达到违反治安管理处罚程度的暴力事件，学校可邀请公安机关协同进行警示教育工作。《预防未成年人犯罪法》第三十二条规定，学校和家庭应当加强沟通，建立家校合作机制。学校决定对未成年学生采取管理教育措施的，应当及时告知其父母或者其他监护人；未成年学生的父母或者其他监护人应当支持、配合学校进行管理教育。学校和家长作为未成年人教育的合作者，要做到互通有无。当学生涉及校园暴力事件后，学校要立即通知家长，共同完成对未成年的管理教育工作。

当发生恶性校园暴力事件并造成严重后果的，学校应当及时报警。《预防未成年人犯罪法》第四十条规定，公安机关接到举报或者发现未成年人有严重不良行为的，应当及时制止，依法调查处理，并可以责令其父母或者其他监护人消除或者减轻违法后果，采取措施严加管教。第四十一条规定："对有严重不良行为的未成年人，公安机关可以根据具体情况，采取以下矫治教育措施：（一）予以训诫；（二）责令赔礼道歉、赔偿损失；（三）责令具结悔过；（四）责令定期报告活动情况；（五）责令遵守特定的行为规范，不得实施特定行为、接触特定人员或者进入特定场所；（六）责令接受心理辅导、行为矫治；（七）责令参加社会服务活动；（八）责令接受社会观护，由社会组织、有关机构在适当场所对未成年人进行教育、监督和管束；（九）其他适当的矫治教育措施。"第四十二条规定，公安机关在对未成年人进行矫治教育时，可以根据需要邀请学校、居民委员会、村民委员会以及社会工作服务机构等社会组织参与。未成年人的父母或者其他监护人应当积极配合矫治教育措施的实施，不得妨碍阻挠或者放任不管。第四十三条规定，对有严重不良行为的未成年人，未成年人的父母或者其他监护人、所在学校无力管教或者管教无效的，可以向教育行政部门提出申请，经专门教育指导委员会评估同意后，由教育行政部门决定送入专门学校接受专门教育。第四十四条规定："未成年人有下列情形之一的，经专门教育指导委员会评估同意，教育行政部门会同公安机关可以决定将其送入专门学校接受专门教育：（一）实施严重危害社会的行为,情节恶劣或者造成严重后果;(二)多次实施严重危害社会的行为;(三)拒不接受或者配合本法第四十一条规定的矫治教育措施;(四)法律、行政法规规定的其他情形。"第四十五条规定,未成年人实施刑法规定的行为、因不满法定刑事责任年龄不予刑事处罚的,经专门教育指导委员会评估同意,教育行政部门会同公安机关可以决定对其进行专门矫治教育。省级人民政府应当结合本地的实际情况,至少确定一所专门学校按照分校区、分班级等方式设置专门场所,对前款规定的未成年人进行专门矫治教育。前款规定的专门场所实行闭环管理,公安机关、司法行政部门负责未成年人的矫治工作,教育行政部门承担未成年人的教育工作。第四十六条规定,专门学校应当在每个学期适时提请专门教育指导委员会对接受专门教育的未成年学生的情况进行评估。对经评估适合转回普通学校就读的,专门教育指导委员会应当向原决定机关提出书面建议,由原决定机关决定是否将未成年学生转回普通学校就读。原决定机关决定将未成年学生转回普通学校的,其原所在学校不得拒绝接收;因特殊情况,不适宜转回原所在学校的,由教育行政部门安排转学。第四十七条规定,专门学校应当对接受专门教育的未成年人分级分类进行教育和矫治,有针对性地开展道德教育、法治教育、心理健康教育,并根据实际情况进行职业教育;对没有完成义务教育的未成年人,应当保证其继续接受义务教育。专门学校的未成年学生的学籍保留在原学校,符合毕业条件的,原学校应当颁发毕业证书。第四十八条规定,专门学校应当与接受专门教育的未成年人的父母或者其他监护人加强联系,定期向其反馈未成年人的矫治和教育情况,为父母或者其他监护人、亲属等看望未成年人提供便利。

第二,当实施校园暴力的主体是教职工时,学校应本着关爱学生的精神,按照暴力事件的性质、情节、危害程度对涉事教职工予以处分和其他处理。涉及违法犯罪的,依法移交公安机关。

第三,当实施校园暴力的主体是校外人员时,学校要主动承担监护职责,依法保护学生的人身安全和财产利益,及时通知学生父母或其他监护人并支持配合其追究涉事校外人员的民事或刑事责任。

22. 学校应如何开展社会主义道德教育,培养学生践行社会主义核心价值观?

青少年是中国特色社会主义事业接班人,他们的思想境界和道德水平关系民族未来、国家前途和社会兴衰。对青少年开展有效的思想道德教育，引领其建立正确的价值观刻不容缓。党的十八大报告指出："倡导富强、民主、文明、和谐，倡导自由、平等、公正、法治，倡导爱国、敬业、诚信、友善，积极培育和践行社会主义核心价值观。"报告以简洁凝练的"三个倡导"、二十四个字对社会主义核心价值观作出了最新概括，突出了社会主义核心价值体系建设的重要地位，为青少年思想道德教育指明了方向。

在对青少年进行思想教育的行动中，承担重要责任的就是学校及老师。学校应当落实好关于思想道德教育的有关要求，深化教育体制改革。一味片面地重视成绩不能培养出践行社会主义核心价值观的优秀青年。"师者，所以传道受业解惑也"，现阶段不少人认为青少年缺乏思想信念之"钙"，这项重要任务应当交给学校去完成。教育工作者的首要工作是传道育人，要加大对青少年思想道德品质的培养，实现真正意义上的素质教育。

《预防未成年人犯罪法》第二十一条规定："教育行政部门鼓励和支持学校聘请社会工作者长期或者定期进驻学校，协助开展道德教育、法治教育、生命教育和心理健康教育，参与预防和处理学生欺凌等行为。"社会工作者大多受过专业的训练，由他们指导学校进行相应的课程改革，学校在进行社会主义道德教育时，要改变以往的知识灌输方式，应当注重提高学生自我道德建设。学校和教师应当开放相应的课程，提高课程中未成年人的参与度，在现有的教育条件下，学校是青少年接受教育的主渠道，必须牢牢占领这一主阵地，充分发挥学校、课堂在青少年思想道德教育中的主渠道作用。坚持学校教育的主体地位，不是故步自封、僵化封闭，相反要积极探索全新的课堂教学模式，提倡教师精心设计课堂，通过网络平台增加交流环节，辅以实地考察调研，以丰富的教学手段抓住学生的心，最大程度上唤起学生的共鸣。

应当鼓励学生自觉通过网络等新媒体方式进行自我教育和自我监督。道德学习是一个终身过程，终身学习的首要内容是不断促进个人思想道德素质的提升，有意识地自我完善是一个有责任感的社会主义公民的终身使命，"三个提倡"表述的内容需要社会成员终身学习领悟。在青少年阶段，思想道德教育的主要方式是接受家庭、学校、社会教育；在成年阶段,需要不断地自我教育,主动自省,及时提升个人思想道德修养。对青少年的思想道德教育除了解决其成长中的具体问题,更重要的是培养他们终身学习的意识,以高度的责任感和使命感不断提高思想道德水平。终身学习要始终把握正确的方向,个人思想道德素养的提升必须以社会主义核心价值观为导向,以中华民族的伟大复兴为己任,以"三个提倡"的标准随时审视、反思自身思想言行,为中国特色社会主义事业培养合格的建设者。

23. 如果学校发现有未成年人辍学,应当如何处理?如何使其接受教育?

未成年人辍学的问题,是目前教育中的突出问题,它不仅对学生自身发展造成危害、加大了学校管理的难度,也为社会制造了不安定因素,直接影响和谐社会的发展。"百年大计,教育为本",受教育权是我国未成年人依法享有的一项基本权利。对于未成年人辍学问题,学校社会工作者应对服务对象及其家庭积极介入,并促使有关部门(尤其是教育部门)的重视,完善现行的教育法律法规,推动教育的发展,减少辍学现象的发生。

面对未成年人的辍学问题,学校应该在第一时间联系该名辍学学生,了解其辍学的原因以及对自己辍学后的人生规划,加强对其思想上的疏导,劝其继续回学校接受教育。学校应当对尚未完成义务教育的辍学未成年学生进行登记并劝返复学;要通过针对性地进行家访、召开家长会或开办家长学校等形式,与厌学学生家长接触,使双方的信息及时得到反馈;对有严重心理障碍的厌学学生,还需要进行个别心理辅导,以关心他们克服心理障碍,调整学习心态,积极、主动、愉快地对待学习;如若劝返无效的,应当及时向教育行政部门书面报告。

依法制止未成年人辍学,最大限度地控制中学生流失,是一项迫在眉睫的艰巨任务,政府、社会、学校、家庭都有责任,必须强化依法治教,实施综合治理。

第一,加强宣传教育,增强监护人的责任意识以及未成年人的自我保护意识。

《教育法》第五十条第一、二款规定:"未成年人的父母或者其他监护人应当为其未成年子女或者其他被监护人受教育提供必要条件。未成年人的父母或者其他监护人应当配合学校及其他教育机构,对其未成年子女或者其他被监护人进行教育。"因此,我们应当确保学校宣传教育工作的落实，不仅让监护人认识到保证未成年人受教育权和保护未成年人身心健康是法定的强制性义务，不尽义务将承担法律责任，甚至可能被追究刑事责任的法律后果，而且让未成年人明白接受义务教育是法定权利更是法定义务，增强未成年人接受教育的信心与决心。通过宣传教育，不少辍学未成年学生返校读书。建议由政法部门牵头建设未成年人教育基地，会同教育等部门以及工、青、妇等组织有计划开展未成年人法治宣传教育，对学生进行心理疏导和干预，预防未成年学生产生厌学心理。

第二，学校应加强管理，保证教育质量。

《未成年人保护法》第二十八条规定："学校应当保障未成年学生受教育的权利，不得违反国家规定开除、变相开除未成年学生。学校应当对尚未完成义务教育的辍学未成年学生进行登记并劝返复学；劝返无效的，应当及时向教育行政部门书面报告。"因此，学校应当采取措施，加强对学校的监督管理，保障未成年学生的受教育权。

首先，要采取现代的科学管理手段，对在校学生的学籍严格管理，如建立学生登记注册卡、编制统一固定学籍号、完善学生转入转出手续等，尤其要建立学生辍学报告公示制度，随时掌握辍学动态。要把工作重点放在学习困难的"易辍生"的教育上，耐心细致地做好他们及其监护人的思想工作。其次，依法规范教师的职业行为，要求教职员关心爱护学生，尊重学生的人身权利和受教育权利。对一些违反日常行为规范的学生，要注意工作方法，采取耐心说服教育为主、适当惩罚为辅的教育手段，尽量避免学生产生对抗情绪或者逆反心理。最后，改革教育内容，保证教育质量。为有效控制辍学率，提高学生的学习兴趣，一些学校改革了课程结构，积极推广教育与生产劳动相结合的教学模式。但需要指出的是，课程改革必须确保义务教育质量，学生分流必须采取自愿原则。

第三，国家应当加大教育经费投入。

《中华人民共和国义务教育法》（以下简称《义务教育法》）第十三条第一款规定："县级人民政府教育行政部门和乡镇人民政府组织和督促适龄儿童、少年入学，帮助解决适龄儿童、少年接受义务教育的困难，采取措施防止适龄儿童、少年辍学。"

按照科教兴国、教育优先的理论，国家只有肯于投入，才能保障公民获得更好的教育，为社会承担更多的社会责任，创造更多的物质财富与和谐的精神文明。首先，及时足额发放学校公共经费，避免学校的乱收费行为。其次，改善办学条件，加快教学用房建设，加快寄宿学校建设，减少因走读不便和走读安全问题造成的学生流失。最后，建立社会救助基金。各级相应成立救助特困生基金会，认真完善实施学杂费减免制度，对确有家庭困难的学生进行全方位的救助，弘扬社会主义的价值取向和扶贫救困的传统美德。

第四，加大教育执法监督力度。

《未成年人保护法》第八十三条规定："各级人民政府应当保障未成年人受教育的权利，并采取措施保障留守未成年人、困境未成年人、残疾未成年人接受义务教育。对尚未完成义务教育的辍学未成年学生，教育行政部门应当责令父母或者其他监护人将其送入学校接受义务教育。"因此，政府应当对未成年学生辍学的现状进行干预，帮助辍学的未成年学生返校接受教育。

依据法律规定，政府对未成年学生辍学有干预义务，这就是说无论出于怎样的情况或原因，对于违反教育法律的行为，政府都要积极有效地进行干预，这样做的好处是辍学未成年学生有权请求救济。因此，学校教育的贯彻实施必须依赖于法律的威严，完善的监督机制。这就要求，首先，要加强各级政府对学校教育的督导检查和调研工作。对妨碍教育的问题，要深入调查，分析原因，提出解决方案。其次，要坚决维护法律尊严，正确执行法律。对违反法律、法规，扰乱正常教育教学等秩序的行为，一定要追究法律责任，决不能姑息迁就。最后，要竭力做好教育法律、法规的宣传工作，不仅各级行政机关的工作人员要知法、懂法、依法行政，学校教职员工也要增强法律意识、依法治教，从而确保国家教育的有效实施。

24. 如果你发现所在的社区有未成年人被迫辍学，作为社区工作人员应该如何做？

《预防未成年人犯罪法》第二十五条规定："居民委员会、村民委员会应当积极开展有针对性的预防未成年人犯罪宣传活动，协助公安机关维护学校周围治安，及时掌握本辖区内未成年人的监护、就学和就业情况，组织、引导社区社会组织参与预防未成年人犯罪工作。"针对未成年人被迫辍学问题，社区工作人员应当专门进行走访，及时和学校、家长、政府等联系，通过走访调查明确学生辍学的具体原因，同时也要和辍学学生本人进行面对面交谈。有些学生比较内向，不善于表露自己的内心，应当指引他们进行沟通，这样才能对症下药，有助于更好、更快地解决辍学问题。

在了解未成年人辍学原因以后，社区工作人员就可以对不同的情况拟定不同的解决方案，做到有的放矢。未成年人辍学的最大原因一般在于家庭方面的问题，尽管义务教育在我国已经普及，但还是有一些家长有"读书无用论"的错误认知，想着让孩子早点出来打工挣钱。针对这一情况，我们首先要明确，受教育权是宪法规定的每个公民都享有的基本权利，任何人（包括孩子的父母家长）都不能剥夺。对此，社区工作人员应当及时与未成年人的家长沟通，晓之以理，动之以情，让家长们了解"扶贫先扶志""扶贫先扶智"的道理，呼吁他们将眼光放长远，让孩子接受更多的适龄教育，不管是对孩子个人，对家庭对社会乃至整个国家，都是正确的、必需的选择。如果孩子接受不到义务教育而早早辍学，无疑会增加社会的不稳定因素，不利于社会的长治久安，也会增加个人和家庭的意外风险，造成个人发展和家庭和谐的隐患。通过社区工作人员向学生家长讲解教育管理知识并及时家访指导家长更新陈旧观念，淡化其对教育的功利主义思想，强化家长教育责任感，家长才会进一步思考如何改进自己的教育理念和方法。社区工作人员要引导家长走出教育观念的误区，及时和学生家长沟通联系，做到早发现早解决，在家长有让学生辍学的想法时应及时进行规劝和疏导。如果经过劝说无效，社区工作人员应当及时将情况反映给司法机关，通过法律的武器保障每个孩子都能接受义务教育。

针对未成年人的家庭经济困难导致的辍学，社区工作人员应当将这一问题与国家的精准扶贫工作结合起来，积极配合相关政府部门建立贫困档案，帮助确有困难的家庭申请补助，争取经济上的帮助，减轻辍学学生家庭经济上的困难和压力。如果可能的话，社区工作人员可以联系当地政府，建议为父母提供当地就业的机会，减少他们远离家乡外出谋生的必要。父母不接受社区工作人员建议的，社区工作人员可以寻求学校、社会公益组织的帮助，努力与社会帮扶力量建立联系，设计贫困学生基金和贫困学生奖学金制度，从而在一定程度上解决未成年人的经济困难。社区工作人员可以通过黑板报等方式，广泛宣传教育扶贫各项惠民、富民政策措施，树立社区内先进典型家庭并宣传、推广经验做法。学校、政府和社区工作人员联合起来，进一步完善对贫困学生资助、加大专项招生力度、加强公益培训等教育惠民事项和大项目、重大资金安排，着力保障贫困地区群众的知情权，主动接受社会监督。

而如果辍学的原因是未成年人自身心理原因导致的，比如自我认识存在偏差、社会交往能力不足以及生理和心理发展的失衡。这些原因很可能是家庭教育的缺失，导致未成年人对实现自我人生理想、人生目标缺乏一定的认知。对此，社区工作人员除了要对家长进行一定的教育指导以外，更需要对未成年人进行必要的介入，引导未成年人明确自己未来的人生目标，提高未成年人的社会交往能力和学习能力，从而保障未成年人能够及时回归校园。要让未成年人愿意继续完成学业，一是要让未成年人认清自己现阶段的主要目标，明确读书是农村孩子走出农门的最好方式；二是要让未成年人学会合理规划学习、生活时间，制定详细的作息时间表，让自己的每一天都过得充实有意义；三是让未成年人多阅读好的书籍，拓宽自己的眼界，增加自身的精神财富；四是让未成年人学会沟通，多交良师益友，学会正确地分享与倾诉。对于未成年人自身生理等方面的原因导致的辍学，比如视力、听力或者智力方面的缺陷，社区工作人员应适时与学校进行沟通，保证班级里的学生对有缺陷的学生不歧视，学会尊重他人。必要时，社区工作人员应当与地方政府进行沟通，呼吁建设实施特殊教育的学校，以确保因为自身健康原因辍学的未成年人可以接受良好而公平的教育。对于需要家长陪同照顾的未成年人，学校和政府应当开设绿色通道，设立完备各项公共设施，在有条件的情况下可以为陪读的家长安排一定的工作岗位，增加他们的收入来源。

防止未成年人辍学是需要社会各界整体联动的一项系统性工程。政府部门应是这项系统性工程的主导者，而社区工作人员是这项工作必不可少的参与者、执行者。主导者应制定宏观的关爱体系，社区工作人员应当利用好经济、法律、政策等多种方式体现对被迫辍学的未成年人的关爱，最终形成由政府牵头，社区工作人员具体实施，学校、村委会、家庭等相关部门密切协助的格局，共同承担起保护未成年人的责任。

25. 社会如何为未成年人营造良好的网络环境？

伴随互联网的快速普及和数字技术的高速发展，网络已经成为社会生活的重要组成部分。未成年人接触网络的年龄越来越低，网络在未成年人群中普及范围也越来越大。因互联网上信息良莠不齐，未成年人上网面临多重风险。网络不良信息传播的扭曲价值观念会影响处在价值观塑造关键时期的未成年人，易诱发未成年人违法犯罪。沉迷网络亦会耗费未成年人大量精力，影响未成年人的学习与正常人际交往。

在为未成年人营造良好网络环境方面，网络产品和服务提供者承担着主要的责任。首先，安全保障义务。网络产品和服务提供者应在内部制定针对未成年人方面的安全管理制度和操作规程，确定网络安全负责人，落实对未成年人的网络安全保护责任。由于未成年人缺乏对网络产品和服务内容的辨识能力，因此需要对未成年人采取检测、记录网络运行轨迹、状态的技术手段。其次，内容审核义务。根据《未成年人保护法》第七十四条规定："网络产品和服务提供者不得向未成年人提供诱导其沉迷的产品和服务。网络游戏、网络直播、网络音视频、网络社交等网络服务提供者应当针对未成年人使用其服务设置相应的时间管理、权限管理、消费管理等功能。以未成年人为服务对象的在线教育网络产品和服务，不得插入网络游戏链接，不得推送广告等与教学无关的信息。"内容审核义务要求网络产品和服务提供者按照国家有关规定和标准对涉及未成年人方面的产品和服务进行分类，对内容进行审核。对于"可能诱导未成年人沉迷的内容"进行严格界定。网络产品和服务提供者应当开发出适合未成年人身心健康发展的产品和服务，屏蔽不良信息。最后，安全保护义务。2019年8月22日，国家互联网信息办公室正式发布《儿童个人信息网络保护规定》（以下简称《规定》），这是我国第一部专门针对未成年人信息保护的立法。《规定》详细论述了网络产品或服务提供者的安全保护义务，主要有以下几个方面：第一，网络运营者应当设置未成年人个人信息保护的专门规则、专门协议和专门责任人；第二，收集、使用、转移、披露未成年人个人信息，须征求其监护人同意并同时提供拒绝选项；第三，明确未成年人个人信息保护的"最小原则"，即保证收集范围和收集数量最小、存储期限最短、工作人员授权最小化；第四，确立安全评估制度，网络运营者委托第三方处理未成年人个人信息时，应进行安全评估，确立委托的范围和相应的责任；第五，进一步明确监护人责任，监护人应当引导未成年人增强个人信息保护意识和能力。

《未成年人保护法》还对特定的网络产品和服务提供主体提出了要求，如网络游戏服务提供者及直播服务提供者。第七十五条规定："网络游戏经依法审批后方可运营。国家建立统一的未成年人网络游戏电子身份认证系统。网络游戏服务提供者应当要求未成年人以真实身份信息注册并登录网络游戏。网络游戏服务提供者应当按照国家有关规定和标准，对游戏产品进行分类，作出适龄提示，并采取技术措施，不得让未成年人接触不适宜的游戏或者游戏功能。网络游戏服务提供者不得在每日二十二时至次日八时向未成年人提供网络游戏服务。"伴随网络直播行业如火如荼的发展趋势，未成年人直播打赏导致财产纠纷也屡见不鲜，如最高人民法院在 2018 年发布的刘某打赏主播超百万最终判决返还的典型案例。《未成年人保护法》第七十六条对网络直播服务的提供者设定了以下义务：网络直播服务提供者不得为未满 16 周岁的未成年人提供网络直播发布者账号注册服务；为年满 16 周岁的未成年人提供网络直播发布者账号注册服务时，应当对其身份信息进行认证，并征得其父母或者其他监护人同意。

为未成年人营造良好的网络环境，学校和家庭也承担着不可推卸的责任。学校应当加强校园网络管理，校园内供上网的开放或公用计算机机房等都应接入学校校园网，纳入校园网的统一管理，并由校园网提供统一的网络出口可对学生上网进行时时监控，杜绝学生上不良网站。作为未成年人学习和生活的主要场所，学校要充分发挥优势，利用校园内的网络吸引学生们健康上网。家长应当主动学习网络安全知识，具备基本的网络保护能力，加强对未成年人个人信息保护意识的培养。教导他们利用网络学习知识、技能，充实自己，把未成年人对互联网的爱好向好的方向引导。必要时，家长应当陪同未成年人一起上网。

26. 如何预防未成年人的网络犯罪？

在其他类型的未成年人犯罪案件稳中有降的情况下，网络犯罪作为一种新型的智能犯罪方式，比例却大幅上升。网络的快速发展已成为大众生活所必需，网络监管滞后使得网络信息呈现出开放性、多元化、复杂性、无筛选等特点，而未成年人正处于身心未成熟的状态，没有完全的是非观念，其"行为具有模仿性、易受暗示性、戏谑性、情绪性、暴力性等特点"，则易受外界环境的影响作出某些不良行为，甚至是违法犯罪行为。中国预防青少年犯罪研究会在 2010 年和 2013 年对未成年人犯罪前的上网时间和上网目的进行统计调查，结果发现未成年人犯罪前的业余生活与网络密切相关，不仅上网时间远超普通学生，而且上网目的也主要集中在玩网络游戏、网络聊天、浏览色情网页与网上邀约犯罪等方面，由此可见，网络在诱发未成年人犯罪中起一定的作用。

未成年人涉及的网络犯罪，主要可以分为以下四类：第一，通过网络侵犯信息权益的犯罪。许多未成年人在掌握计算机技术后，因为法律意识淡薄，出于猎奇等各种心理采用技术手段利用计算机网络侵犯他人信息或隐私甚至国家秘密、商业秘密走上违法犯罪道路。第二，制造、传播计算机病毒。未成年人散布计算机病毒也日益猖獗。计算机病毒具有攻击性和破坏性，会损坏他人计算机设备、档案，造成巨大经济损失。第三，通过网络进行诈骗。网络诈骗作为传统诈骗在互联网空间的延伸，随着信息技术的飞速发展，也渐渐成为未成年人犯罪的主要方式之一。第四，通过网络实施盗窃行为，部分青少年沉迷游戏，实施盗取他人游戏账户、盗取他人游戏中的虚拟财产的行为。随着网络中的虚拟财产被纳入盗窃罪的"财产"范围之中，未成年人实施上述行为也被认定为违法犯罪。

采取切实有效的预防措施遏制未成年人的网络犯罪已经迫在眉睫。根据未成年人网络犯罪的类型及动机，家庭、学校等主体可采取以下措施预防其网络犯罪。首先，家长应当给予未成年人足够的关心，拓展其兴趣爱好，避免未成年人过度沉迷网络。未成年人正处于价值观形成的关键阶段，心理认知缺陷、社会经验不足以及控制能力较弱等原因导致其容易受到网络不良信息的诱导，以至于走上违法犯罪道路。因此，家长应当注重提升自身网络素养，并教育、引导、监督未成年人正确使用互联网，拒绝网络不良信息和产品服务，及时发现和矫正未成年人不当的网络使用行为。未成年人的父母或者其他监护人还可以通过在智能终端产品上安装未成年人保护软件，选择适合未成年人的服务模式和管理功能，避免未成年人接触可能影响其身心健康的网络信息。其次，学校应当积极引导未成年人正确地使用网络，加强相关法律意识的培养，将安全合理使用网络纳入课程教育体系，对于未成年学生进行网络安全和网络文明教育，并逐步建立校园网络中心，配置上网辅导人员引导未成年人健康上网，帮助未成年人养成良好的上网习惯。再次，网信部门应当加强对未成年人网络保护工作的监督检查，依法打击利用网络从事危害未成年人身心健康的活动，为未成年人提供安全的网络环境，着力打击、取缔非法涉黄、涉暴力的网站、社交软件及网络游戏，净化未成年人的网络空间。落实对网络不良文化的有效管控与消除，杜绝未成年人轻易接触不良文化。最后，加强政府监管力度，完善网络系统安全性。社会各职能部门要进一步加大协调力度；工商、公安、文化部门要加强沟通、联手行动，充分发挥各部门的职能作用；加强对网吧的监督、管理力度；建立一整套针对网吧经营的长效监督、管理机制，整顿网络市场秩序，为青少年提供健康、良好的网络文化氛围。一方面，市场监督管理部门应依法规范网吧经营，督促、落实网吧安全管理责任，积极落实各项经营规章制度；对传播网络有害信息的网络经营者，依法给予停业、整顿或查封，情节严重的要追究相关刑事责任；同时，依法登记网络服务经营场所、网络用户等信息，认真贯彻执行法律、法规的禁止性规定。另一方面，工商、公安、文化部门应联起手来，积极开展"网吧"专项整治行动；加强对网吧营业场所和电子游戏经营场所的监督、管理；对违法、违规经营的网吧或电子游戏厅，必要时给予停业整顿或查封等处罚措施。

27. 开展法治教育课对预防未成年人犯罪有何意义？

为了贯彻党的十八届四中全会关于"把法治教育纳入国民教育体系，从青少年抓起，在中小学设立法治知识课程"的要求，教育部、司法部、全国普法办在2016年颁布了《青少年法治教育大纲》，明确从义务教育到高等教育阶段都要加强法治教育，标志着我国的青少年法治教育进入了一个全新阶段。

未成年人犯罪是一个引起广泛关注、亟待解决的问题，世界各国都将预防未成年人犯罪作为一项重要任务。加强青少年法治教育，预防青少年犯罪，不仅关系到国家的可持续发展，也是家庭和谐、社会稳定的基本保障，具有重大的现实意义。

一是强化法治规范。未成年人对于法律基本上仍停留在感性的法律层面，对法律的规范作用和社会作用缺乏系统的认识，内心自然没有太多关于法律的约束。开展法治教育，提倡用与日常学习不同的学习方式来宣传普法，在宣传教育的过程中让未成年人树立起秉承全心全意为人民服务的原则，自觉接受法律思想的洗礼。法治宣传教育的顺利开展对预防犯罪起到关键性的作用，将法治宣传教育功能和社会功能有效地结合起来，不仅能够推进经济社会的发展，又能促进社会的民主、公平和正义。

二是树立法治信仰。未成年人在接受义务教育的过程中，其人生观和价值观仍处在养成阶段，对什么事情是应当做的，什么事情是不应当做的，没有系统认知，也没有学会从法律客观的角度来思考问题。一个法治社会必然是由守法的公民组成的统一整体，当未成年人可以像社会上的其他公民一样，强烈认识到应当将法律的规定作为自己的行为底线，不断丰富和完善自己，建立起法律信仰和法治观念，就能够更加有效地约束自己的行为，从而减少和控制犯罪行为的发生。社会上绝大多数人是通过亲身参与司法实践或者是通过法律教育等相关活动后感受到法律的权威，最终树立了法律的信仰。对于未成年人而言，他们不太可能亲身参与司法实践，因此应当鼓励未成年人像法学院的学生们一样，从法律法规中学习法律、汲取知识，培养自己的法律价值观。

三是价值指引意义。对未成年人开展法治教育，有利于培养他们正确的法律观念，教育未成年人应当将正义作为自己所追求的目标。让学生们从小就养成完备的正义观，培养他们的社会民主意识与法律意识，让他们在观念上有了正确的导向，激励和鼓舞他们积极去追求法律的公平正义，减少犯罪的可能性，进而促进社会现代化。开展法治教育将有效指引未成年人追求法治境界，呼唤未成年人内心的法律信仰，为进一步促进社会主义和谐稳定，建设社会主义法治国家，引导国家依法治国，预防不必要的犯罪起到关键性作用。

四是强制威吓意义。未成年人的犯罪率不断提高，某一原因可能是未成年人对犯罪的后果并没有足够的认知，例如有期徒刑期限，在未成年人眼里可能就只是一个单纯的数字。对未成年人进行法治教育，让他们明确冲动犯罪之后要付出的代价，从而不敢轻易地以身试法。任何社会规范的实施都离不开强制力，法律作为一种社会规范也不例外。德国法学家耶林就认为："没有任何强制力的法律规则是不燃烧的火，不发光的亮。"法所施之于人的强制在更多情况下只体现为一种可能、一种精神压力。在未成年人法治教育中，犯罪对于未成年人只是一种可能性，相应的刑罚也是一种可能，指向预防犯罪的法治教育只是在向未成年人展示这种可能带来的对他们的精神压力，通过大量的案例强调犯罪行为所带来的刑罚的必定性和及时性，从而使未成年人产生对可能出现的犯罪行为的恐惧。贝卡利亚认为:"对于犯罪最强有力的约束力量不是刑罚的严酷性,而是刑罚的必定性……即使是最小的恶果,一旦成了确定的,就总令人心悸。"法治教育的威慑来自法律规范的自身属性——强制性,它是法律规范的强制性在法治教育中的体现。

五是针对预防未成年人犯罪的独特作用。未成年人身心处在养成中,如果采用单调的普法宣讲活动,可能会引起未成年人的反感,适得其反,达不到所希望的预防犯罪的效果。而上一堂生动的法治教育课,会激发学生们对法律的兴趣,在课堂上也可以组织一些如模拟法庭的小活动,让法律知识的传播更加生动、亲切和活泼。在这样的课堂环境下,每个未成年人都能够经历一次思想和法治的洗礼。学生在课堂上会体会到不同社会层次中公民所面对的困境和公民权利的独特价值,学会尊重生命、尊重他人,进而激发他们的社会责任感,构建更加美好的和谐社会。

28. 校园欺凌有何危害?

校园欺凌是发生在校园内外、以学生为参与主体的一种攻击性行为,它既包括直接欺凌也包括间接欺凌。直接欺凌是指对被欺凌者采取拳打脚踢等肢体暴力或勒索钱财等行为;间接欺凌是指对被欺凌者进行排挤孤立或语言谩骂攻击等。近年来曝光了一些恶性校园欺凌案件,校园欺凌已经成为一个热点话题。

关于校园欺凌的内涵。挪威著名学者奥维斯最早将校园欺凌纳入研究视角,他指出:"欺凌并非偶发事件,而是长期性且多发性的事件。"英国政府教育与技能部(DFES)、日本文部科学省、美国预防校园欺凌中心、我国相关研究学者等研究人员和机构,都对校园欺凌的内涵进行了界定。由于研究视角不同,其内涵界定主要分成两大类,一类是以"校园"为中心的界定模式,强调其发生地点主要是在校园内或校园周边;另一类是以"师生"主体为中心的界定模式,强调欺凌的实施者或受害者(教师和学生)。校园欺凌对被欺凌学生的生理和心理都是极大的创伤,留下的阴影长期难以平复,不仅如此,校园欺凌还会对欺凌者、旁观者等各方群体产生巨大危害,不利于未成年人的健康成长。

欺凌行为对被欺凌者的危害。校园欺凌影响最深的毫无疑问是被欺凌者。长时间在学校遭遇的霸凌首先会给被欺凌者身体上造成巨大危害,无法将自己的心思用在学习上面,被欺凌者成绩将大幅度下降,甚至可能无法继续完成学业，逃离学校以寻求躲避欺凌。被欺凌者在行为方式上，遭受欺凌后会变得唯唯诺诺，遇事迟疑不决，但是在某些问题上又会变得非常偏执。被欺凌者在心理上可能会产生睡眠障碍、精神难以集中、抑郁等心理问题，严重的甚至可能出现精神分裂等情况。当被欺凌者在面对极端困苦的情况时，可能会拒绝将自己遭遇的事情同家长和老师分享，选择将痛苦向内部转化，表现出自卑、不合群。而校园学习的阶段正是未成年人完善人格养成的重要时期，此时的低自尊、自卑情绪可能会困扰被欺凌者一生。最严重的是，校园欺凌可能会使当事人开始关注自杀，增加了青少年选择死亡的风险。在有些情况下，被欺凌者也可能会发生恶逆变化，由被欺凌者转变成欺凌者的帮凶，并且因为长期被欺凌的压抑，被欺凌者可能会选择更加恶劣和扭曲人格的欺凌方式伤害他人。

欺凌行为对欺凌者的危害。关于校园欺凌的研究大多关注被害人，也就是被欺凌人的危害，但是欺凌行为对欺凌者的危害也是不可忽视的重要部分。一次次的欺凌将导致欺凌者道德滑坡、人格扭曲，甚至走上犯罪的道路。欺凌者在实施欺凌后，可能会遭到同学的排斥，老师和家长的责骂，这造成欺凌者会认为这个社会没有接纳他，进而继续选择实施欺凌来满足自己的恶逆心理。欺凌者本身可能在学业上是表现不佳的，因此选择欺凌同学来获得自我的满足感及同学们的"拥护"。这会使得他们放弃本就不佳的学业，最终可能走向辍学这条路。而辍学的未成年人，对社会来说是一个不稳定因素，对其进行教育和管理是预防未成年人犯罪的重中之重。欺凌者在实施欺凌行为的过程中，肆无忌惮地运用自己的暴力去打压身边的弱者，同时欺凌者的欺凌行为具有延续性，如果不及时加以制止，将会增加欺凌者违法犯罪的可能性。考察欺凌者的心理，他们的自我意识和自我认同感可能会比较薄弱，希望得到他人的认可，自控能力方面也存在着一定的问题，遇事比较容易冲动。由于实施了长期的欺凌行为，欺凌者的行为方式可能会变得飞扬跋扈，因此容易与他人产生冲突和矛盾。任由欺凌者欺凌他人，使用粗暴的方式解决问题，将会导致行为程度越加暴烈，问题的性质越加严重，影响社会的和谐稳定。

欺凌行为对第三者的危害。欺凌行为中包括欺凌者和被欺凌者两方，但是受伤害的并不限于这两方，还包括第三者。这里的第三者不仅包括目睹欺凌现象的旁观者，还包括良好的校园环境。对于旁观者来说，他们一般会选择明哲保身，对受害者遭遇的情况爱莫能助，但这是对他们人性的一种考验，他们初次遇到这种情况往往会因为帮不到受害者而自责、愧疚，甚至惶恐，如果见多了可能会变得冷漠。也有的旁观者会产生错误的观念，崇拜欺凌者所实施的行为，不自觉地加入欺凌行列，而此时欺凌者会感受到鼓舞，如此恶性循环对欺凌者和旁观者都会产生极大的危害。同时，欺凌行为对良好的校园环境是破坏极大的，很多学生会产生恐惧、紧张的心理，担心下一个被欺凌的会是自己，因此会选择和欺凌者为伍以求自保。我们应当高度重视校园欺凌问题，立刻行动起来，共同应对，还美好校园一个宁静。

第三章　对不良行为的干预

29. 未成年人有哪些不良行为值得重视？

《预防未成年人犯罪法》第二十八条规定："本法所称不良行为，是指未成年人实施的不利于其健康成长的下列行为：（一）吸烟、饮酒；（二）多次旷课、逃学；（三）无故夜不归宿、离家出走；（四）沉迷网络；（五）与社会上具有不良习性的人交往，组织或者参加实施不良行为的团伙；（六）进入法律法规规定未成年人不宜进入的场所；（七）参与赌博、变相赌博，或者参加封建迷信、邪教等活动；（八）阅览、观看或者收听宣扬淫秽、色情、暴力、恐怖、极端等内容的读物、音像制品或者网络信息等；（九）其他不利于未成年人身心健康成长的不良行为。"

吸烟、饮酒。青少年处在长身体学习知识的时期，吸烟、饮酒的危害毋庸置疑。吸烟有害健康，世界卫生组织认为，当今对人类危害最大的就是烟草，吸烟已经被定为"公害"。烟草中含有许多有毒有害物质，会诱发许多疾病，尤其是呼吸系统疾病，如支气管炎、肺癌；吸烟者冠心病、高血压等疾病发病率更高。长期大量饮酒则会引起血压升高、消化不良、肠胃道慢性疾病、肝硬化等。青少年吸烟、饮酒，不仅影响身体健康，还会对其心理、行为产生不良影响，并常伴随其他不良社会行为的发生（打架等）。另外，吸烟、饮酒会导致注意力涣散、反应迟钝、记忆力下降等。研究表明，造成青少年吸烟、饮酒的原因主要有以下几点：（1）好奇和模仿。调查显示，大多数未成年人开始吸烟缘于好奇心的驱使。许多青少年吸烟是伙伴的劝诱和影响。父母抽烟喝酒也是重要的影响原因。（2）认识模糊。一些未成年人认为吸烟、饮酒能够"体现男子汉气魄""很时尚"，吸烟、饮酒成为他们向伙伴炫耀的手段，认为借此可以更好地融洽人与人之间的关系。（3）家长态度不明朗。对于未成年人饮酒问题，许多家长是不反对孩子喝酒的。（4）媒体影响。大众传播媒介对未成年人抽烟喝酒的影响主要是集中在电影电视等影像作品剧中人抽烟喝酒画面的出现使未成年人逐渐被潜移默化。从而在某种条件诱发时，未成年人开始尝试抽烟喝酒。（5）商家违法经营将烟、酒出售给未成年人牟取利益。面对这种情况，我们应加大吸烟、饮酒有害健康的宣传力度，开展丰富多彩的活动，家庭和学校严格管理，媒体负起社会责任。

沉迷网络。随着互联网向低龄群体迅速渗透，未成年人网络沉迷问题已经成为一个重要的社会问题。智能科技时代未成年人可以随时随地上网，算法推荐的思路和应用已经深入互联网应用中，精准推送使得未成年人在网络上可以获得更个性化、私人化的信息，难以抵挡网络诱惑。未成年人对新鲜事物具有好奇心且自我约束能力较差，面对网络沉迷和成瘾等风险，家长和学校要有效教育引导未成年人正确使用互联网，为其提供网络安全的底线性保障。沉迷网络损害未成年人身心健康，使未成年人自控能力下降，影响未成年人在现实中处理人际关系的能力，导致未成年人价值观念的模糊和道德观念的淡化。网络暗藏安全隐患，由于未成年人极易造成网上隐私泄露，因而未成年人群体是某些网络犯罪团伙的重点针对目标，未成年人一旦遭遇网络恐吓、网络诈骗，往往损失惨重、难以启齿，不懂求助加之不恰当的处理方式带来引发惨剧的可能。因此，需要加强和提升未成年人对不良网络信息的分辨能力、识别能力和对互联网运用的自我管理控制能力。培养未成年人自我管理控制能力，具体而言，就是时间管理的能力。加强和培养未成年人的批判思维及识别、运用数据信息的能力。

不良交往。不良交往促成未成年人犯罪的观念在学术界和日常生活中均获普遍承认。同龄人行为是未成年人如何行为的最重要的影响因素之一。以未成年人交往状况为变量的研究显示：家庭结构的完整性、父母的某些教养方式、父母的严重不良行为、学习兴趣、师生感情、校内帮派、老师的部分教育方式、抽烟喝酒、暴力资讯等变量对未成年人不良交往具有影响，这为我们如何防控未成年人不良社交提供了方向。

进入法律法规规定未成年人不宜进入的场所。未成年人不宜进入的场所有：（1）营业性歌舞厅、酒吧、夜总会、通宵影剧院；（2）带有赌博性的娱乐室、游戏场；（3）营业性台球室；（4）电子游戏机室；（5）审定为"少年儿童不宜"的影片、录像、录音等的播放场所。《未成年人保护法》第五十八条对此作出了明确规定，学校、幼儿园周边不得设置营业性娱乐场所、酒吧、互联网上网服务营业场所等不适宜未成年人活动的场所。营业性歌舞娱乐场所、酒吧、互联网上网服务营业场所等不适宜未成年人活动场所的经营者，不得允许未成年人进入；游艺娱乐场所设置的电子游戏设备，除国家法定节假日外，不得向未成年人提供。经营者应当在显著位置设置未成年人禁入、限入标志；对难以判明是否是未成年人的，应当要求其出示身份证件。

参与赌博、变相赌博，或者参加封建迷信、邪教等活动。根据《刑法》第三百零三条规定，赌博罪是指以营利为目的，聚众赌博或者以赌博为业的行为。青少年赌博，有较多负面影响，会感到钱不够用，容易受赌博风气影响产生违法的念头，学习时间较少，学习表现较差，精力降低，欺诈心态较高等。纵观邪教组织危害社会、危害人类的历史轨迹不难发现，以中小学生为主体的青少年始终是邪教伺机侵害的重点对象之一。青少年是祖国的未来、民族的希望，一旦被邪教思想所蒙蔽，就会使青少年的身心健康受到危害，更严重的是造成恶劣的社会影响。所以要深刻认识邪教组织反科学、反人类、反社会、反政府，危害社会的实质，自觉增强识别抵制防范邪教组织的意识和敏感性，积极推进青少年思想政治教育，努力培养科学精神，大力加强现代科学的普及工作，重视青少年自身需求，以多种方式对学生进行反邪教的思想教育。让青少年远离邪教，把青少年培养成为有理想、有道德、有文化、有纪律的合格的社会主义接班人。

阅览、观看或者收听宣扬淫秽、色情、暴力、恐怖、极端等内容的读物、音像制品或者网络信息等。面对纷杂的网络世界，青少年辨别能力差，自我控制能力不强，极易受不良信息的影响，大量负面信息也会直接淡化未成年人道德观念。接触这些不良网络信息不仅会导致不恰当的价值观，还会诱发违法犯罪行为。例如，小明是一名初中生，父母工作繁忙没有时间照看他。在一次上网的过程中，他不小心打开了一个未知的链接，里面全是一些不良低级的小视频。出于好奇，他点开了。因为从来没有接触过这些事物，逐渐沉迷，变得不能控制自己，不能分清现实和虚拟世界，终于有一天晚上，他在路上试图对一名年轻女性实施侵犯，所幸被警察及时制止。未成年人的心智尚不成熟，自控能力较差，要树立正确的价值观需要父母、学校以及社会的积极引导。

30. 什么是不良行为？应建立何种机制应对有不良行为的未成年学生？学校能否在未告知父母的情况下径自对有不良行为的未成年学生采取管理教育措施？

《预防未成年人犯罪法》第二十八条规定："本法所称不良行为，是指未成年人实施的不利于其健康成长的下列行为：（一）吸烟、饮酒；（二）多次旷课、逃学；（三）无故夜不归宿、离家出走；（四）沉迷网络；（五）与社会上具有不良习性的人交往，组织或者参加实施不良行为的团伙；（六）进入法律法规规定未成年人不宜进入的场所；（七）参与赌博、变相赌博，或者参加封建迷信、邪教等活动；（八）阅览、观看或者收听宣扬淫秽、色情、暴力、恐怖、极端等内容的读物、音像制品或者网络信息等；（九）其他不利于未成年人身心健康成长的不良行为。"

当发现未成年人有上述不良行为时，家长和监护人、社会团体及学校一定要给予充分重视，共同构建合理有效的机制，规制有不良行为的未成年人。具体可以从以下几个方面着手。

首先，未成年人的父母或者其他监护人发现未成年人有以上不良行为的。(1) 应当及时制止并加强管教。(2) 加强与未成年人的沟通，了解其实施不良行为的动机，培养其广泛的兴趣爱好将其注意力转移，进而帮助其克服实施不良行为带来的诱惑。(3) 未成年学生的父母或者其他监护人应当支持、配合学校进行管理教育。(4) 未成年人无故夜不归宿、离家出走，父母或者其他监护人、所在的寄宿制学校应当及时查找，必要时向公安机关报告。收留夜不归宿、离家出走未成年人的，应当及时联系其父母或者其他监护人、所在学校；无法取得联系的，应当及时向公安机关报告。(5) 未成年人的父母或者其他监护人发现未成年人组织或者参加实施不良行为的团伙，应当及时制止；发现该团伙有违法犯罪嫌疑的，应当立即向公安机关报告。

其次，居民委员会、村民委员会等社会团体发现本辖区内未成年人有不良行为的，应当及时制止，并督促其父母或者其他监护人依法履行监护职责。

再次，学校对有不良行为的未成年学生，应当加强管理教育，不得歧视；对拒不改正或者情节严重的，学校可以根据情况予以处分或者采取以下管理教育措施：(1) 予以训导；(2) 要求遵守特定的行为规范；(3) 要求参加特定的专题教育；（4）要求参加校内服务活动；（5）要求接受社会工作者或者其他专业人员的心理辅导和行为干预；（6）其他适当的管理教育措施。比如，未成年学生有偷窃少量财物，或者有殴打、辱骂、恐吓、强行索要财物等学生欺凌行为，情节轻微的，可以由学校依照《预防未成年人犯罪法》第三十一条采取相应的管理教育措施。学校和家庭应当加强沟通，建立家校合作机制。学校决定对未成年学生采取管理教育措施的，应当及时告知其父母或者其他监护人。未成年学生旷课、逃学的，学校应当及时联系其父母或者其他监护人，了解有关情况；无正当理由的，学校和未成年学生的父母或者其他监护人应当督促其返校学习。学校发现未成年人组织或者参加实施不良行为的团伙，应当及时制止；发现该团伙有违法犯罪嫌疑的，应当立即向公安机关报告。

最后，公安机关、公共场所管理机构等对夜不归宿、离家出走或者流落街头的未成年人，发现或者接到报告后，应当及时采取有效保护措施，并通知其父母或者其他监护人、所在的寄宿制学校，必要时应当护送其返回住所、学校；无法与其父母或者其他监护人、学校取得联系的，应当护送未成年人到救助保护机构接受救助。

虽然学校是未成年学生在校学习期间的监督者和管理者，但在发现学生有不良行为并对其进行管教的同时，也不应该径行处置，而是应尊重学生家长及其他监护人的知情权，及时通知其到场监督，以确保处置的公平性和适当性。总之，家庭和学校是未成年人成长的两大阵地，二者应始终保持良性沟通，帮助青少年防微杜渐，减少不良行为的发生。

31. 未成年人犯罪经常涉及的类型是哪几种？

长期以来，基于保护未成年人隐私等原因，对未成年人犯罪情况缺少实证研究。近年来为了预防未成年人犯罪的需要，一些学者逐步对未成年人犯罪展开实证调查，希望借此可以描述未成年人犯罪的概况及其在社会犯罪中的各项比例，阐述未成年人犯罪行为的基本特征，并结合未成年人犯罪者的生活环境，提出相应的预防未成年人违法犯罪的具体措施。

首先，考察未成年人的总体犯罪情况。从 2009 年开始，未成年人的犯罪率呈现逐年下降的趋势，这说明我国预防未成年人犯罪行动取得了积极成效，但是我们也要注意的是，未成年人犯罪的平均年龄在不断降低，犯罪低龄化问题凸显。在未成年人犯罪中,男性未成年犯占绝大多数,女性只占较少比重。男性未成年犯涉及的主要罪名是抢劫罪、故意伤害罪、强奸罪、盗窃罪等;女性未成年犯涉及的主要罪名是贩毒罪、抢劫罪、强迫组织卖淫罪、故意伤害罪、诈骗罪等。总体分析,男性未成年犯的罪名中暴力犯罪类型居多,女性未成年犯则呈现出非暴力性的特点,主要是毒品犯罪和性犯罪。

其次,考察未成年人的犯罪类型,主要具有集中性和复合性等特征。(1)犯罪动机是刺激、促使犯罪人实施犯罪行为的内心起因,能够直接反映犯罪人的主观恶性程度。未成年犯的犯罪动机受多种因素影响,调查数据显示,未成年犯的犯罪动机主要是:冲动(40.4%)、哥们义气(24.7%)、追求享乐(18.3%)、好奇(14.9%)、他人教唆(12.5%)、为钱所迫(10.5%)、网瘾(6.9%)、报复(3.7%)、性需求(2.7%)。[①] 与成年犯相比,未成年犯的犯罪动机是他人教唆、哥们义气的比例高,其中,未成年犯的犯罪动机是他人教唆的比例高出成年犯4.7个百分点,未成年犯的犯罪动机是哥们义气的比例高出成年犯3.7个百分点。(2)未成年人犯罪类型具有集中性。调查数据显示,在未成年人犯罪类型中,抢劫罪占52.3%,故意伤害罪占18.6%,强奸罪占11.2%,盗窃罪占9%。通过数据比较发现,未成年人犯罪主要是以暴力犯罪、侵犯财产犯罪为主,这与未成年人的身心特点有关。未成年人生理和心理都处在成长过程中,与成年人相比,心智不成熟,是非判断能力弱和自我控制力较低,情绪易波动,缺乏理性,其身心发展的矛盾性使得其犯罪行为呈现出明显的冲动性和暴力性色彩。(3)未成年人的犯罪复合性较高。调查数据表明,未成年犯作案过程中触犯多个罪名的现象增多。多种类型犯罪行为混合交织在同一个未成年罪犯身上。未成年人在实施财产罪时兼有抢劫、强奸、故意伤害、故意杀人等犯罪行为,在进行人身伤害时兼有对财产的侵犯。部分未成年犯在实施犯罪行为时,为了达到犯罪目的,往往不择手段,同时实施多种犯罪行为。由某一犯罪动机支配实施了数个行为,往往侵犯多种法益,行为的社会危害性更加严重。这反映了部分未成年犯在作案过程中极不理智的特点,与成年犯相比更容易冲动,实施犯罪时不计行为后果,这也体现了预防未成年人犯

[①] 路琦、郭开元等:《2017年我国未成年人犯罪研究报告——基于未成年犯与其他群体的比较研究》,载《青少年犯罪问题》2018年第6期。

罪的重要性。(4) 未成年人所实施的犯罪行为一般来说比较简单，主要是暴力、欺骗、偷盗等行为，但是近年来犯罪的复杂性和高技术性在不断提升，比如一些未成年人出于好奇，通过网络的途径学习制毒、贩毒，这说明我们要加强对网络的监管，从而达到保护未成年人，预防未成年人犯罪的目的。(5) 在未成年人犯罪中，未成年人犯掩饰隐瞒犯罪所得罪、伪证罪、黑社会性质类犯罪等日渐突出。未成年人的共同犯罪比例较成年人要高，这主要的原因一方面是未成年人的体力、智力等方面发展不足以支持他单独完成犯罪，另一方面在于未成年人可能被他人教唆走上犯罪的道路，还有一部分未成年人被胁迫参与了犯罪活动。在司法实践中，未成年人共同犯罪的成员绝大多数是未成年人，主要进行抢劫、打架斗殴、盗窃等活动，行为带有随机性、临时组成或组织结构不稳定，往往在犯罪活动之后散伙。因此，未成年人共同犯罪的犯罪团伙呈现松散性、临时纠合性等特征。但是在有些情况下，由于多次实施犯罪，松散的犯罪团伙会变得更加紧密，在犯罪前会出现详细的分工，犯罪中互相协助掩护，犯罪后相互包庇，在这一种情况下，犯罪团伙会有向黑社会性质组织转化的可能，并且有可能进一步演变成犯罪集团，最终酿成大祸无法挽回，需要引起高度重视。

32. 发现有未成年人卖淫、嫖娼或赌博，学校应如何处理？学校应如何开展反"黄、赌、毒"教育？

《预防未成年人犯罪法》第三十一条："学校对有不良行为的未成年学生，应当加强管理教育，不得歧视；对拒不改正或者情节严重的，学校可以根据情况予以处分或者采取以下管理教育措施：（一）予以训导；（二）要求遵守特定的行为规范；（三）要求参加特定的专题教育；（四）要求参加校内服务活动；（五）要求接受社会工作者或者其他专业人员的心理辅导和行为干预；（六）其他适当的管理教育措施。"

第三十八条规定："本法所称严重不良行为，是指未成年人实施的有刑法规定、因不满法定刑事责任年龄不予刑事处罚的行为，以及严重危害社会的下列行为：（一）结伙斗殴，追逐、拦截他人，强拿硬要或者任意损毁、占用公私财物等寻衅滋事行为；（二）非法携带枪支、弹药或者弩、匕首等国家规定的管制器具；（三）殴打、辱骂、恐吓，或者故意伤害他人身体；（四）盗窃、哄抢、抢夺或者故意损毁公私财物；（五）传播淫秽的读物、音像制品或者信息等;(六)卖淫、嫖娼,或者进行淫秽表演;(七)吸食、注射毒品,或者向他人提供毒品;(八)参与赌博赌资较大;(九)其他严重危害社会的行为。"

第三十九条规定:"未成年人的父母或者其他监护人、学校、居民委员会、村民委员会发现有人教唆、胁迫、引诱未成年人实施严重不良行为的,应当立即向公安机关报告。公安机关接到报告或者发现有上述情形的,应当及时依法查处;对人身安全受到威胁的未成年人,应当立即采取有效保护措施。"

发现有未成年人卖淫、嫖娼或赌博,学校应如下处理。

首先,学校发现未成年人实施《预防未成年人犯罪法》第二十八条规定的不良行为,未成年人有卖淫嫖娼赌博的,根据《预防未成年人犯罪法》第三十一条规定,应当及时制止并加强教育管理,不得歧视;对拒不改正或者情节严重的,学校可以根据情况予以处分或者采取以下管理教育措施:(1)予以训导;(2)要求遵守特定的行为规范;(3)要求参加特定的专题教育;(4)要求参加校内服务活动;(5)要求接受社会工作者或者其他专业人员的心理辅导和行为干预;(6)其他适当的管理教育措施。

其次,学校发现未成年人实施《预防未成年人犯罪法》第三十八条规定的严重不良行为,如:传播淫秽的读物、音像制品或者信息;卖淫、嫖娼,或者进行淫秽表演;吸食、注射毒品,或者向他人提供毒品;参与赌博赌资较大等。在未成年人有上述行为的时候,应当及时制止,通知其父母或者其他监护人,联系公安机关,由公安机关依法调查处理。

最后,根据《预防未成年人犯罪法》第四十三条规定,对有严重不良行为的未成年人,若未成年人的父母或者其他监护人、所在学校无力管教或者管教无效的,可以向教育行政部门提出申请,经专门教育指导委员会评估同意后,由教育行政部门决定送入专门学校接受专门教育。

学校开展反"黄、赌、毒"教育应采取以下措施:

其一,加大对师生的宣传教育力度。

学校要切实把反"黄、赌、毒"宣传教育作为法治教育的重要内容。首先,加强心理健康教育,提高学生的身心健康水平。邀请专家授课,不给青少年沾染恶习的机会和可能性。并组织"珍爱生命,远离黄赌毒"教育专题讲座,促进学生的心理健康成长。其次,要充分发挥专栏、橱窗、广播等宣传媒介，如利用校园广播、黑板报等设施广泛宣传"黄、赌、毒"的社会危害性，并引导在校师生共同营造健康校园。最后，在校园的教学区悬挂"远离黄赌毒，营造和谐校园"的宣传标语，结合学校德育工作、法治教育的阶段性工作重点，开展禁毒宣传周、宣传月等集中宣传教育工作。

其二，深入扎实开展创建"安全、无毒、文明"校园工作。

各年级各班要严格执行工作责任制，采取有效措施大力创建"安全、无毒、文明"学校。首先，要学校各部门、各年级迅速行动，积极配合，轰轰烈烈地开展远离"黄、赌、毒"的一系列活动，各班要对在校学生的思想道德表现进行深入排查和摸底，特别对学生中有不良行为习惯的进行重点摸排，根据学生的实际表现开展教育和帮助，确保在校学生无此类人员。并把"黄、赌、毒"教育工作列入常规教学中，定期对学生进行教育。其次，提高教职工的思想认识和责任意识。提高全体教职员的思想境界，积极配合政法部门做好工作，并制定帮助教育和挽救的措施，履行帮教职责，认真做好帮助挽救工作。最后，积极主动地与法治副校长联系，及时准确地掌握在校学生具体情况以及其是否存在与涉"黄、赌、毒"人员交往活动的情况，征求他们对学校教育的意见和建议，协同配合做好学生的教育工作。

其三，加强和家长的沟通。

首先，通过和家长沟通，让家长充分认识到家庭教育的重要作用和肩负的责任。其次，要求家长监督学生做到涉及"黄、赌、毒"的东西不进校园，提醒学生谨慎交友。最后，通过亲子活动，加强学生和家长之间的沟通，及时了解学生内心的想法和近期接触到的人和事，让家长能够及时掌握学生的动态，监督学生的生活动向，让学生身心健康成长。

33. 如何对未成年人犯罪的受害人进行保护？

《未成年人保护法》第一百一十条规定：公安机关、人民检察院、人民法院讯问未成年犯罪嫌疑人、被告人，询问未成年被害人、证人，应当依法通知其法定代理人或者其成年亲属、所在学校的代表等合适成年人到场，并采取适当方式，在适当场所进行，保障未成年人的名誉权、隐私权和其他合法权益。人民法院开庭审理涉及未成年人案件，未成年被害人、证人一般不出庭作证；必须出庭的，应当采取保护其隐私的技术手段和心理干预等保护措施。第一百一十一条规定：公安机关、人民检察院、人民法院应当与其他有关政府部门、人民团体、社会组织互相配合，对遭受性侵害或者暴力伤害的未成年被害人及其家庭实施必要的心理干预、经济救助、法律援助、转学安置等保护措施。第一百一十二条规定：公安机关、人民检察院、人民法院办理未成年人遭受性侵害或者暴力伤害案件，在询问未成年被害人、证人时，应当采取同步录音录像等措施，尽量一次完成；未成年被害人、证人是女性的，应当由女性工作人员进行。

《刑事诉讼法》第二百八十一条规定，对于未成年人刑事案件，在讯问和审判的时候，应当通知未成年犯罪嫌疑人、被告人的法定代理人到场。无法通知、法定代理人不能到场或者法定代理人是共犯的，也可以通知未成年犯罪嫌疑人、被告人的其他成年亲属，所在学校、单位、居住地基层组织或者未成年人保护组织的代表到场，并将有关情况记录在案。到场的法定代理人可以代为行使未成年犯罪嫌疑人、被告人的诉讼权利。到场的法定代理人或者其他人员认为办案人员在讯问、审判中侵犯未成年人合法权益的，可以提出意见。讯问笔录、法庭笔录应当交给到场的法定代理人或者其他人员阅读或者向他宣读。讯问女性未成年犯罪嫌疑人，应当有女工作人员在场。审判未成年人刑事案件，未成年被告人最后陈述后，其法定代理人可以进行补充陈述。询问未成年被害人、证人，适用上述规定。

《人民检察院办理未成年人刑事案件的规定》第五条第二款规定：人民检察院办理刑事案件，应当依法保护未成年被害人、证人以及其他与案件有关的未成年人的合法权益。第十二条规定：人民检察院办理未成年人刑事案件，应当注重矛盾化解，认真听取被害人的意见，做好释法说理工作。对于符合和解条件的，要发挥检调对接平台作用，积极促使双方当事人达成和解。人民检察院应当充分维护未成年被害人的合法权益。对于符合条件的被害人，应当及时启动刑事被害人救助程序，对其进行救助。对于未成年被害人，可以适当放宽救助条件、扩大救助的案件范围。人民检察院根据需要，可以对未成年犯罪嫌疑人、未成年被害人进行心理疏导。必要时，经未成年犯罪嫌疑人及其法定代理人同意，可以对未成年犯罪嫌疑人进行心理测评。在办理未成年人刑事案件时，人民检察院应当加强办案风险评估预警工作，主动采取适当措施，积极回应和引导社会舆论，有效防范执法办案风险。第十七条第八款规定：询问未成年被害人、证人，适用本条第四款至第七款的规定。第二十二条第二款规定：对未成年被害人或者其法定代理人提出聘请律师意向，但因经济困难或者其他原因没有委托诉讼代理人的，应当帮助其申请法律援助。第六十七条规定："人民检察院审查批准逮捕、审查起诉未成年犯罪嫌疑人，应当同时依法监督侦查活动是否合法，发现有下列违法行为的，应当提出纠正意见；构成犯罪的，依法追究刑事责任：……（四）讯问未成年犯罪嫌疑人或者询问未成年被害人、证人时，未依法通知其法定代理人或者合适成年人到场的……（十）对未成年被害人、证人以暴力、威胁、诱骗等非法手段收集证据或者侵害未成年被害人、证人的人格尊严及隐私权等合法权益的……"

《最高人民检察院关于全面加强未成年人国家司法救助工作的意见》《关于依法惩治性侵害未成年人犯罪的意见》《最高人民检察院关于依法惩治侵害幼儿园儿童犯罪全面维护儿童权益的通知》等司法解释和规范性文件中亦提及对未成年被害人的救助对象、救助方式、司法救助、临时安置等司法保护。

未成年人是国家的希望和未来，但由于其身心发育尚未完全成熟，缺乏生活及社会经验，自我保护能力差，往往容易成为犯罪侵害的对象。未成年被害人作为特殊的弱势群体，一旦遭受犯罪侵害，对其身心健康发展乃至整个家庭往往都会造成严重影响。从犯罪预防的角度来看，学界关于未成年被害人的大量研究成果表明，加强未成年被害人的权利保障，有效保护未成年被害人的各项合法权益，对于预防和减少未成年人犯罪也能起到积极的促进作用。在我国社会主义法治形成、发展过程中，对于未成年人的诉讼地位提升及权利保护经历了较长一段时间，相关法律规定及措施保障日趋完善，未成年被害人权利保障工作也取得了一定程度的发展。对未成年人犯罪的受害人保护的措施如下：

其一，健全未成年被害人隐私封存制度。

（1）健全未成年被害人隐私封存制度。《刑事诉讼法》有涉罪未成年人轻罪记录封存制度，对涉罪未成年人优先保护和特殊保护，免其上学、就业受到歧视，有利于问题少年回归社会。对受到毒品侵害、性侵害的未成年人，加强其隐私保护，有利于他们重拾学习、生活信心，矫治其受伤心灵，促进其成长、成才，因此《刑事诉讼法》相应地制定未成年被害人隐私封存制度很有必要。对泄露未成年被害人隐私、造成严重后果的办案人员、诉讼代理人、律师、参加庭审和协助调查人员，根据人员性质不同，给予纪律处分、诚信记录等处置措施。建立严格的未成年被害人司法档案查询审批制度，非因办理本案需要，任何单位、任何个人不得查询，对违规披露信息人员要予以纪律处分。严禁新闻媒体宣传报道。

（2）健全未成年被害人隐私保护的程序性机制。一是公检法三机关中涉及未成年人犯罪的办案机构和人员，对女性未成年人的询问、检查由女性工作人员进行，建立检警取证"一站式"，做到一次完成询问记录、一次完成同步录像，调查取证不着制式服装、不用警车，不到被害人学校、住处取证，尽最大可能减少对被害人的二次伤害。二是坚持未成年被害人接受询问时被害人或合适监护人在场的规定。三是未成年被害人不出庭作证，采取庭前会议，经过变声的录音作证等方式，保护未成年被害人隐私。

（3）健全犯罪分子多元惩戒措施。在加大对侵害未成年人刑事犯罪打击力度的基础上，要加大对犯罪分子的多元惩戒。一是对性侵未成年人、利用儿童为作案工具案件的成年犯罪分子，不仅要公开裁判文书，还要定期在其住所地主要报刊、广播电视、互联网上向社会公开其犯罪信息。二是对利用监护关系、教师等职业便利性侵、虐待未成年人等案件的犯罪分子，应通过法律渠道或行政管理手段剥夺其监护人资格、取消其教师从业资格等职业准入条件，对其裁定相关职业禁止，从源头上防止其有再犯机会。

其二，完善司法保护与社会保护协作互补机制。

（1）完善未成年被害人的法律援助制度。司法实践中，未成年被害人聘请诉讼代理人的比例极少，要么出于经济困难的原因、要么出于其父母不懂法的缘故，被害人合法权利得不到有效维护。应推动立法，建立未成年被害人刚性法律援助制度，对因经济困难或其他原因没有聘请诉讼代理人的，办案机关应为其申请法律援助。特别是认罪认罚案件中未成年被害人更应得到法律上的帮助，争取经济赔偿、诉讼权利等合法权益。

（2）放宽司法救济条件，扩大救助范围。对不支持精神损害赔偿请求的受性侵未成年人、严重受伤的刑事未成年被害人，应降低司法救助门槛，只要犯罪分子未予经济赔偿或无力经济赔偿的，均应纳入司法救助范围，满足其及时医治、迁居、转学等合理诉求。同时，要探索未成年被害人司法救助特殊程序，积极引入社会资源，提高救助额度。

（3）落实行政职能部门救助责任，加强法律监督。落实卫生、民政、教育等部门行政救助帮扶职能，这些部门受理办案机关救助函件或被害人申请后，应及时帮助受到身体伤害的未成年人协调解决优惠的医疗费用、家庭困难补助、协调受性侵学生转学等事项；检察机关对行政部门履行行政职能的情况加强法律监督，对未尽职责义务的，要通过检察建议等形式督促实现救助实效。

（4）整合社会帮扶资源，推进社会服务体系建设。整合妇联、团委、志愿者等群团和社会力量，加强专门机关与社会力量的沟通协作，发挥自身优势，形成帮扶合力。要推动党委、政府重视、提供财政经费支持，向社会购买未成年人受害心理辅导、心理咨询等专业帮助，推进未成年人权益保障的社会服务体系建设。

34. 学校发现未成年人可能涉及或已经涉及犯罪，应当如何处理？

对于可能涉及或已经涉及犯罪的未成年人，学校应当依据《预防未成年人犯罪法》视情况分别进行处理。

对可能涉及犯罪的未成年学生，学校应首先根据《中小学教育惩戒规则（试行）》第七条第二款规定，学生实施属于预防未成年人犯罪法规定的不良行为或者严重不良行为的，学校、教师应当予以制止并实施教育惩戒，加强管教；构成违法犯罪的，依法移送公安机关处理。同时，第十条第二款和第三款规定，对违规违纪情节严重，或者经多次教育惩戒仍不改正的学生，学校可以给予警告、严重警告、记过或者留校察看的纪律处分。对高中阶段学生，还可以给予开除学籍的纪律处分。对有严重不良行为的学生，学校可以按照法定程序，配合家长、有关部门将其转入专门学校教育矫治。与此同时，学校还应及时联系其父母或者其他监护人了解有关情况，对实施了违反治安管理行为的学生，应当及时移送公安机关依法给予治安管理处罚。但应根据《未成年人保护法》第一百一十三条规定，对其实行教育、感化、挽救的方针，坚持教育为主、惩罚为辅的原则。

对已经涉及犯罪的未成年学生，学校应当及时通知其父母或者其他监护人和公安机关，并应当保护未成年人的名誉，照顾未成年人的身心特点，尊重其人格尊严。严格依照《刑法》第十七条、第四十九条、第六十五条和第一百条对未成年罪犯的特殊规定处理，主要是：对未成年罪犯应当从轻或者减轻处罚且不适用死刑；不构成一般累犯且免除前科报告义务；未达刑事责任年龄而实施犯罪行为的，责令其父母或者其他监护人加以管教；在必要的时候，依法进行专门矫治教育。

进而言之，学校在日常教学活动中，对存在行为失范状况的学生，应及时采取措施预防其走向违法犯罪的道路。根据《预防未成年人犯罪法》第三十一条规定："学校对有不良行为的未成年学生，应当加强管理教育，不得歧视；对拒不改正或者情节严重的，学校可以根据情况予以处分或采取以下管理教育措施：（一）予以训导；（二）要求遵守特定的行为规范；（三）要求参加特定的专题教育；（四）要求参加校内服务活动；（五）要求接受社会工作者或者其他专业人员的心理辅导和行为干预；（六）其他适当的管理教育措施。"此外，根据第三十二条的规定，学校和家庭应当加强沟通，建立家校合作机制。学校决定对未成年学生采取管理教育措施的，应当及时告知其父母或者其他监护人；未成年学生的父母或者其他监护人应当支持、配合学校进行管理教育。根据第三十三条的规定，如遇未成年学生偷窃少量财物，或者有殴打、辱骂、恐吓、强行索要财物等学生欺凌行为，情节轻微的，可以由学校依照《预防未成年人犯罪法》第三十一条规定采取相应的管理教育措施。

概言之，当学生有不良行为时，学校应当引起足够的重视，及时与学生沟通，通过心理疏导和法治教育，告知该做法的危险性，并通过家校配合，共同监督，确保未成年人远离违法犯罪的道路。同时，对于未成年人的一些不良行为与边缘违纪行为，学校也要予以重视，有针对性地对一些有不良行为的未成年人进行重点关注。如对有缺课逃学、热衷交往、独来独往、心事重重、谎话增多、兴趣特别、开销增大、夜不归宿、精神萎靡、成绩骤降等问题的学生跟踪观察，并对其不良行为进行矫治。对有打架斗殴、聚众赌博，和社会上不良青少年交往，经常出入网吧、歌厅的未成年人要严加管制，阻止其犯罪心理和行为的产生。除此之外，学校不应当歧视这类学生，应当秉持教育、挽救和改造的理念。

预防未成年人违法犯罪是一个宏大的社会工程，需要全社会的力量综合治理。预防未成年人违法犯罪不仅关系到未成年人身心健康发展，也关乎家庭的和谐、社会的稳定、国家的发展以及社会主义现代化建设事业接班人的培养。

35. 学校应该如何处理校园欺凌事件？

校园内发生校园欺凌事件，学校应当及时介入，积极采取措施。首先，应当对实施欺凌行为的学生进行教育与惩戒。根据《预防未成年人犯罪法》第三十三条的规定，未成年学生有殴打、辱骂、恐吓、强行索要财物等学生欺凌事件行为的，可以由学校根据第三十一条规定采取相应的管理教育措施。第三十一条规定："学校对有不良行为的未成年学生，应当加强管理教育，不得歧视；对拒不改正或者情节严重的，学校可以根据情况予以处分或者采取以下管理教育措施：（一）予以训导；（二）要求遵守特定的行为规范；（三）要求参加特定的专题教育；（四）要求参加校内服务活动；（五）要求接受社会工作者或者其他专业人员的心理辅导和行为干预；（六）其他适当的管理教育措施。"另外，根据 2017 年 11 月教育部等 11 个部门印发《加强中小学生欺凌综合治理方案》，对经调查认定实施欺凌的学生，学校学生欺凌治理委员会要根据实际情况，制定一定学时的专门教育方案并监督实施欺凌学生按要求接受教育，同时针对欺凌事件的不同情况予以相应惩戒。情节轻微的一般欺凌事件，由学校对实施欺凌学生开展批评、教育。实施欺凌学生应当向受害者当面或书面道歉，取得谅解。对于反复发生的一般欺凌事件，学校在对实施欺凌学生开展批评、教育的同时，可视具体情节和危害程度给予纪律处分。情节比较恶劣，对被欺凌学生身心造成明显伤害的严重欺凌事件，学校对实施欺凌学生开展批评、教育的同时，可邀请公安机关参与警示教育或对实施欺凌学生予以训诫，公安机关根据学校邀请及时安排人员，保证警示教育工作有效开展。学校可视具体情节和危害程度给予实施欺凌学生纪律处分，并将表现记入学生综合素质评价。屡教不改或情节恶劣的严重欺凌事件，必要时可将实施欺凌学生转送专门（工读）学校进行教育。涉及违反治安管理或者涉嫌犯罪的学生欺凌事件，处置以公安机关、人民法院、人民检察院为主。对依法应承担行政、刑事责任的，要进行个别矫治和分类教育，依法利用拘留所、看守所、未成年人管教所、社区矫正机构开展必要的教育矫治；对依法不予行政、刑事处罚的学生，学校要给予纪律处分，非义务教育阶段学校可视具体情节和危害程度给予留校察看、勒令退学、开除等处分。

其次，学校要注重对受害者的保护。在欺凌事件发生后，一方面要注重对实施欺凌行为者的惩罚与教育；另一方面也要重视对受害者的保护。

学校、家长没有及时介入校园欺凌，或者在校园欺凌发生后对受害者没有采取及时有效的保护与引导措施，容易导致受害者身心遭到二次伤害，给受害者留下难以弥补的心理创伤，部分受害者甚至可能因为自己的欺凌遭遇而变得心理扭曲，将自己遭受的欺凌施加于其他人身上，从校园欺凌的受害者变成加害者。因此，预防和治理校园欺凌必须维护和保障受害学生的合法权益，帮助正在遭受或者已经遭受校园欺凌的学生走出困境。

最后，学校可采取以下举措预防校园欺凌事件的发生。第一，制订针对学生欺凌事件的应急处理方案。《未成年人保护法》对学校建立校园欺凌防控制度提出了要求，根据该法第三十九条规定，学校应该建立学生欺凌防控工作制度。学校欺凌事件发生后，学校应该及时介入，调查真相，帮助受害者获得医治和赔偿，为受害者的心理创伤提供专业咨询和指导帮助。第二，及时对受害者进行专业的心理辅导。《预防未成年人犯罪法》第十九条第一款规定，学校应当配备专职或者兼职的心理健康教育教师，开展心理健康教育。学校可以根据实际情况与专业心理健康机构合作，建立心理健康筛查和早期干预机制，预防和解决学生心理、行为异常问题。因此，学校应该建立完善的心理咨询工作室，引进专业的心理咨询师为在校未成年学生提供倾诉平台。此外，组织教师进行心理学培训，及时开解遭遇心理困境的未成年学生，帮助他们疏解消极情绪，树立积极的行为模式，遏制校园欺凌的发生。第三，完善校园安全保卫系统，加强巡查。确保校园欺凌事件发生后，安保人员能及时赶往现场，为受害学生提供救助，避免损害的进一步扩大。第四，及时与受害学生家长取得联系，帮助家长对受害者进行开导与治愈。校园欺凌事件发生后，立即与家长取得联系，配合家长处理好受害者人身与精神损害赔偿以及身心恢复等问题。绝不允许学校为了维护学校形象，掩盖校内发生过的欺凌事件。

36. 寄宿制学校应当如何加强对学生安全管理？若遇未成年人无故夜不归宿，应当如何处理？学校应当如何促进寝室氛围和谐，室友间融洽相处？一旦发现同寝室的未成年人有矛盾摩擦，应当如何处理？

根据《义务教育法》第二十四条第一款规定，学校应当建立、健全安全制度和应急机制，对学生进行安全教育，加强管理，及时消除隐患，预防发生事故。简言之，学校有义务加强对学生的安全管理。

加强对寄宿制学生的安全管理，应从以下几个方面入手。

第一，家校携手，构建责任机制。首先，学校应健全各项管理制度，明确精细化管理的内涵，实施"一级对一级负责"的运行机制。学校应详细记录住校学生相关信息，便于教师在第一时间与学生取得联系。其次，学校应建立监督机制，有力落实安全工作。具体而言，由班主任负责班级突发事件的发现与处理，及时与行为失范学生沟通。此外，也应加强在校生的后勤保障监督，如设立值周领导、生活教师对学校食堂"三防"设施、环境卫生、留样及餐厨废弃物的例行检查制度。最后，学校应建立安全事故应急预案制度。教师若发现学生存在异常行为，应及时跟踪调查并报告。

第二，健全安全意识，提高自护能力。由于多数学生安全意识淡薄、自救自护能力弱，学校可通过安全宣传月开展各类安全教育活动，如利用校园黑板报、红领巾广播站、国旗下的讲话等形式，对学生衣、食、住、行等方面开展全方位的安全教育，并有针对性地开展火灾、地震、急救等突发事件的应急演练活动。此外，学校可以开展"请进来"活动，例如邀请相关领域专家入校开展安全讲座，组织宣传教育片观摩等。也可以组织"走出去"活动，例如带领学生参观交通运输部门、禁毒办并通过安全专题教育等途径对师生进行安全知识传导，以此增强师生的安全防范意识和自我保护能力。

第三，加强宿管老师和餐饮工作者的责任意识，提升安全措施。首先，应加强后勤保障人员管理。食堂和宿舍作为学生日常学习生活的重要场所，学校必须高度重视食堂和宿舍的管理工作。除聘任专职职工外，应考虑配足、配齐、配强食堂和宿舍管理人员，保证服务质量。食堂必须经过合法招投标程序，引入规模大、资质好、信誉高的餐饮管理公司，督促餐饮管理公司丰富菜肴品种，保证食品卫生安全，提高师生就餐满意度。其次，打造安全、卫生、舒适、温馨的宿舍环境，及时修缮宿舍，保障学生的宿舍生活舒适度。宿舍管理员、守夜教师定时检查学生寝室设施的安全状况，及时消除宿舍存在的安全隐患。

第四，开展文娱活动，强化管理效果。学校应大力倡导文明生活、礼貌交往，营造和谐、有序的校园氛围。学校要尽可能多地开放自习场所及活动室，开展丰富多彩的文体活动。指导学生组织策划开展歌唱、书法、美术、手工制作等文娱活动，充实住校生的课余生活。同时，注重学生心理健康教育，定期开放学校心理咨询，对特殊学生及时进行心理疏导，保证心理咨询教师按时在岗，学生能够及时获得心理帮助。

如遇未成年人无故夜不归宿。学校应根据《预防未成年人犯罪法》第三十五条规定，及时组织人员进行查找，必要时向公安机关报告。

学校促进寝室氛围和谐，确保室友间融洽相处，应从以下几个方面入手。

第一，通过讲座、论坛等形式，引导学生掌握正确的人际交往技巧。开展有益的讲座、论坛是学校精神文明建设的重要组成部分。各学校应善于利用讲座、论坛等形式引导学生学习与舍友沟通交往的技巧，培养学生处理、化解矛盾的能力。

第二，开展集体活动，培养学生集体意识。集体主义教育举足轻重，不可或缺。在当代社会，学生中以独生子女居多，在脱离家庭加入集体生活后，必然面临从个人到集体的自我调整与适应。学校通过开展集体活动，养成学生集体意识，有助于学生及时适应集体生活，确保学生能有较为健康、积极的学习生活状态。具体而言，学校可以围绕寝室文化建设开展各类活动，如寝室文化节、寝室装饰大赛、寝室风采展示等活动。以集体活动为抓手，引导学生树立集体观念、增强集体向心力，此举有助于增强学生的寝室归属感，促进了在校学生之间的互动，对建立良好寝室关系也有着积极的推动作用。

第三，加强学生思想品德教育。和谐寝室的构建首先需要学生个体内心对和谐的自我觉醒和自觉追求。学校应通过思想品德教育，引导学生在宿舍共同体中感受平等、信任、欣赏、亲情、理解、包容，让学生感到幸福、安全、温暖和强大的凝聚力。一方面，要促进学生建立互信，室友之间相互理解，这是寝室和谐集体文化创建的基础，使室友之间懂得相互谦让；另一方面，要确保室友之间的理性沟通，如遇矛盾发生，指导教师应当及时介入，促成理性沟通。并且要重视宿舍学生共同兴趣、能力、价值观的构建，让学生们有更多的机会共同交流活动。

如遇同寝室的未成年人产生矛盾摩擦，负责老师应主动介入，及时联络当事学生谈话，了解发生矛盾的缘由，疏导学生的情绪，引导学生共同思考解决矛盾的方法。此外，家庭参与也至关重要。做好学生工作，不能只凭学校一肩挑，还必须积极联动学生家长。充分发挥亲情在教育中的积极作用，在家校配合的模式下，着力从根源上解决在校生之间的矛盾问题。

37. 发现学生参与犯罪团伙或非法组织，学校应当如何处理？

《中小学教育惩戒规则（试行）》第七条第二款规定：学生实施属于预防未成年人犯罪法规定的不良行为或者严重不良行为的，学校、教师应当予以制止并实施教育惩戒，加强管教；构成违法犯罪的，依法移送公安机关处理。

如果发现未成年人参与有不良行为的组织或者团伙，学校应及时制止，并告知其父母或者其他监护人，发现该团伙有违法犯罪行为或发现有人教唆、胁迫、引诱未成年人违法犯罪的，学校应当及时向公安机关报告，将问题消灭在萌芽状态。

具体而言，根据《预防未成年人犯罪法》第二十八条第五、七、八项的规定，未成年人如果与社会上具有不良习性的人交往，组织或者参加实施不良行为的团伙，或是参与赌博、变相赌博，或者参加封建迷信、邪教等活动，或是参与阅览、观看或者收听宣扬淫秽、色情、暴力、恐怖、极端等内容的读物、音像制品或者网络信息等，学校必须根据本法第三十七条规定，及时制止，如果发现该团伙有违法犯罪嫌疑的，应当立即向公安机关报告。

与此同时，对参与了违法犯罪团伙、组织的未成年学生。学校要根据《未成年人保护法》第一百一十三条之规定，对违法犯罪的未成年人，实行教育、感化、挽救的方针，坚持教育为主、惩罚为辅的原则。对违法犯罪的未成年人依法处罚后，在升学、就业等方面不得歧视。

进而言之，该类学生在日常的学习生活中一般会表现出失范现象。具体表现为不遵守校规校纪、学习成绩落后、学习缺乏自信心。在此情况下，老师若不能很好发挥监管教育作用，该类学生很容易实施犯罪或其他越轨行为。因此，老师要秉持教育、感化、挽救的方针，及时对学生的不良行为进行矫正，要以关怀、尊重、信赖的理念，善于发现和发挥他们的特长和潜力，注意洞察学生的发展变化，协助他们重新认识到自己的能力和存在的价值，重拾学习的勇气和信心，最终促进学生健康成长，预防失范学生进一步产生触法行为的风险。

同时，应关注学生的家庭问题。家庭在未成年人的身心成长过程中有着举足轻重的作用。未成年人犯罪很多可以从家庭功能弱化方面找到原因，如放任自流或管教不当等。这些问题往往是家庭自身难以解决的，因此需要外界的辅助、指导和监督。学校作为联结学生与家庭的基础部门，应承担家庭教育指导工作。

学校开展家庭教育指导工作应从家庭不良因素入手，例如家长自身行为的不当、教育方法不当、家庭关系不和谐、家庭暴力等。家长本身就有的不良行为，以及对孩子的骄纵、放任自流或教管不当催生了学生的行为问题。学校要在争得家长支持和配合的基础上，尊重和理解家长，进而协助并指导解决孩子的教育问题，充分调动家长教育孩子的积极性，让家长和老师共同教育孩子。以尊重孩子、建立自信、循循善诱为原则，逐步指导家长改进教育方法，在家校联动的基础上矫正孩子的越轨行为，实现对未成年人的特殊预防。

38. 学校在招聘教职员工时是否需要对其进行背景调查？是否需要对其进行心理健康测评？

2020年8月20日，最高人民检察院联合教育部、公安部下发《关于建立教职员工准入查询性侵违法犯罪信息制度的意见》（以下简称《意见》），明确要求中小学校、幼儿园新招录教师、行政人员、勤杂人员、安保人员等在校园内工作的教职员工前，教师认定机构在授予申请人教师资格前，应当进行性侵犯罪违法信息查询，对具有性侵违法犯罪记录的人员，不予录用或者不予认定教师资格。三部门联合发布的《意见》是我国首次在全国范围通过规范性文件形式对教职员工入职查询作出规定。《意见》有效地解决了此前因查询范围、方式不规范、不统一而产生的各个地方"各自为政"问题，大大提升相关查询效率，有效解决漏查再就业等问题，"因性侵违法犯罪受到处罚后，换个地方又混进教职员工队伍"的情况基本上不会再出现。

《意见》把查询的范围限定为狭义的性侵行为信息，包括以下三类：因强奸、强制猥亵、猥亵儿童犯罪被作出有罪判决的信息；因强奸、强制猥亵、猥亵儿童犯罪被作出相对不起诉决定的信息；因猥亵行为被行政处罚的信息。对具有以上三类违法犯罪记录的人员，学校不能录用，教师资格认定机构不予认定教师资格。

此前，某某师范大学即将正式走上教师岗位的某位男性毕业生，在社交软件上上传自己学生的照片，表明自己的恋童身份，在社会上引起了轩然大波，学校及时采取相应的行动，禁止他从事教师行业。这说明在学校里学习的未成年人，其面临现实而紧迫的危险。教职工是密切联系未成年人的人群，从保护未成年人健康成长角度出发，禁止有侵犯未成年人前科人员继续从事教师职业，这是各国的普遍做法。这就要求我们尽快让教师资格证查询系统实现全国联网，让全国各地有犯罪前科的教师都有案可查。同时，教师资格认证系统要与公安部门犯罪记录查询系统对接，让有犯罪前科人员无法参加教师资格认证考试，建立全国性的侵犯未成年人案件查询系统，实现对"性侵前科人员"一键可查。

《中华人民共和国教师法》（以下简称《教师法》）第十四条明确规定："受到剥夺政治权利或者故意犯罪受到有期徒刑以上刑事处罚的，不能取得教师资格；已经取得教师资格的，丧失教师资格。"随着社会的迅速发展，为了更好地保护未成年人，入职查询并不应当只是单纯被限定在性侵犯罪之内。在条件允许的情况下学校应当予以背景调查，因为教师这个岗位不是普通的职业，它还肩负着培养社会合格人才的重要任务。如果说申请入职的教师曾有严重违法犯罪行为，也应当审慎考察。校园暴力并不只是存在于学生之间，老师和学生之间也有可能会存在校园暴力。并且与同龄人之间的暴力相比，来源于教师的暴力更加让学生感到痛苦，更可能会被身边的人孤立。

素质教育推行以来，人们更多地注重学生的心理健康教育，而对教师的心理健康教育缺乏应有的重视程度。学校和教育行政管理部门在加强教师队伍建设、提高教师素质，重视的是教师的思想政治素质、知识技能和业务水平素质的提升，而有可能忽视教师心理素质的提高。人的心理问题的产生就如同生理疾病一样，可以发生于任何年龄阶段的任何人身上，教师心理健康与学生的心理健康一样也需要保障。在学校中，由于授课教师是与学生产生直接关系的主体，因此，学生的心理状况很大程度上受教师的心理健康状况影响，尤其是消极情绪和不健康的心理问题具有强烈的传染性。部分教师面对教学压力、工作压力会产生不良情绪，这些不良情绪若不能及时得到缓解或消除，会导致这些教师缺乏成熟的自控能力，并且容易将这些负面情绪带到工作和生活中。在进行教学和学生管理过程中，教师的责骂和不耐烦的态度，会对学生造成直接伤害，对学生身心健康造成极大负面影响。而且由于初中阶段的学生不能正确地分辨是非并且自控能力较差，他们也可能会模仿教师的不恰当态度和行为。

美国全国教育联合会曾开展关于教师对学生影响的研究，并形成《各级学校的健康问题报告》。报告显示，不能控制自己情绪的授课教师对学生产生抑郁心情、偏见、性格乖戾等表现有决定性作用。这种消极的连锁效应就像诸多危险传染病一样，使学生的健康心理环境受到污染。更值得注意的是，教师存在心理问题是一个普遍现象，通过对不同阶段教师进行访问调查，发现教学压力存在于大多数教师身上。为教师和学生营造健康的心理环境，需要引起社会和校方的重视。受我国目前教育方式的影响，教师的工作压力巨大，不仅要完成教学目标，还要关注学生的生理和心理健康，长期的工作压力不但会影响教师身体健康，还会让教师心理也变成亚健康状态。再加上大多数教师自尊心强，不正视心理健康问题，参加心理辅导。针对这种现象，学校要采取针对性举措，有所作为，比如着力为教师合理减负，减少不必要的工作负担，并聘请专业心理辅导人员按时为教师提供心理辅导和疏导，更好维护教师心理健康。

39. 应当如何处理品行不良或有教唆、胁迫、引诱学生实施不良行为或严重不良行为的教职工？

教职工是学校教师、职员、教学辅助人员和工勤人员的统称。2015年，我国小学教职工548.94万人，初中教职工397.63万人，高中教职工254.32万人。① 随着国家对教育事业的高度重视和大力投入，这一队伍还在不断壮大中。教职工是学校教书育人、管理育人、服务育人的主力军。在学校党组织和行政领导班子的领导下，教职工按照岗位职责的要求，认真落实教育教学、管理服务的各项具体工作任务，保证学校各个工作环节的正常运行，从而使学校的整体工作实现预期的目标。可以说，教职工不仅是学校乃至整个国家教育系统的"血液"，也是青少年学生在学习生涯中最亲密的陪伴。

然而，越亲近的人往往越容易给我们带来极大的伤害和负面的影响。

---

① 《2015年全国教育事业发展统计公报》，载教育部官网2016年7月6日，http://www.moe.gov.cn/srcsite/A03/s180/moe_633/201607/t20160706_270976.html。

2018年12月14日，甘肃省某县某小学的一名一年级教师一口咬定自己班上的赵同学偷窃了其口红，在毫无证据的情况下，唆使全班同学对其进行谩骂和殴打，致使其终身无法生育。2021年4月3日，河南省某县某学校一名老师，因其班上两名学生上课未认真听讲而大发雷霆，下课后，其教唆班上所有的学生殴打该两名同学致轻微伤……类似的校园悲剧可能此时此刻正在某个学校的某间教室里上演，不仅仅是案例中那些被殴打、被欺凌的未成年人身心健康受到伤害，对那些受老师教唆而实施暴力行为的学生而言，他们本该纯真善良的思想和心灵也遭受了来自成人世界的玷污。

玛利亚·蒙台梭利曾说："孩子的每一次成长，都是从模仿大人开始的。"父母作为未成年人生活上最亲密的陪伴，毫无疑问是他们的第一任老师。而教职工群体作为未成年人在校学习过程中最常见的"大人"，其一言一行都可能成为模仿的对象，甚至他们的指令会被奉为圭臬。但未成年人的身心还未发育成熟，判断是非的能力也较弱，因而在这个过程中，他们往往只会机械模仿或听从，而没有能力甄别行为的好坏善恶，也无法独自承担自身行为的后果。因此，相较于其他职业而言，教职工特别是传道授业解惑的教师，其职业道德要求应当设置得相对较高，以保证其在校内的言行举止不会对未成年人的成长造成负面影响，进而间接起到预防未成年人犯罪的效果。鉴于此，为规范教师职业行为，明确师德底线，根据《中共中央、国务院关于全面深化新时代教师队伍建设改革的意见》，教育部于2018年11月8日，研究制定了《新时代中小学教师职业行为十项准则》，包括：（1）坚定政治方向。坚持以习近平新时代中国特色社会主义思想为指导，拥护中国共产党的领导，贯彻党的教育方针；不得在教育教学活动中及其他场合有损害党中央权威、违背党的路线方针政策的言行。（2）自觉爱国守法。忠于祖国，忠于人民，恪守宪法原则，遵守法律法规，依法履行教师职责；不得损害国家利益、社会公共利益，或违背社会公序良俗。（3）传播优秀文化。带头践行社会主义核心价值观，弘扬真善美，传递正能量；不得通过课堂、论坛、讲座、信息网络及其他渠道发表、转发错误观点，或编造散布虚假信息、不良信息。（4）潜心教书育人。落实立德树人根本任务，遵循教育规律和学生成长规律，因材施教，教学相长；不得违反教学纪律，敷衍教学，或擅自从事影响教育教学本职工作的兼职兼薪行为。（5）关心爱护学生。严慈相济，诲人不倦，真心关爱学生，严格要求学生，做学生良师益友；不得歧视、侮辱学生，严禁虐待、伤害学生。（6）加强安全防范。增强安全意识，加强安全教育，保护学生安全，防范事故风险；不得在教育教学活动中遇突发事件、面临危险时，不顾学生安危，擅离职守，自行逃离。（7）坚持言行雅正。为人师表，以身作则，举止文明，作风正派，自重自爱；不得与学生发生任何不正当关系，严禁任何形式的猥亵、性骚扰行为。（8）秉持公平诚信。坚持原则，处事公道，光明磊落，为人正直；不得在招生、考试、推优、保送及绩效考核、岗位聘用、职称评聘、评优评奖等工作中徇私舞弊、弄虚作假。（9）坚守廉洁自律。严于律己，清廉从教；不得索要、收受学生及家长财物或参加由学生及家长付费的宴请、旅游、娱乐休闲等活动，不得向学生推销图书报刊、教辅材料、社会保险或利用家长资源谋取私利。（10）规范从教行为。勤勉敬业，乐于奉献，自觉抵制不良风气；不得组织、参与有偿补课，或为校外培训机构和他人介绍生源、提供相关信息。

当学校及学校主管教育部门发现教职工有违反上述师德的不良行为或者有教唆、胁迫、引诱学生实施不良行为或严重不良行为时，应当及时组织调查核实，坚持公平公正、教育与惩处相结合的原则，力求事实清楚、证据确凿、定性准确、处理恰当、程序合法、手续完备，依据其违反职业道德行为的性质、情节、危害程度予以处分和其他处理。处分可以包括警告、记过、降低岗位等级或撤职、开除。警告期限为6个月，记过期限为12个月，降低岗位等级或撤职期限为24个月。教职工是中共党员的，同时给予党纪处分。其他处理包括给予批评教育、诫勉谈话、责令检查、通报批评，以及取消在评奖评优、职务晋升、职称评定、岗位聘用、工资晋级、申报人才计划等方面的资格。取消相关资格的处理执行期限不得少于24个月。

教职员工教唆、胁迫、引诱未成年人实施不良行为或者严重不良行为，以及品行不良、影响恶劣的，教育行政部门、学校应当依法予以解聘或者辞退。

若教职工的行为已涉嫌违法犯罪的，学校有义务及时将其移送司法机关依法处理。同时，《教师法》第十四条规定："受到剥夺政治权利或者故意犯罪受到有期徒刑以上刑事处罚的，不能取得教师资格；已经取得教师资格的，丧失教师资格。"《教师法》第三十七条规定："教师有下列情形之一的，由所在学校、其他教育机构或者教育行政部门给予行政处分或者解聘：（一）故意不完成教育教学任务给教育教学工作造成损失的；（二）体罚学生，经教育不改的；（三）品行不良、侮辱学生、影响恶劣的。教师有前款第（二）项、第（三）项所列情形之一，情节严重，构成犯罪的，依法追究刑事责任。"综上，教职工确有教唆、胁迫、引诱未成年人犯罪或其他故意犯罪行为，除依法追究刑事责任以外，还应当对其立即开除并撤销相关教育资质，终身禁止其进入教育系统。

另外，由于教职工与学校存在劳动关系，因此学校有义务甄选适格人员从事教学工作。当在校教职工有严重违背师德、侵犯学生利益的违法犯罪行为并造成恶劣的社会后果的，学校直接负责的主管人员和其他直接责任人员也可能因选聘不当的职务过失承担相应责任。

40. 什么是"校园暴力"？什么是"校园软暴力"？它们分别会对未成年人造成什么消极影响？

校园暴力，是指发生在中小学、幼儿园及其合理辐射地域，学生、教师或校外侵入人员故意攻击师生人身以及侵占、抢夺、劫取学校和师生财产，破坏学校教学管理秩序的行为。许多人将校园暴力和校园欺凌混为一谈，但实际上，二者并不完全相同。校园欺凌是指发生在中小学内的强势地位学生欺负弱势地位学生的行为。由于欺凌者和被欺凌者处于相同的学习环境，校园欺凌通常都是反复发生，有时是一人欺负一人，有时是集体欺负一人。从定义即可看出，校园暴力与校园欺凌在某些方面确有重合，如行为地点（校园及其辐射区域）、行为方式（一方侵害另一方）、行为人（学生之间）。但从更高的视角来看，校园暴力是校园欺凌的上位概念。首先，就侵害实施人员的范围而言，前者包含的对象范围更加广泛，不仅包括学生之间，还包括校外人员以及校内教职工对学生实施的各类暴力行为；其次，从侵害行为发生的频次和持续性来看，前者包括施暴者一时冲动下的激情行为，而欺凌行为的预谋性、反复性和持续性更强；最后，校园暴力一般表现为对人身的故意伤害甚至严重危及生命健康的行为，而校园欺凌除了人身伤害外，还会给被欺凌者带来心理上的完全压制。如此看来，校园暴力的概念比校园欺凌更加宽泛，例如，在电影《少年的你》中，小北作为校外人员，当得知陈念长期受魏莱欺凌时，堵在其放学回家的路上对其进行反击的行为，就属于校园暴力，而不是校园欺凌；而魏莱等众同校生长期对胡小蝶和陈念实施的殴打欺辱行为，则既是校园暴力，又是校园欺凌。

校园暴力给未成年人造成的危害是多方面的：（1）首先，对于受害者而言，身体上的伤害是首要的，轻者伤痕累累，重者失去生命。其次，其身心性格无法健康养成，他们可能出现恐惧、消沉、忧郁、忧虑、厌学的心态，甚至有自残、自杀的倾向。最后，长期处于被施暴欺凌的状态下，未成年人的自尊心和自信心长期受损，极易产生报复社会等极端的想法，从而走上犯罪的道路。（2）校园暴力不仅对受害者的伤害显而易见，对于施暴者来说亦是。当他们欺负他人的时候，虽然表面上看着"意气风发"，但其实恰恰相反。研究表明，实施校园暴力者通常在生活上也是不幸的。对他人施暴只是其暂时宣泄、转嫁消极情绪的一种错误手段而已。在施暴后，消极情绪如愤怒、羞愧、失落或厌恶感并不会就此消失，因为他们所在的环境并没有改变。相反，长期欺负别人往往会形成以自我为中心的霸气和狂妄，进而导致道德沦丧、人格扭曲，最终被卷入犯罪的深渊。（3）在校园暴力事件中，还有一种群体，他们因为没有参与事件而易被忽视，即旁观者。表面上看，校园暴力无法对其产生消极影响，其实不然。他们可能因为不能帮助受害者而感到内疚，也许会因为看到欺凌事件而产生恐惧、不安的心理，从而影响他们的身心健康发展。

校园软暴力是发生在校园辐射范围内的一种精神暴力，对应于肉体暴力，校园软暴力虽无法致使未成年人身体受到侵害，但可以使他们的心灵极受伤害。心理学家马斯洛曾把人类千差万别的需要进行归类，概括出七种最基本的需要，即生理的需要、安全的需要、交往的需要、尊重的需要、求知的需要、审美的需要和自我实现的需要，可见，尊重和自我价值实现的需求都是作为人本能会追求的事物。

2020年12月23日，根据《教育法》《教师法》《未成年人保护法》《预防未成年人犯罪法》等法律法规和国家有关规定，教育部颁布《中小学教育惩戒规则（试行）》（以下简称《规则》），旨在保障和规范学校、教师依法履行教育教学和管理职责，保护学生合法权益，促进学生健康成长、全面发展。其中，《规则》第十二条提出："教师在教育教学管理、实施教育惩戒过程中，不得有下列行为：（一）以击打、刺扎等方式直接造成身体痛苦的体罚；（二）超过正常限度的罚站、反复抄写，强制做不适的动作或者姿势,以及刻意孤立等间接伤害身体、心理的变相体罚;(三)辱骂或者以歧视性、侮辱性的言行侵犯学生人格尊严;(四)因个人或者少数人违规违纪行为而惩罚全体学生;(五)因学业成绩而教育惩戒学生;(六)因个人情绪、好恶实施或者选择性实施教育惩戒;(七)指派学生对其他学生实施教育惩戒;(八)其他侵害学生权利的。"也就是说,教师禁止对学生实施"软暴力"式的教育惩戒。

由于未成年人身心发育不成熟,在遇到校园软暴力的侵害时,还不具有及时调整心态,积极面对的能力。长此以往,可能导致其自我否定和怀疑,无法清晰表达自己的需求、暴虐、神经质、过分独立、逃避责任、拒绝对任何人善良、不会信任陌生人、缺乏被关爱感、不愿与人交流、不懂得如何处理人际关系、为人冷漠、痛恨社会……更有甚者,会导致人格缺陷和人格障碍等极端性情的形成。因此,对校园软暴力也应引起充分重视,积极采取有效措施予以应对。

41. 学校与家庭应如何加强合作,实现对预防未成年人犯罪的家校共育?

家庭教育和学校教育是未成年人教育的两大支柱,二者不是泾渭分明、非此即彼,而是应相互合作,形成教育合力。所谓家校合作,是指学校教育者与家长以及社区共同承担儿童成长的责任,包括当好家长、相互交流、志愿服务、在家学习、参与决策和社区合作六种实践类型,是现代学校制度的组成部分。近年来,随着社会对教育的重视程度越来越高,家校合作的理念也日益推广。家庭与学校紧密合作、相互配合,能形成强大的教育合力,可避免社会上一些不健康的事物影响青少年的健康发展,从而达到预防未成年人犯罪的目的。

学校和家庭可以通过多种方式建立联系,实现对未成年人动态的实时更新,合力预防未成年人犯罪。具体措施如下。

(1)发现问题时要主动加强交流沟通。首先,教师应仔细观察学生日常的行为表现,当发现其有辱骂、殴打、欺骗、欺凌同学等不良行为时,应及时对其进行学校教育并监督学生之后在校的行为表现。其次,要告知学生家长并引起其重视,使得家庭教育在日常生活中起到监督作用;当发现未成年人心理情绪异常时,应当及时了解情况并请常驻心理医师进行疏导、引导和劝诫。同时联系家长对学生在校心理干预的效果进行追踪反馈并鼓励引导其与孩子正确沟通，多了解、关爱自己的子女；发现未成年学生可能患有精神障碍的，应当立即告知其父母或者其他监护人移送相关专业机构诊治；当发现未成年学生有不良行为并决定对其采取管理教育措施的，应当及时告知其父母或者其他监护人。父母或者其他监护人应当支持、配合学校进行管理教育；发现未成年学生旷课、逃学的，校方要立即联系其父母或者其他监护人，了解有关情况。无正当理由的，学校和未成年学生的父母或者其他监护人应当督促其返校学习；未成年人无故夜不归宿、离家出走的，父母或者其他监护人，以及所在的寄宿制学校应当及时查找，必要时向公安机关报告；未成年人的父母或者其他监护人、学校发现未成年人组织或者参加实施不良行为的团伙，应当及时制止。发现该团伙有违法犯罪嫌疑的，应当立即向公安机关报告；学校应当将预防犯罪教育计划告知未成年学生的父母或者其他监护人，未成年学生的父母或者其他监护人应当配合学校对未成年学生进行有针对性的预防犯罪教育。

（2）采取多样化的方式加强家校合作。传统家校沟通的方式是学校召开家长会、使用书面联系簿或进行家访等，这些形式的实施性不高且校方工作量繁重。随着现代信息技术的发达，家校沟通及时化、多样化已经成为可能。家校互动云端平台将学校和家庭联系起来，家长和教师可以互通孩子在家和学校中的各种情况，发现问题及时沟通，共同解决。教师可借此了解学生的家庭情况、家长的文化修养，以便做到心中有数，进而科学地指导家长与孩子进行沟通，以培养孩子健康的身心及浓厚的学习兴趣。长此以往，能让很多问题得到及时解决，促进家校和谐发展。

（3）为留守儿童打造学校、家庭、社区三位一体合育环境。留守儿童长期缺乏父母的呵护和关爱，因而更易出现自卑封闭、内心敏感、性格孤僻、自尊心过强等不良心理状态。他们对外界的抗干扰能力和自我疏导能力较差，其身心发展极易陷入不良诱惑的误区和歧途，容易发展成为问题孩子。国家和政府对农村留守儿童关爱保护工作高度重视，国务院曾在《关于加强农村留守儿童关爱保护工作的意见》中明确指出，"农村留守儿童和其他儿童一样是祖国的未来和希望，需要全社会的共同关心。做好农村留守儿童关爱保护工作，关系到未成年人健康成长，关系到家庭幸福与社会和谐，关系到全面建成小康社会大局"。因此，留守儿童与其他儿童一样也应当拥有被共育的权利。首先，学校和社区应当对本校留守儿童情况进行摸底调查，统计人数，并专门为其家长建立联系群组，实时对留守儿童的学习和生活情况进行反馈。其次，留守儿童所在社区组织要承担社区教育职责，当留守儿童家长在家校共育中缺位时，及时接棒，配合学校开展多种形式的教育活动，让留守儿童在农村社区这一"熟人社会"中感受到邻里的关怀和人情的温暖。总之，家庭教育、学校教育和社区教育间应主动对接、互通有无，填补留守儿童无人监护教育的时间留白，减轻他们与父母分离的孤独感，充实留守儿童的闲暇时间，并使他们从中获得心理慰藉，减少犯罪人格形成的可能性，实现其身心的健康成长。最后，形成教育合力。学校、家庭和社区应加强沟通协作，产生合力效果，从而为未成年人健康成长打造良好的教育环境，为预防未成年人犯罪发挥积极作用。

42. 学校及相关部门应如何维护校园及校园周边治安，保障学生安全？一旦发现校外人员无故进入校园，应当如何处理？

学习阶段未成年人的大部分时间都是在校园中度过的。因此，加强校园安全工作是保障学生健康成长、全面发展的前提和基础。安全和谐的校园不仅能为未成年人提供良好的学习环境，也能为其提供心理健康发展的港湾，从而降低他们犯罪人格形成的可能性。然而未成年人多处于生理、心理发展的不成熟时期，他们往往法律意识淡薄、安全知识匮乏，容易遭受不法侵害和意外伤害。因此，如何将校园打造成最阳光、最安全的地方，如何维护校园及周边治安、保障学生人身财产安全便成了办学工作的重中之重。

首先，学校要重点维护好校园治安，可以从以下方面着手。

2017年4月25日，国务院办公厅发布《关于加强中小学幼儿园安全风险防控体系建设的意见》（以下简称《意见》），专门就如何确保校园安全提出了相关要求。《意见》指出，学校在营造安全校园环境的过程中，应做到以下几点：（1）要完善有关学校安全的国家标准体系和认证制度。不断健全学校安全的人防、物防和技防标准并予以推广。第一，要根据学校特点，以保护学生健康安全为优先原则，加强重点领域标准的制修订工作。第二，要建立学校安全事项专项认证及采信推广机制，对学校使用的关系学生安全的设施设备、教学仪器、建筑材料、体育器械等，按照国家强制性产品认证和自愿性产品认证规定，做好相关认证工作，严格控制产品质量。(2) 落实安全管理主体责任制。第一，学校要明确安全是办学的底线，切实承担起校内安全管理的主体责任，对校园安全实行校长（园长）负责制。第二，在风险可控的前提下，学校应当积极组织体育锻炼、户外活动等，培养学生强健的体魄。第三，学生在校期间，对校园实行封闭化管理，并根据条件在校门口设置硬质防冲撞设施，阻止人员、车辆等非法进入校园。第四，各类中小学校外活动场所、以学生为主要对象的各类培训机构和课外班等，由地方政府统筹协调有关部门承担安全监管责任，督促举办者落实安全管理责任。(3) 建立专兼职结合的学校安保队伍。第一，学校应当按照相关规定，根据实际和需要，配备必要的安全保卫力量。除学生人数较少的学校外，每所学校应当至少有 1 名专职安全保卫人员或者受过专门培训的安全管理人员。第二，地方人民政府、有条件的学校可以以购买服务等方式，将校园安全保卫服务交由专门保安服务公司提供。第三，学校要与社区、家长合作，有条件的建立学校安全保卫志愿者队伍，在上下学时段维护学校及校门口秩序。第四，寄宿制学校要根据需要配备宿舍管理人员。(4) 着力建设安全校园环境。第一，学校建设规划、选址要严格执行国家相关标准规范，对地质灾害、自然灾害、环境污染等因素进行全面评估。第二，各地要建立健全校舍安全保障长效机制，保证学校的校舍、场地、教学及生活设施等符合安全质量和标准。第三，校舍建设要严格执行国家建筑抗震有关技术规范和标准，有条件建设学校体育馆的地方，要按照国家防灾避难相关标准建设。第四，完善学校安全技术防范系统，在校园主要区域要安装视频图像采集装置，有条件的要安装周界报警装置和一键报警系统，做到公共区域无死角。第五，建立校园工程质量终身责任制，凡是在校园工程建设中出现质量问题导致严重后果的建设、勘察、设计、施工、监理单位，一旦查实，承担终身责任并限制进入相关领域。(5) 定期对校园安全情况进行检查。检查内容可以包括但不限于：所有监控设备运行良好，一键式报警器与公安系统始终联网，体育锻炼器材能够正常使用，校舍、教学楼等生活学习设施符合使用标准等。(6) 建立突发情况应急机制。在校内及校外教育教学活动中发生安全事故，学校应当及时组织教职工参与抢险、救助和防护行动，保障学生身体健康和人身安全……安全无小事，责任大于天。总而言之，学校应当抓好常规、突出重点、落实责任、精细管理，努力把校园安全工作做得更实、更稳、更有成效。

其次，校园周边治安也是需要重点关注的方面。

所谓"校园周边"，一般是指自中学、小学围墙或者校园边界的任意一点向外延直线延伸200米的区域。由于校园周边也是未成年学生频繁活动的范围，因此也要进行安全管理，保证该区域内治安良好。2019年2月20日，上海市政府发布《关于加强中小学幼儿园安全风险防控体系建设的实施意见》也明确规定，要加强校园周边综合治理，在学校周边探索实行学生安全区域制度。主要包括以下几点：（1）在校园周边，禁止新建对环境造成污染的企业、设施，禁止设立存在安全隐患的场所，禁止设立上网服务、歌舞服务、游艺娱乐等场所；（2）在学生安全区域内，公安机关要健全日常巡逻防控制度，加强学校周边"护学岗"建设，完善高峰勤务机制，优先布设视频监控系统，增强学生的安全感；（3）公安交管部门要加强上下学时段学校周边的交通秩序管理，完善交通管理设施。

最后，一旦发现非学生、非教职工等校外人员无故进入或试图混入校园时，安保人员和警卫人员必须履行职责，立即阻拦、查明其身份，并仔细询问其入园动机。若动机合理合法且有相关校内人员陪同担保，在进行身份登记后，方可进入校园；若无法说明动机或没有任何校内人员陪同担保，则应阻止其进入校园；若没有合理动机并试图强行进入校园的，安保人员应当立刻采取制伏措施，情节严重的，还应报告公安机关。

安全隐患是切实存在的，但我们却难以知道它"躲藏"在哪里，何时会发生。唯有采取合理预防措施，杜绝安全隐患、消灭安全事故发生的苗头，才能在安全事故发生时能够将损失降到最低限度。为此，应当加强良好校园内外部环境的营造，以最大化减少不确定因素给学生带来的不良影响，维护秩序井然、文明和谐的校园氛围。

43. 社会在预防未成年人犯罪的工作方面应当如何做？

我国一直以来就重视未成年人犯罪的防治工作，并取得良好成效。但随着社会变迁，未成年人犯罪防治工作又涌现出了新难题。比如，我国当前虽然形成了社会、学校、家庭三位一体的未成年人犯罪防控模式，但如何在社会结构分化、功能迁移的情况下使三者更好地协同发力，还需要继续探索。总体而言，在社会调控方面，应注重社会资源的整合，在促进社会结构的再生、完善上持续发力。在社会控制的策略上，要对社会控制薄弱的地方补强管理职能，进一步加强对重点地区和重点人群的管理。

一是加强对人口流动性大、异质性大的街镇居民区的管理工作。从日常经验可知，一个人同他人交往得越少，别人控制或阻却其犯罪的可能性就越小。在一个群体中，人们之间的联系越疏松、交往越间接、越缺乏人情味，那么犯罪等越轨的概率就会大大上升，这是因为当人们处于解组的群体中时，彼此间的行为规范难以形成共识，且缺乏及时有效的监督制约。[1] 人口流动性大、异质性大的街镇居民区正是处于这种未形成互相监督制约的犯罪高发地区，这其中，未成年人犯罪又占有很大比例。在这些地方，应采取以下措施：一方面要加大警力投入。由于这些地区的自我防控机制弱化，未形成监督合力，因此需加大警力，强化此类地区的巡逻和犯罪查处力度，有效应对未成年人犯罪。另一方面要充分发挥基层群团组织作用，增强社会治理能力，提升社会治理水平。基层群团组织，比如共青团、居民委员会、调解委员会应注重加强对未成年人健康成长的引导，同时落实在未成年人家庭、社会的管教、帮扶工作上的监督指导。

二是加强对游戏厅、网吧、KTV等娱乐场所的管理、整顿，消除引诱未成年人犯罪的潜在负面因素。由于未成年人思想、心智等方面还未完全成熟，这些地方对他们也具备较强的吸引力、诱惑力，易产生矛盾冲突，诱发其犯罪，因此，应进一步加强对这些场所的管理。对游戏厅、网吧的整顿，可以从以下三个方面进行。其一，应坚决取缔违法在校园周边建设的游戏厅、网吧等网上服务营业场所，由于是针对未成年人开放的网吧，所以应视情况给予罚款、停业整顿甚至是吊销营业执照等严格的处理方式。整顿过程中，要定期检查与不定期检查相结合，巩固整顿成果。其二，加强游戏厅、网吧等行业自律性的建设，形成行业性的自律规则，强化自我监督、自我管理，促使形成风朗气清的和谐环境。其三，借助现代科技技术，利用新媒体手段向社会公开宣传未成年人迷恋上网的不良后果及禁止未成年人进入网吧的相关法律法规，最大限度地引入公众监督，运用全社会视角来加强监管。对于KTV等娱乐场所的整顿，应加大力度查处涉嫌赌博、吸毒、色情等活动的经营者，特别是有未成年人参与的，应当从重处罚。对于图书等出版市场，应严厉打击向未成年人出售、出租有损

---

[1] 谢勇：《犯罪学研究导论》，湖南出版社1992年版，第136页。

身心健康的书籍、光盘等其他出版物品。

三是加强对外来务工人员及其随迁子女的管理。随着市场经济的不断发展，城乡二元结构也在不断变化，大量的农村劳动力涌入城市，原有的城市结构更为复杂，城市的治安也受到一定的挑战。由于父母在城市劳作，忽视了对子女的教育，出现随迁的未成年子女的犯罪问题。对此，应当逐渐完善对进城务工人员及其随迁子女的各项管理措施，主要包括：在进城务工人员内部设立自治性的组织，最大限度争取其对管理工作的理解和配合；解决进城务工人员在融入城市环境中的困难，加强法治宣传教育管理，增强法治意识，并关心其子女在入学等方面的情况，严禁任何形式的限制或歧视政策；提示注意加强对其随迁子女的家庭教育，包括道德教育、法治教育等，增强对城市的归属感。

四是加强对社会闲散未成年人的教育和管理。闲散的未成年人在社会中既是弱势群体，又是违法犯罪的高发群体，相关责任主体要根据实际情况，分情况分类别分对策地进行管理。（1）对于尚处于义务教育阶段，未完成学业的未成年人，告诫教育权既是一项权利，也是一项义务，及时督促其重返校园，完成义务教育阶段。如果未完成义务教育的未成年人是由于家庭困难而导致辍学、违反校规校纪被退学或是个人厌学而自动退学的等情形，相关部门应当根据不同情况采取不同的救济帮扶措施。对于贫困原因的辍学者，可以采取减免学杂费、社会资助等方式，确保其安心放心地接受学校教育；对违反校规校纪而失学的人员，应督促学校履行教育职责，接纳其重返校园，享受其依法受保障的受教育权；对于厌学而退学的，要耐心做好思想工作，既要注重对其父母的劝导，告知当前阶段接受教育的重要性，也要在思想上循循善诱，引导未成年人对校园生活的向往，保持对学习的兴趣和热情。（2）对于义务教育已经结束的未成年人，政府、社会应当及时提供相应的职业培训、就业帮助，并出台相应的帮扶政策，来有效应对闲散未成年人导致引发的社会治安问题。对于此类未成年人，政府和社会应当鼓励进行自主创业，乐观进取，同时开设相应的业务培训班，帮助其掌握专业的就业技能。在有条件的地区还可以设立创业基金，来为闲散青少年创业提供鼓励和支持。另外，在管理方面，对本地闲散的未成年人，可通过派出所、居民委员会、家庭"三点一体化"教育管理模式，建立闲散未成年人档案，通过报告、走访、座谈等调研形式，及时掌握其思想、生活动态，发现有违法犯罪苗头时，要及时制止，并责令改正。

44. 学校因不良行为惩处未成年人前是否应当举行听证会？

是否应当举行听证会要视情况而定。一般而言，学校对学生进行处罚不需要举行听证会。依据《中小学教育惩戒规则（试行）》第十四条规定，只有学校根据未成年学生不良行为性质，对其施以《中小学教育惩戒规则（试行）》第十条所规定的教育惩戒和纪律处分措施时，若学生或家长申请听证，才应举行听证会。简言之，举行听证会需要满足两个条件，即特定的惩处措施，以及经学生、家长申请。

第一，学校实施规定的教育惩戒和纪律处分措施。根据《中小学教育惩戒规则（试行）》第十条规定："小学高年级、初中和高中阶段的学生违规违纪情节严重或者影响恶劣的，学校可以实施以下教育惩戒，并应当事先告知家长：（一）给予不超过一周的停课或者停学，要求家长在家进行教育、管教；（二）由法治副校长或者法治辅导员予以训诫；（三）安排专门的课程或者教育场所，由社会工作者或者其他专业人员进行心理辅导、行为干预。对违规违纪情节严重，或者经多次教育惩戒仍不改正的学生，学校可以给予警告、严重警告、记过或者留校察看的纪律处分。对高中阶段学生，还可以给予开除学籍的纪律处分。对有严重不良行为的学生，学校可以按照法定程序，配合家长、有关部门将其转入专门学校教育矫治。"

第二，经由学生或家长申请。当学校对不良行为学生施以前述教育惩戒和纪律处分措施后，应当根据《中小学教育惩戒规则（试行）》第十四条规定，听取学生的陈述和申辩。学生或者家长申请听证的，学校应当组织听证。

进而言之，听证制度是学校在作出决定之前，接受当事人或利益相关人监督的有效途径。它打破了传统意义上的命令形式的教育行政制度，不仅能够在程序上保证教职工、学生与学校管理主体的地位平衡，还可以通过听证程序的进行，保障学生的知情权和陈述申辩权，保证学校教育行政管理的合法性、民主性和公平性。听证制度源于英国法中的"自然正义"法则。20世纪初，为了维护公民的合法权益，限制不断扩张的行政权，现代意义的听证逐渐被用于行政领域。在世界范围内听证已成为现代行政程序法的核心制度，是确定程序公正与否的重要标准。我国在《中华人民共和国行政处罚法》（以下简称《行政处罚法》）中首次建立了听证制度，随后听证制度在其他行政领域也相继被确立应用。听证制度是正当程序的核心，是公民参与管理公共事务、维护合法权益的重要途径，能够促使国家管理的民主化、法治化、规范化。学校引入听证制度，是社会、法治发展的必然趋势。

学校引入听证制度具有以下意义。第一，深化依法治校实践。学校治理是校园教育内涵式发展的永恒课题。教育的内在逻辑和发展规律的特殊性，决定了学校管理过程具有的教育性、学术性和民主性，并不是所有的学校纠纷都适合司法救济的途径。引入听证制度，可以完善必要的制度和程序，构建有效的依法治校规范体系，深化依法治校实践、实现依法治校"因事而化、因时而进、因势而新"。第二，促进学校学生管理权规范行使。程序的基本价值就在于保证结果的公正和公平，使人们可以看到正义的实现。严谨合理的程序可以限制随意性、选择性的恣意妄为，而程序的缺失则会加大行为主体的自由裁量力度和范围，从而助长了权力滥行。在不断深化依法治国实践和深入推进依法行政的要求下，引入听证制度能进一步明确学校主体在学生管理中的自由裁量力度和范围，有效地排除学校在学生管理中的单方意志性和随意性，抑制学校随意裁量，限制学校自治管理权的恣意行使，促进学校公正理性地裁量，实现学校学生管理权的规范行使。第三，强化学生权益保障。听证制度具有证明处罚决定合法性的功能和保护当事人权利的功能，引入听证制度不仅可以减少学校自治管理权侵犯学生个体合法权益的危险，证明学校决定的程序合法性，还为学生提供了表达意见、陈述观点并进行辩护的平台，有利于学生参与权的实现，让决定更符合客观现实并趋向公正合理，进一步保障和实现学生的权益。同时也是对学生最好的法治教育，能增强学生的权利意识和守纪意识。听证制度对于贯彻依法治校、依法治教、以人为本理念有重大推动作用，在帮助师生参与高校管理的同时，为教师、学生提供一种事前救济途径，尊重和保障其合法权益，是学校教育行政管理的创新型模式，更是教育行政法律关系法治化的发展方向，应当由学校共同建设，使得学校听证制度日臻完善。

第四章 对严重不良行为的矫治

45. 什么是严重不良行为？应建立何种机制处理有严重不良行为的未成年学生？

《预防未成年人犯罪法》第三十八条对严重不良行为作出了细致的规定。所谓严重不良行为，是指未成年人实施的有刑法规定、因不满法定刑事责任年龄不予刑事处罚的行为，或其他严重危害社会的行为。它主要包括以下内容：（1）结伙斗殴，追逐、拦截他人，强拿硬要或者任意损毁、占用公私财物等寻衅滋事行为；（2）非法携带枪支、弹药或者弩、匕首等国家规定的管制器具；（3）殴打、辱骂、恐吓，或者故意伤害他人身体；（4）盗窃、哄抢、抢夺或者故意损毁公私财物；（5）传播淫秽的读物、音像制品或者信息等；（6）卖淫、嫖娼，或者进行淫秽表演；（7）吸食、注射毒品，或者向他人提供毒品；（8）参与赌博赌资较大；（9）其他严重危害社会的行为。

严重不良行为虽与不良行为同是违反社会规范的行为，但其程度更深，危害性和危险性更大。因此需要建立以下机制。

首先，未成年人的父母或者其他监护人、学校、居民委员会以及村民委员会等要遵守以下几点：（1）根据《预防未成年人犯罪法》第三十九条的规定，发现有人教唆、胁迫、引诱未成年人实施严重不良行为的，应当立即向公安机关报告；（2）根据《预防未成年人犯罪法》第四十二条、第四十三条的规定，未成年人的父母或者其他监护人应当积极配合矫治教育措施的实施，不得妨碍阻挠或者放任不管。对有严重不良行为的未成年人，未成年人的父母或者其他监护人、所在学校无力管教或者管教无效的，可以向教育行政部门提出申请，经专门教育指导委员会评估同意后，由教育行政部门决定送入专门学校接受专门教育。

其次，公安机关对于有严重不良行为的未成年学生，可以从以下几个方面着手：（1）《预防未成年人犯罪法》第三十九条规定，公安机关接到报告或者发现有人教唆、胁迫、引诱未成年人实施严重不良行为的，应当及时依法查处；对人身安全受到威胁的未成年人，应当立即采取有效保护措施。（2）《预防未成年人犯罪法》第四十条规定，公安机关接到举报或者发现未成年人有严重不良行为的，应当及时制止，依法调查处理，并可以责令其父母或者其他监护人减轻或者消除违法后果，采取措施严加管教。（3）《预防未成年人犯罪法》第四十一条规定："对有严重不良行为的未成年人，公安机关可以根据具体情况，采取以下矫治教育措施：（一）予以训诫；（二）责令赔礼道歉、赔偿损失；（三）责令具结悔过；（四）责令定期报告活动情况；（五）责令遵守特定的行为规范，不得实施特定行为、接触特定人员或者进入特定场所；（六）责令接受心理辅导、行为矫治；（七）责令参加社会服务活动；（八）责令接受社会观护，由社会组织、有关机构在适当场所对未成年人进行教育、监督和管束；（九）其他适当的矫治教育措施。"公安机关在对未成年人进行矫治教育时，可以根据需要邀请学校、居民委员会、村民委员会以及社会工作服务机构等社会组织参与。

最后，针对有严重不良行为的未成年学生，专门教育委员会还应当建立完善的专门教育指导制度。具体措施如下：（1）依据《预防未成年人犯罪法》第四十四条的规定："未成年人有下列情形之一的，经专门教育指导委员会评估同意，教育行政部门会同公安机关可以决定将其送入专门学校接受专门教育：（一）实施严重危害社会的行为，情节恶劣或者造成严重后果；（二）多次实施严重危害社会的行为；（三）拒不接受或者配合本法第四十一条规定的矫治教育措施；（四）法律、行政法规规定的其他情形。"未成年人实施刑法规定的行为、因不满法定刑事责任年龄不予刑事处罚的，经专门教育指导委员会评估同意，教育行政部门会同公安机关可以决定对其进行专门矫治教育。（2）省级人民政府应当结合本地的实际情况，至少确定一所专门学校按照分校区、分班级等方式设置专门场所，对相关未成年人进行专门矫治教育。对于专门场所的要求，第一，应实行闭环管理。公安机关、司法行政部门负责未成年人的矫治工作，教育行政部门承担未成年人的教育工作。第二，专门学校应当在每个学期适时提请专门教育指导委员会对接受专门教育的未成年学生的情况进行评估。对经评估适合转回普通学校就读的，专门教育指导委员会应当向原决定机关提出书面建议，由原决定机关决定是否将未成年学生转回普通学校就读。原决定机关决定将未成年学生转回普通学校的,其原所在学校不得拒绝接收;因特殊情况,不适宜转回原所在学校的,由教育行政部门安排转学。第三,专门学校应当对接受专门教育的未成年人分级分类进行教育和矫治,有针对性地开展道德教育、法治教育、心理健康教育,并根据实际情况进行职业教育。对没有完成义务教育的未成年人,应当保证其继续接受义务教育。专门学校的未成年学生的学籍保留在原学校,符合毕业条件的,原学校应当颁发毕业证书。第四,专门学校应当与接受专门教育的未成年人的父母或者其他监护人加强联系,定期向其反馈未成年人的矫治和教育情况,为父母或者其他监护人、亲属等看望未成年人提供便利。未成年人及其父母或者其他监护人对行政决定不服的,可以依法提起行政复议或者行政诉讼。

46. 什么是青少年网络欺凌?

随着科技的发展和社会的进步,网络已经深入未成年人的生活和学习中。网络为未成年人的生活带来了种种便利,但也引发了一种新型的欺凌类型——网络欺凌。网络欺凌是指通过互联网,以短信、电话、邮件、照片、视频、网站等方式进行的欺凌,是传统欺凌在互联网空间的拓展和延伸。网络欺凌所涉及的形式包括通过数字平台,如社交网站、聊天室、博客、即时消息和短信,以文字、图片或者视频等形式发布电子信息,意图对他人进行骚扰、威胁、排挤或者散布关于他人的谣言。网络欺凌既有传统校园欺凌的一般性特征,又具有客观性、不受限性、隐蔽性、技术依赖性和不易觉察性等特点。

当前,网络欺凌已经成为青少年最常遭受的一种暴力形式,其危害程度已经超过了传统欺凌。根据一项安全调研报告,遭受网络欺凌的青少年占比高达71%[①],网络欺凌主要表现为在网络上用带有侮辱性的词汇或者图片讽刺、嘲笑、辱骂、恐吓他人。从网络欺凌的表现形式来看,有学者将网络欺凌划分为七种类型:情绪失控、在线骚扰、网络盯梢、诋毁、伪装、披露隐私和排斥。相信随着互联网技术的发展,网络欺凌的形式也将愈加多样,网络欺凌的防控工作刻不容缓。虽然网络欺凌不会直接对中学

[①]《超七成青少年曾在网上遇欺凌!这几招帮孩子远离无声的暴力》,载搜狐网2018年8月13日,https://www.sohu.com/a/246822469_402100。

生的身体造成伤害,但它会造成严重的心理伤害。与传统欺凌的受害者相比,网络欺凌的受害者更多地表现为社会和情感方面的问题,如抑郁、自卑、焦虑、疏远、自杀意图。网络欺凌事件中实施欺凌的加害者在成年后也往往表现出更高的反社会倾向,出现暴力或犯罪行为。

因此,学校、家庭等各个主体必须积极采取举措防控网络欺凌事件。学校应当建立网络欺凌防控工作制度,防止学生成为网络欺凌实施者。《未成年人保护法》第三十九条中规定,学校应当建立学生欺凌防控工作制度,对教职员工、学生等开展防治学生欺凌的教育和培训。学校对学生欺凌行为应当立即制止,通知实施欺凌和被欺凌未成年学生的父母或者其他监护人参与欺凌行为的认定和处理;对相关未成年学生及时给予心理辅导、教育和引导。学校作为主要的教育场所,要注重向学生普及关于网络欺凌的知识,增强学生的网络安全意识,提升网络素养,注重保护个人隐私,不做网络欺凌的实施者。教师可以结合学科开展以网络欺凌为主题的班级活动,向学生讲解网络欺凌的危害,指导学生在面对网络欺凌行为时,积极寻求教师、家长和社会的帮助与支持。心理教师可以通过各种方式,让学生深入体会网络欺凌造成的后果;在得知学生遭受网络欺凌后,主动与学生沟通,及时对网络欺凌者和被欺凌者进行心理辅导,缓解学生的负面情绪,对其提供心理帮助;加强人际交往指导,引导学生在平时与同学的交往过程中,尽量控制自己的情绪,学会接纳和尊重他人,在发生矛盾和冲突时,积极寻求解决方法,主动寻求和解。父母应当采取恰当的教育方式,以身作则。父母的教养方式对孩子的心理状态与行为方式有着深远影响,父母应以身作则,在平时使用网络时,应注意规范自己的行为。如果父母本身有网络欺凌行为,会对孩子形成错误示范,导致孩子成为网络欺凌者。家长应多与孩子沟通,尊重孩子的意见和想法,给予他们信任。在孩子遇到网络欺凌问题向其寻求帮助时,父母应充分倾听孩子的描述,了解他们的处境。在应对网络欺凌问题时,不能一味阻止孩子继续使用网络,而是应该充分寻求社会、学校、专业机构等的帮助,必要时求助法律和公权力。同时,目前网络欺凌事件不断发生,逐渐引起了政府相关部门的重视,已经出台了关于网络欺凌的规定。但仅仅这样还远远不够,还需要尽快研究、出台专项法律,依法处理网络欺凌事件,让欺凌者无处可逃,给予被欺凌者支持和帮助。

同时，需要加强对网络环境的监督。网络运营商应积极建设网络安全防护体系，增强系统的即时性和可操作性，对不良信息进行过滤，同时对连续恶意发布不良信息的人进行封号、报告公安部门等处理。我国目前实行网络用户实名制，在一定程度上降低了网络欺凌事件的发生频率。除此之外，公安部门需要持续对网络进行监管，并且加大监管力度，做到执法必严、违法必究。只有多部门联合加强对网络的监管，才能有效遏制网络欺凌事件的发生，降低对被欺凌者的伤害，将负面事件的影响降到最低。

47. 学校应如何保证刑满释放和接受社区矫正的未成年人受到平等的教育待遇？

刑满释放的未成年人与接受社区矫正的未成年人都享有接受义务教育的权利和义务。根据《义务教育法》第四条规定，凡具有中华人民共和国国籍的适龄儿童、少年，不分性别、民族、种族、家庭财产状况、宗教信仰等，依法享有平等接受义务教育的权利，并履行接受义务教育的义务。

保障刑满释放未成年人能够平等地接受义务教育至关重要。一方面，与普通未成年人相比，特殊的服刑经历使得他们在社会化过程中存在一定障碍；另一方面，与成年刑满释放人员相比，该群体处在生理和心理发育时期，生理和心理状态的不稳定，对其身心成长具有负面影响。及时、良好地就学对于促进刑满释放未成年人的社会化，以及预防该群体重新犯罪具有重要意义。

长期以来，注重刑满释放未成年人的就学一直是我国未成年人保护体系和相关刑事政策的重要组成部分。如《未成年人保护法》第一百一十三条规定，对违法犯罪的未成年人，实行教育、感化、挽救的方针，坚持教育为主、惩罚为辅的原则。对违法犯罪的未成年人依法处罚后，在升学、就业等方面不得歧视。由此可见，学校不得歧视复学的刑满释放未成年人，应当依法保障其享有接受教育的权利。由于未成年人可塑性大，教育改造成功后顺利回归正常社会生活的概率也较大，更应为其营造平等、宽松的学习生活氛围，为其顺利融归社会提供有利环境。

对于接受社区矫正的未成年人，应处理好惩罚与教育的关系，体现出党和国家对未成年人的重视、关爱。接受社区矫正的未成年人在正常的生活环境下，按照规定参加力所能及的公益活动，以实际行动回报社会，并接受矫正组织的监督考核,其在接受处罚的同时,可以照常学习,培养其社会责任感,促进其正常人格的恢复。

在此基础上,保障社区矫正未成年人正常接受教育。我国《中华人民共和国社区矫正法》(以下简称《社区矫正法》)全方位、立体化地充分展示了立法对社区矫正对象的人权保障及人性化保护,未成年人在接受社区矫正时也当然地享有接受教育的权利。如该法第四条规定,社区矫正对象依法享有的人身权利、财产权利和其他权利不受侵犯,在就业、就学和享受社会保障等方面不受歧视。又如该法第五十五条第一款规定,对未完成义务教育的未成年社区矫正对象,社区矫正机构应当通知并配合教育部门为其完成义务教育提供条件。未成年社区矫正对象的监护人应当依法保证其按时入学接受并完成义务教育。一言以蔽之,每个未成年人都应当享有平等的受教育机会,学校应当联合有关部门,保障刑满释放和接受社区矫正的未成年人在复学、升学、就业等方面依法享有与其他未成年人同等的权利。

48. 未成年人严重不良行为具体有哪些?

《预防未成年人犯罪法》具体规定了八种严重不良行为。以下,我们通过具体案例对这些行为分别进行了解。

(1)结伙斗殴,追逐、拦截他人,强拿硬要或者任意损毁、占用公私财物等寻衅滋事行为

中学生小乐马上要过 16 岁生日,生日那天他邀请几位同学到餐厅庆祝。席间,小乐和同学们一边吃喝,一边齐声歌唱,还猛敲餐具,用力跺脚,制造出扰人的噪声。服务员前来提醒时,小乐说:"我付钱喝酒,敲坏东西我赔。"服务员无奈叫来经理处理,经理还未说话就被小乐抓住衣领往外推。经理请小乐一行人出去,这时有人说:"经理有什么了不起的,今天就给你点颜色看看。"于是,大家一拥而上殴打经理,还趁机摔碎酒瓶和餐具等物品价值约 3000 元,经理被打成轻伤。小乐等人无理取闹、殴打他人、损毁他人财物,造成公共场所秩序混乱。这是一起典型的青少年寻衅滋事案件。所谓寻衅滋事,是指在公共场所无事生非、起哄闹事、殴打伤害无辜、肆意挑衅、横行霸道、毁坏财物、破坏公共秩序,情节严重的行为。不同于一般的寻衅滋事行为,小乐等人殴打经理、砸坏饭店财物,并不是因为与该饭店有冤仇,主要还是因为这些青少年想要通过

这样的方式寻求精神刺激,逞能耍酷。因此,青少年寻衅滋事常常伴随逆反心理与反叛情绪,企图通过此类行为引起他人尤其是家人的关注,增强认同感。青少年时期是人格成熟的关键时期,因此,无论是家庭、学校还是社会都应承担起对青少年的人格培养责任,以减少此类案件的发生。

(2) 非法携带枪支、弹药或者弩、匕首等国家规定的管制器具

未成年人朱某对枪支十分好奇,他在网上偶然发现有卖家出售枪托、阀门、精密管等枪支配件,便购买了两套,自己组装了两把枪。公安机关在一次行动中将出售枪支配件的卖家抓获,根据买卖记录找到了朱某,搜出朱某私自持有的两把组装枪。案发后,朱某的父母十分震惊,他们知道朱某喜欢研究枪,但不知道朱某竟然私自持有枪支。根据《中华人民共和国枪支管理法》规定,枪支是指以火药或者压缩气体等为动力,利用管状器具发射金属弹丸或者其他物质,足以致人伤亡或者丧失知觉的各种枪支。根据《管制刀具认定标准》,管制刀具是指匕首、三棱刀、弹簧刀(跳刀)及其他相类似的单刃、双刃、三棱尖刀。枪支、弹药、管制器具具有极大杀伤力,如使用不当可能造成人员伤亡,属于应当禁止未成年人携带的违禁物品。

(3) 殴打、辱骂、恐吓,或者故意伤害他人身体

中学生小王身材魁梧,体格比同龄男生更加健壮。依靠身高和身材优势,小王在学校里组成了"帮会"并亲自制定帮规。如果有人不服从帮规,轻则辱骂,重则将其逼至校园的角落进行殴打。某日,因同班的小赵不愿向小王上交"保护费",小王一行人便在校园门口围堵小赵,两名男生分别抓住小赵,小赵则被小王连续掌掴数十次,直到路过的学生叫来老师方才停止。

未成年人欺凌弱小,对他人实施殴打、辱骂、恐吓等恶劣行为,这类事件特别容易发生在校园中,形成校园欺凌。学校教职工若发现以上情形,应及时制止,必要时请求社会机构和公安机关协同处理。

(4) 盗窃、哄抢、抢夺或者故意损毁公私财物

14岁的中学生小蒋沉迷网络游戏,经常旷课去网吧,可家人除了断绝小蒋的零花钱外别无他法。没有钱无法打游戏的小蒋将目光锁定在了家附近的杂货铺。某日趁店主不在,小蒋溜进柜台,用随身携带的工具撬开柜

台的抽屉，盗走里面的 3000 余元，在准备继续偷拿店里的香烟、白酒时被归来的店主发现并报警。

未成年人心智尚未成熟，因为一时被贪欲蒙蔽实施了侵犯公私财务的行为。我国法律对于特定情形下未成年人财产犯罪作出相对轻缓的规定。司法解释中规定，已满 16 周岁不满 18 周岁的人盗窃自己家庭或者近亲属财物，或者盗窃其他亲属财物但其他亲属要求不予追究的，可不按犯罪处理；已满 16 周岁不满 18 周岁的人盗窃未遂或者中止的，可不认为是犯罪；对于已满 14 周岁不满 16 周岁的人使用轻微暴力或者威胁，强行索要其他未成年人随身携带的生活、学习用品或者钱财数量不大，且未造成被害人轻微伤以上或者不敢正常到校学习、生活等危害后果的，不认为是犯罪。但应当认识到，即使不构成犯罪或者不按照犯罪处理的，这种行为也属于严重不良行为，应承担相应的法律后果。

（5）传播淫秽的读物、音像制品或者信息等

未成年人杨某在某二手交易 App 上看到一个二手硬盘，并备注"装满你懂的文件"，便以 130 元的价格购买了该硬盘，收到后发现硬盘中装满了上百个淫秽视频文件和照片。在浏览过照片和视频后，杨某想到或许可以将这些文件进行二次交易以此获利。于是通过 QQ 在网上发布出售淫秽视频及图片的广告，并利用云盘与第三方进行交易，截至公安机关将杨某抓获归案前，其共获利人民币 2000 余元。

淫秽读物、音像制品和信息不具备任何艺术或科学价值，而是以宣传淫秽、刺激性欲为目的，违背公序良俗，导致普通人腐化堕落甚至犯罪。在网络时代，足不出户就能浏览各种各样的信息，但未成年人的分辨能力不足，容易被网络上一些淫秽色情信息侵蚀，严重危害其身心健康，甚至被诱导违法犯罪。

（6）卖淫、嫖娼，或者进行淫秽表演

朱某是北京一中学的学生，他在报纸上看到了招揽嫖客的广告，多次购买相关"服务"。在北京市一次"扫黄打非"行动中，朱某被抓获。朱某也终于认识到了自己的违法行为，并表示今后不会再犯。

上海市破获一起涉案人员达 20 人的卖淫与介绍卖淫案件，令人震惊的是，大多数卖淫者是在校学生，甚至还有两人是未满 14 周岁的幼女。对于未成年人卖淫、嫖娼的事件，学校应当加强对未成年人的性教育，防止色

情、拜金等不良思想在校园中蔓延。

(7) 吸食、注射毒品，或者向他人提供毒品

14岁女孩小陈因多次吸食摇头丸进入戒毒所强制戒毒，她对警官说，自己并不知道毒品的危害，只是听别人说吸毒可以减肥。她甚至还认为摇头丸没有危害，等自己出了戒毒所，还会继续吸食摇头丸。警官告诉她，摇头丸是一种新型毒品，它对人体的损害比普通毒品还要大。

根据我国《刑法》规定，毒品是指鸦片、海洛因、甲基苯丙胺（冰毒）、吗啡、大麻、可卡因以及国家规定管制的其他能够使人形成瘾癖的麻醉药品和精神药品。毒品分为传统毒品、合成毒品、新型毒品。其中最常见的主要是麻醉药品类中的大麻类、鸦片类和可卡因类。毒品能够使人产生精神依赖，损害人体免疫系统和精神系统，注射吸毒还有染上艾滋病、乙肝等传染病的危险。对于毒品，我们要坚决拒绝。

(8) 参与赌博赌资较大

读初一的小亮十分贪玩，无心学习，父母无奈之下给他办了一年的休学手续，希望好好管教小亮。没想到事与愿违，小亮休学后，经常去网吧上网，在网上接触赌博游戏。一开始他还有分寸，但后来，他在网吧认识的小符给他推荐了一款名为"时时彩"的游戏，小亮玩上了瘾，输光了钱就回家再拿。有一天晚上小亮输光了8万元，他不甘心，于是向小符借了5万元，又向另一名代理商借了5万元，但仍然血本无归。一天之内，小亮输了20多万元。之后小亮多次接到小符的恐吓电话，还因欠债不还，家门被泼油漆。

《中华人民共和国治安管理处罚法》（以下简称《治安管理处罚法》）第七十条规定，以营利为目的，为赌博提供条件的，或者参与赌博赌资较大的，处5日以下拘留或者500元以下罚款；情节严重的，处10日以上15日以下拘留，并处500元以上3000元以下罚款。对于赌资较大的认定，各地有不同的标准，上海市相关法规规定，个人赌资在200元以上的或现场查获的人均赌资在400元以上的，属于赌资较大。未成年人缺乏辨认能力与控制能力，容易被诱惑参与赌博，在贪欲与冒险心理的驱使下堕入深渊。且一旦染上赌博，就很难摆脱，不仅浪费大量学习和休息的时间，更容易因为欠下赌债而使人生观、价值观发生扭曲，从而实施其他不良行为甚至犯罪行为。

49. 严重不良行为与违法行为、犯罪行为有哪些相同点和不同点？

严重不良行为、违法行为和犯罪行为都极大地危害未成年人身心健康，具有实际或潜在的社会危害性，必须得到教育和纠正。未成年人严重不良行为是指未成年人实施的有刑法规定、因不满法定刑事责任年龄不予刑事处罚的行为，以及严重危害社会的行为。

未成年人违法行为，是指未成年人违反现行法律，具有过错，具有社会危害性的行为。按照违反的法律，可以将违法行为分为行政违法行为、民事违法行为、刑事违法行为和违宪行为。

未成年人犯罪行为，是指未成年人实施的违反刑法，应当承担刑事责任的行为。由于未成年人心智尚未成熟，社会经验不足，不能正确辨认和控制自己的行为，刑法对于犯罪的未成年人宽大处理，坚持教育、感化、挽救方针，促使未成年罪犯悔过自新、重回人生正轨。

在主观因素方面，严重不良行为、违法行为和犯罪行为都是因为未成年人缺乏法律意识，判断能力不足造成的。缺乏法律意识是指一部分未成年人在本应该接受义务教育的年纪辍学，或接受教育学习却没有发自内心地认同法律，对法律规范不以为然；判断能力不足，未成年人心智不成熟，不能辨认和控制自己的行为，比如许多染上毒瘾的未成年人并不知道毒品的危害。

在客观因素方面，严重不良行为、违法行为和犯罪行为都表现为未成年人的行为发生偏差，而家庭教育的不当是导致未成年人偏差行为的主要因素，父母的思想意识、生活习惯、行为作风和教育方式都影响着未成年人的性格特征。有的父母过度溺爱孩子，导致孩子蛮横无理、漠视规则；有的父母采取专断粗暴的教育方式，对孩子非打即骂，使得未成年人变得焦虑、紧张、情绪敏感，甚至也会产生暴力倾向；有的父母自身就有抽烟喝酒、赌博等陋习，未成年人容易模仿父母的行为；还有的孩子生活在单亲家庭或留守家庭中，缺失了父母的管教，经常和一些不良团伙来往，不良行为愈演愈烈。此外，学校重智育轻德育等现象，也是促使未成年人实施偏差行为的因素。

严重不良行为、违法行为和犯罪行为虽相似，但仍有不同之处，具体表现在以下几个方面。

一是法律依据不同。严重不良行为主要是《预防未成年人犯罪法》第三十八条中规定的几类行为。违法行为则是指一切违反现行法律的行为，包括刑法、民法等。犯罪行为仅限于违反《刑法》的行为。2020年12月26日，十三届全国人大常委会表决通过《中华人民共和国刑法修正案（十一）》。经修正，《刑法》第十七条中规定："已满十六周岁的人犯罪，应当负刑事责任。已满十四周岁不满十六周岁的人，犯故意杀人、故意伤害致人重伤或者死亡、强奸、抢劫、贩卖毒品、放火、爆炸、投放危险物质罪的，应当负刑事责任。已满十二周岁不满十四周岁的人，犯故意杀人、故意伤害罪，致人死亡或者以特别残忍手段致人重伤造成严重残疾，情节恶劣，经最高人民检察院核准追诉的，应当负刑事责任。"

二是涵盖范围不同。违法行为是一个比较宽泛的概念，包括犯罪行为和严重不良行为。未成年人实施犯罪行为一定是违法行为，但违法行为未必是犯罪行为。比如，不满14周岁的未成年人盗窃，因没有达到刑事责任年龄不负刑事责任，但违反了《治安管理处罚法》，应当由监护人严加管教，责令悔过。而严重不良行为和犯罪行为的行为性质是由轻到重的，犯罪行为往往是从严重不良行为发展而来。《预防未成年人犯罪法》规定了严重不良行为，能够起到警示、预防的作用，当学校、社会组织、监护人发现未成年人出现了严重不良行为，应当立即重视起来，及时矫正，防止这种行为愈演愈烈。综上，违法行为的范围最大，严重不良行为次之，犯罪行为范围最小。

三是矫治措施不同。严重不良行为虽然属于违法行为，但由于主体是未成年人，因此主要由学校、家庭和社会进行干预，而犯罪行为要扩大到司法干预。未成年人出现严重不良行为，应当由家长或者监护人加以管教，学校教师可以行使适当的教育惩戒权，未成年人也有可能面临校规校纪的处分，违反《治安管理处罚法》的，应当接受训诫、进入专门学校，接受社会观护等相应的矫正措施。当未成年人实施了犯罪行为，就要面临刑事制裁。刑罚涉及对人自由等权利的剥夺，刑法是最后一道防线，为贯彻刑法的谦抑性，也为了未成年人的未来发展，对未成年人适用刑罚要审慎。我国《刑法》规定，对依照上述第十七条内容规定追究刑事责任的不满18周岁的人，应当从轻或者减轻处罚。因不满16周岁不予刑事处罚的，责令其父母或者其他监护人加以管教；在必要的时候，依法进行专门矫治教育。

50. 如何界定未成年人"实施严重危害社会的行为，情节恶劣或者造成严重后果"以及"多次实施严重危害社会的行为"？

未成年人实施严重危害社会的行为是指未成年人实施的严重危害社会，但尚未达到刑事处罚的违法行为。

"情节恶劣"是指存在违反《预防未成年人犯罪法》第三十八条规定的严重危害社会的情形且社会危害性较为严重。如扰乱治安，情节较为严重或盗窃数额较大。在司法实践中，情节是否恶劣认定较为复杂。情节是指事情的变化和经过，包括事情的影响、程度、区域等诸多范围。严重是指某种程度深、影响大、情势危急，在法律条文中没有明确界定，需要在具体的个案中具体裁量。未成年人严重不良行为不同于犯罪情节的认定，但可参考所触犯的严重不良行为对应的罪名综合判断，可参照法院涉少刑事案件的庭前社会调查制度，进行调查评估，并出具评估报告，根据评估结果决定，建立科学、合理的分级处遇措施。

"造成严重后果"是指未成年人的严重不良行为造成了较为严重的后果。在具体的实践中，未成年人严重不良行为是否造成严重后果可参照刑法中对应罪名的量刑标准，综合考量是否造成被害人死亡、重伤，是否造成较大的公共财产损失，是否造成较为严重的社会影响进行认定。

"多次实施严重危害社会的行为"是指未成年人多次实施严重不良行为，是在认定过程中的次数要求。例如，未成年人偷窃的不良行为与严重不良行为的区别点在于是否多次，它反映了未成年人行为者主观恶意的程度。

51. 如何预防青少年毒品犯罪？

毒品犯罪和未成年人犯罪一直以来是社会的重大问题之一，而未成年人毒品犯罪是两者的结合。调查显示，毒品犯罪不断呈现低龄化趋势。我国《刑法》规定，14周岁以下的未成年人对毒品犯罪不负刑事责任，14周岁以上16周岁以下的未成年人只对贩毒行为承担刑事责任，对其他毒品犯罪不负刑事责任。毒品犯罪分子利用可乘之机，对未成年人允诺予以好处的方法，将未成年人当作犯罪的工具，也有一些涉世未深的未成年人受不了诱惑，不幸染上毒瘾，因此对青少年毒品犯罪采取有力的预防措施已经刻不容缓。

毒品犯罪的产生原因比较复杂，案件数量的不断上升也归因于复杂、多变的家庭因素、个体因素，以及社会多种因素。在 21 世纪的今天，轻刑化已然变成社会的趋势，对青少年毒品犯罪单纯地判处较重的刑罚并不能有效地解决社会问题。应当采取以社会综合协调预防为主、刑罚制裁为辅的双管齐下的方法，将两者有机结合，做到相辅相成，这样才可以更好地预防青少年毒品犯罪。

　　一是实施积极的社会控制政策。将未成年人和毒品隔离开来，为未成年人营造一个良好的成长环境，需要社会各界力量行动起来，发挥应有的作用。首先从家庭方面来说，父母或者未成年人的监护人应当对未成年人进行家庭教育，家庭是保护未成年人免受毒品危害的第一道防线，应当对父母进行必要的育儿教育，让他们可以在抚养子女的过程中时刻铭记自己的职责。良好家庭环境下培养的未成年人可以阻断社会上的各种诱惑，避免被不良环境腐化和侵蚀。第二道防线即来自学校，学校和老师应当对学生进行补充教育，弥补家庭教育的不足，培养学生正确的人生观、世界观、价值观。可以定期组织学生进行禁毒专题教育，让学生们可以明白毒品所带来的巨大危害，自觉提升禁毒防毒的能力。第三道防线来自社会，为未成年人构造和谐的社会环境，需要社会上每一个人的努力。有关部门要严厉打击、坚决铲除学校附近的涉毒团伙，避免他们与学生直接接触，加强群众监督制度，倡导社会上的每一个公民为未成年人保驾护航。如湖南的"妈妈禁毒联盟"是以"关爱生命、呵护家庭"为目标，动员群众特别是广大妇女携起手来，构建识毒、防毒、拒毒的防线。在三湘大地，该联盟是由湖南省妇联、禁毒办携手指导建立的禁毒民间公益组织，首个联盟于 2011 年在长沙挂牌成立。之后，如同雨后春笋般，湖南省 14 个市州地区接连创办了 34168 个"妈妈禁毒联盟"，有 519178 名妈妈加入这一行列。截至 2017 年底，已陆续涌现出近百万名妈妈禁毒志愿者加入其中，形成了较大规模和独具特色的湖湘品牌，开创了全国之最，影响也日渐深远。在新时代的背景下，也要注重对网络的监管，未成年人容易在繁杂的网络中迷失自己，一些不法分子借机依靠网络试图侵害未成年人的身心健康。国家应当积极采取行动，对这些潜在的违法犯罪活动大声说不，定期采取净网行动，取缔网络犯罪团伙，为未成年人提供优质的网络服务。同时，我们也要利用网络的积极影响，采用微博、微信等平台宣传毒品的重大危害，消除未成年人的无知和好奇心理，有效降低预防未成年人犯罪的总成本。同时，预防未成年人毒品犯罪需要多方协同合作，未成年人保护机构、司法行政机关、民政机关、公安机关等相关单位应针对毒品犯罪的复杂性，健全机制，强化合作，打好防范未成年人毒品犯罪攻坚战。

二是完善未成年人的司法制度。《预防未成年人犯罪法》第三十八条规定："本法所称严重不良行为，是指未成年人实施的有刑法规定、因不满法定刑事责任年龄不予刑事处罚的行为，以及严重危害社会的下列行为：……（七）吸食、注射毒品，或者向他人提供毒品……"针对未成年人从事毒品犯罪不负刑事责任的情况，《预防未成年人犯罪法》将"吸食、注射毒品，或者向他人提供毒品"定义为"严重不良行为"，规定对这种情况要采取一定的措施，这样的立法目的不是惩罚未成年人，本质目的是保护未成年人免受毒品犯罪的腐蚀，有利于未成年人及时改过自新。在毒品犯罪中，未成年人即使需要承担刑事责任，也应当与成年人区别对待，以便在办理涉毒品犯罪案件中真正落实"教育、感化、挽救"的方针，并在适法过程中体现"教育为主、惩罚为辅"原则。对轻微青少年违法吸毒者，在充分教育并加强监管的基础上，将"行政拘留"替代为"不定期到康复中心接受治疗"或"义务参加帮教活动"等。对较严重的青少年违法吸毒者，将"强制戒毒"替代为"定期到康复中心接受治疗"。对于有贩运毒品犯罪行为的，在充分考虑到其法定、酌定量刑情节后，严格依法处理，并加强毒品的教育和戒断工作。同时，对于利用未成年人实施贩毒活动的毒品犯罪分子，应当依法从严从重处罚，因为这不仅侵害了社会禁毒的法益，还违背了我国法律将保护未成年人的合法权益放在首位的目标。

52. 当发现有人教唆、胁迫、引诱未成年人实施严重不良行为的，哪些主体负有报警的义务？

未成年人是国家和民族的未来，监护人、学校、社会都具有为青少年创造健康的成长环境、防止青少年受到侵害的义务。《预防未成年人犯罪法》第三十九条规定：未成年人的父母或者其他监护人、学校、居民委员会、村民委员会发现有人教唆、胁迫、引诱未成年人实施严重不良行为的，应当立即向公安机关报告。公安机关接到报告或者发现有上述情形的，应当及时依法查处；对人身安全受到威胁的未成年人，应当立即采取有效保护措施。根据法律规定，当发现有人教唆、胁迫、引诱未成年人实施严重不良行为时，未成年人的父母或者其他监护人、学校、居民委员会、村民委员会都有义务向公安机关报告。若以上主体不履行报告义务或造成严重后果的，应当承担法律责任。相关单位、机构、组织及人员，可以对未成年人被教唆、胁迫、引诱实施严重不良行为的情况进行初步核实，并对涉案未成年人身份、案情等信息资料予以严格保密。

原生家庭的环境对于青少年世界观的构建与人生观的形成都起到至关重要的作用，父母应为未成年人营造安全健康的成长环境，引导未成年人形成健全的人格、积极向上的生活态度。《预防未成年人犯罪法》强调了监护人应当承担起更多的家庭责任与义务，其中就包括发现未成年人被教唆、胁迫、引诱而实施严重不良行为时应当立即向公安机关报告的报警义务。家庭成员是对青少年行为和性格影响最深的群体，父母对子女的了解使得父母的教育指导更具针对性和有效性，这也使得监护人对未成年人的监督在预防未成年人违法犯罪上具有无可比拟的优势。发挥家庭在预防未成年人违法犯罪中的作用也是预防和矫治青少年不良行为最有效的方法和措施。父母有抚养和教育未成年子女的义务，其中既包括教育青少年知法、守法的义务，也包括发现未成年子女实施严重不良行为后的报警义务。若监护人消极履行包括报警义务在内的监护义务甚至本人积极实施教唆、胁迫、引诱未成年人实施严重不良行为，严重者可能面临监护资格的撤销。

学校是教书育人的场所，但也因为聚集了大量尚未形成稳定是非观的未成年人而成为青少年违法犯罪的高发地。为此，学校应当加强系统全面的思想素质培养和法治教育。学校及教师应当对此类问题多加关注，及时将不正之风扼杀在摇篮里，营造一个健康良好的学习环境。实践中还存在一部分学校由于重视智育忽视德育、保全学校名誉等原因，对学校中的违法犯罪行为采取大事化小、小事化了的态度，即使发现学生受人教唆或被人胁迫而实施不良行为，也不愿意报警。尤其是当教唆人或胁迫人也是在校的未成年人时，学校会以"不耽误学生前途"为由，希望学生和家长私下和解，无形中助长了校园内的未成年人违法犯罪行为，不利于未成年人的健康成长。学校不应该仅是提供知识教育的场所，也应该是对青少年进行帮助和矫正偏差行为的地方。《预防未成年人犯罪法》第六十二条赋予学校报警义务，规定学校及学校教职员工消极履行预防未成年人犯罪职责的，教育行政部门责令其改正并通报批评，如果情节严重，应当依法给予处分。这是希望发展以学校为核心、教师为纽带的校园救助模式，以此达到预防青少年违法犯罪的目的。

除了家长和学校，社会环境对青少年的影响也是巨大的。根据一项调查报告，1514 名受访学生中，就有近六成的受访者生活在能接触到网吧、台球室、洗浴中心等场所的社区中，还有 39.76% 的受访者表示社区中有歌舞厅、游戏厅等娱乐场所，除此之外，传统媒体与互联网络等空间也是引发未成年人不良行为的高发地。① 这些场所犯罪频发，未成年人很容易受其不良影响，从而实施不良行为，甚至进一步发展为犯罪行为。作为未成年人生活成长的场所和家庭生活单位的聚合，居民委员会、村民委员会等主体一旦发现有人教唆、胁迫、引诱未成年人实施严重不良行为的，应当立即向公安机关报告。青少年是祖国的未来，强调居民委员会、村民委员会的报警义务代表着社会主体对青少年的重视与关怀，也为维护社会秩序尽到自身责任与义务。

53. 未成年人受到教唆人或胁迫人的威胁时，公安机关应当立即采取的保护措施有哪些？

公安机关是打击违法犯罪活动、维护社会秩序的专门机关，对保护公民的人身安全负有重大责任。未成年人是国家和民族的未来，也是容易受到外界伤害的弱势群体，公安机关应当高度重视未成年人的人身安全，为未成年人创造一个健康和谐的成长环境。《预防未成年人犯罪法》第三十九条规定：未成年人的父母或者其他监护人、学校、居民委员会、村民委员会发现有人教唆、威胁、引诱未成年人实施严重不良行为的，应当立即向公安机关报告。公安机关接到报告或者发现有上述情形的，应当及时依法查处；对人身安全受到威胁的未成年人，应当立即采取有效保护措施。当未成年的父母或者其他监护人、学校或者其他社会组织向公安机关反映相关情况时，公安机关应当立即派出有关人员赶到现场，依法查处或采取急救措施。如果未成年人的人身安全受到威胁，就应当及时采取足以消除

---

① 路琦、胡发清：《创新社会管理视角下青少年群体教育服务管理实证研究——以不良行为或严重不良行为青少年为研究对象》，载《青少年犯罪问题》2014 年第 1 期。

其威胁的有效措施,如立即对未成年人将要或者正在实施的违法犯罪进行制止,对教唆、胁迫、引诱未成年人犯罪的人立即采取强制措施或者进行必要的控制,派出人员对未成年人进行保护等,以切实保护其人身安全。

《预防未成年人犯罪法》第四十条规定:"公安机关接到举报或者发现未成年人有严重不良行为的,应当及时制止,依法调查处理,并可以责令其父母或者其他监护人消除或者减轻违法后果,采取措施严加管教。"公安机关要加强对被教唆、威胁的未成年人所在学校周边的治安巡逻,特别是重点时段和重点地区,确保警力部署到位。如果发现流浪未成年人被教唆、胁迫或引诱,要将其送到救助机构接受救助。对违法行为及时查处,有可能构成刑事犯罪的,要及时立案侦查,必要时要对未成年被害人进行心理辅导。若不法分子利用信息网络教唆、胁迫、引诱未成年人犯罪,网警要追源头,整顿违法违规的互联网服务提供者,净化网络环境。

一些娱乐场所是社会不良分子教唆未成年人犯罪的高发地。若未成年人在网吧、酒吧、歌舞厅等娱乐场所受到了教唆或威胁,公安机关有权进入娱乐场所进行调查,娱乐场所应当予以配合,不可拒绝、阻挠。公安机关工作人员有权查阅监控录像资料、从业人员名簿、营业日志等资料。公安机关若发现娱乐场所人员有组织、强迫、教唆、引诱、欺骗、容留他人吸食、注射毒品或组织、强迫、引诱、容留、介绍他人卖淫、嫖娼的行为,应当对有关人员采取强制措施。

若发现有黑恶势力教唆、胁迫未成年人犯罪,公安机关应高度重视。根据最高人民法院、最高人民检察院、公安部、司法部联合发布的《关于依法严惩利用未成年人实施黑恶势力犯罪的意见》,黑社会性质组织、恶势力犯罪集团、恶势力,实施下列行为之一的,应当认定为"利用未成年人实施黑恶势力犯罪":(1)胁迫、教唆未成年人参加黑社会性质组织、恶势力犯罪集团、恶势力,或者实施黑恶势力违法犯罪活动的;(2)拉拢、引诱、欺骗未成年人参加黑社会性质组织、恶势力犯罪集团、恶势力,或者实施黑恶势力违法犯罪活动的;(3)招募、吸收、介绍未成年人参加黑社会性质组织、恶势力犯罪集团、恶势力,或者实施黑恶势力违法犯罪活动的;(4)雇佣未成年人实施黑恶势力违法犯罪活动的;(5)其他利用未成年人实施黑恶势力犯罪的情形。

若公安机关在调查时需要询问不满16周岁的未成年人,应当通知其父母或者其他监护人到场，如果没有监护人或者监护人拒绝到场的，应当在笔录中注明情况，可以请未成年人的其他近亲属、学校教师或基层自治组织人员到场。

54. 监护人如何消除或减轻未成年人严重不良行为给他人或社会带来的后果？

监护人应当切实履行监护职责。父母在青少年价值观形成过程中具有至关重要的作用。合格的父母，应当配合学校教给孩子知识、技能和美德，让子女拥有健全的人格、和谐的社会关系、成熟的情感和稳定的行为。但是，由于部分儿童在成长过程中缺失了其父母的有效引导，其心理和行为出现了严重偏差，实施了严重不良行为。这并不完全是青少年一个人的"过错"，其未尽到监护职责的父母应承担相关的法律责任。

对监护人的相关法律责任，《民法典》第三十四条规定："监护人的职责是代理被监护人实施民事法律行为，保护被监护人的人身权利、财产权利以及其他合法权益等。监护人依法履行监护职责产生的权利，受法律保护。监护人不履行监护职责或者侵害被监护人合法权益的，应当承担法律责任。"《民法典》第一千一百六十九条规定："教唆、帮助他人实施侵权行为的，应当与行为人承担连带责任。教唆、帮助无民事行为能力人、限制民事行为能力人实施侵权行为的，应当承担侵权责任；该无民事行为能力人、限制民事行为能力人的监护人未尽到监护职责的，应当承担相应的责任。"《治安管理处罚法》第八条规定："违反治安管理的行为对他人造成损害的，行为人或者其监护人应当依法承担民事责任。"

世界上许多国家也都以法律的形式明确规定监护人的责任。如《法国民法典》规定，父母与未成年人共同生活时，若未能阻止未成年人侵害他人和社会的利益，需要承担连带责任。英国法律规定了养育令制度，即根据未成年人行为的性质和特征，禁止其监护人实施一定的行为，如禁止在未成年人面前抽烟、禁止体罚未成年人等，违反禁止令的监护人将会被处以罚款，甚至被剥夺监护权。此外，英国法院还可以要求监护人参加亲子教育课，学习亲子之间的沟通技巧和奖惩的应用技巧。美国对于监护责任的立法是从18世纪中期开始的，夏威夷州的一项法律规定，恶意儿童的父母应当对受害人承担赔偿责任，其后，各州相继以法律形式明确规定监护人因其管教的失职而应当承担的法律责任。《荷兰民法典》也规定，14周岁以下未成年人实施侵害他人和社会利益的行为,其父母应当承担责任。

未成年人的严重不良行为损害他人和社会的利益,监护人应当积极赔偿经济损失,承担相应的民事责任。在经济上对受害人予以赔偿,从而在一定程度上抚慰受害人的精神与心灵,最大限度地减少受害人的痛苦。对此,《民法典》第一千一百八十八条规定:"无民事行为能力人、限制民事行为能力人造成他人损害的,由监护人承担侵权责任。监护人尽到监护职责的,可以减轻其侵权责任。有财产的无民事行为能力人、限制民事行为能力人造成他人损害的,从本人财产中支付赔偿费用;不足部分,由监护人赔偿。"《民法典》第一千一百七十九条规定:"侵害他人造成人身损害的,应当赔偿医疗费、护理费、交通费、营养费、住院伙食补助费等为治疗和康复支出的合理费用,以及因误工减少的收入。造成残疾的,还应当赔偿辅助器具费和残疾赔偿金;造成死亡的,还应当赔偿丧葬费和死亡赔偿金。"

监护人可以对实施严重不良行为的未成年人采取一定的惩戒措施,但监护人要根据未成年人的心理特征和行为性质进行惩戒,大多数实施严重不良行为的未成年人具有逆反心理和对抗情绪,一味地责骂甚至家庭暴力只会激化矛盾,让问题更加难以解决。因此,监护人在矫正青少年严重不良行为的过程中要讲究方法,动之以情,晓之以理,导之以行。

我国法律明文禁止家长使用暴力管教子女的方式。《中华人民共和国反家庭暴力法》第十二条明确规定:"未成年人的监护人应当以文明的方式进行家庭教育,依法履行监护和教育职责,不得实施家庭暴力。"

对于监护人将农村留守儿童置于无人监管和照看状态导致其面临危险且经教育不改的,或者拒不履行监护职责6个月以上导致农村留守儿童生活无着落的,或者实施家庭暴力、虐待或遗弃农村留守儿童导致其身心健康严重受损的,其近亲属、村(居)民委员会、县级民政部门等有关人员或者单位要依法向人民法院申请撤销监护人资格,另行指定监护人。

此外,民政部发布的文件中规定,婚姻登记处可以设立婚姻家庭辅导室,通过政府购买服务或公开招募志愿者等方式聘用婚姻家庭辅导员,并在坚持群众自愿的前提下,开展婚姻家庭辅导服务。由此可见,我国对家庭教育十分重视,在各个方面对未成年人合法权益的保护作出了明确的规定,从各个时间段、各个方面保障未成年人的合法权益。

监护人应当关注实施严重不良行为的未成年人的活动,避免其进入不适宜未成年人活动的场所，接触特定的人。监护人应当保证未成年人到学校接受义务教育，若发现未成年人有逃课、夜不归宿的情况，要及时进行批评教育。监护人要关注未成年人的交友状况。一旦发现未成年人出入歌舞厅、游戏厅等娱乐场所，要及时制止，避免未成年人结交不良朋友，甚至加入犯罪团伙。

55. 针对未成年人的严重不良行为，监护人可以采取哪些措施管教未成年人？

监护人应当及时制止未成年人的严重不良行为。未成年人的心智尚未成熟，性格和价值观处于形成发展时期，辨别是非的能力也有待提高。有时未成年人实施严重不良行为并非出于恶意。比如，有中学生为了炫耀而携带管制刀具的，或者出于好奇而吸食毒品、传播淫秽读物的，还有的是被居心叵测的成年人利用和诱惑走上违法犯罪的道路。如果未成年人实施了严重不良行为，却没有被监护人及时地发现和纠偏，未成年人就有可能意识不到这种行为的严重性和危险性。所以，若监护人发现未成年人出现了严重不良行为，应当立即制止。监护人能够尽早规制未成年人的行为，就能够避免一些不堪设想的后果。比如，一些未成年人不知道毒品的危害，出于好奇吸食了毒品，又或是在成年人的诱惑和哄骗下吸食了毒品。而毒品是一种能让人上瘾的管制药物，能麻痹人的神经，长期食用可使人产生高度的精神依赖。而一旦染上毒瘾，吸毒者就会不惜一切代价购买毒品，如通过赌博、抢劫、盗窃等不法方式获得金钱，甚至和一些犯罪团伙来往。因此，如果监护人发现未成年人出现了吸毒行为，应当立即制止；情况严重的，应当及时将其送交有关机构进行戒毒。

监护人可以没收未成年人的非法物品。非法物品包括枪支、弹药或者弩、匕首等国家规定的管制器具，淫秽读物和音像制品，毒品等。监护人一旦发现未成年人接触上述非法物品，应当立即没收，并询问未成年人这些物品来自哪里，用这些物品做了什么，避免危害后果的扩大。同时，监护人也应当根据情况告诉未成年人这些物品的危害性，告诫未成年人远离非法物品。另外，监护人在没收非法物品后，不可以私藏或者出卖，应当移交公安机关进行处理。

监护人可以让未成年人检讨自己的行为，并制订行为矫正计划。要让实施严重不良行为的未成年人真正意识到自己的行为是错误的，促使其能够认真吸取教训，改过自新。为此，监护人可以让未成年人写检讨书，分析自己的错误行为和可能导致的危害后果，并为自己制订改正计划。比如，一些青少年染上网瘾，沉迷于网络游戏，一旦离开网络游戏，就会魂不守舍，产生焦虑和烦躁等负面情绪。对此，监护人可以与未成年人进行合理沟通，逐步减少其上网时间，并监督未成年人保证计划的有效实施。

监护人应当加强对未成年人的德育和法律教育。德育和法律教育的缺失是很多家庭面临的共同问题，许多家长过分追求孩子的成绩，抱有脱离实际的过高期望，只要孩子的成绩没有达到期望值，便会责骂打压甚至暴力相加。未成年人生活在这种高压氛围下，往往产生逃避甚至逆反心理，就极有可能会出现失德、违法犯罪等行为。为此，父母可以陪同未成年人参加法治教育讲座，观看普法宣传片，提高未成年人的道德意识和法律意识。父母也可以寻求社会机构的帮助，如居民委员会、村民委员会和妇联等机构，让未成年人参加一定的社会服务活动，培养其道德感和社会责任感，逐渐矫正异常的心理和行为。

监护人应当加强对未成年人的心理疏导。由于未成年人对周围事物的认识还不够成熟，对自己行为的后果还难以充分预料，辨别是非的能力较弱。所以，监护人要对实施严重不良行为的未成年人进行针对性的教育和心理疏导，缓解情绪，使其能够正确地认识其行为性质和后果，促其悔过自新。

若未成年人实施严重不良行为，甚至屡教不改，监护人可以向专门教育学校提出申请，由专门学校根据《预防未成年人犯罪法》进行评估。经专门教育指导委员会评估同意后，由教育行政部门决定将实施严重不良行为的未成年人送入专门学校接受专门教育。专门学校是对有严重不良行为的未成年人的重要矫正措施，如果未成年人屡次实施严重不良行为，在原来学校的人际关系极其不和谐，监护人可以申请未成年人进入专门学校学习。

56. 对有严重不良行为的未成年人，公安机关可以采取哪些矫治教育措施？

《预防未成年人犯罪法》第四十一条规定："对有严重不良行为的未成年人，公安机关可以根据具体情况，采取以下矫治教育措施：（一）予以训诫；（二）责令赔礼道歉、赔偿损失；（三）责令具结悔过；（四）责令定期报告活动情况；（五）责令遵守特定的行为规范，不得实施特定行为、接触特定人员或者进入特定场所；（六）责令接受心理辅导、行为矫治；（七）责令参加社会服务活动；（八）责令接受社会观护，由社会组织、有关机构在适当场所对未成年人进行教育、监督和管束；（九）其他适当的矫治教育措施。"下面结合具体案例，分述如下。

（1）予以训诫

未成年人心智发展尚不成熟，有时无法判断自己行为的性质及社会危害后果。未成年人实施严重不良行为，也有其监护人监护职责和社会责任缺失的原因。法律不苛求实施严重不良行为的未成年人承担和成年人相同的刑事责任，但也绝不可能放任严重不良行为的进一步发展。公安机关应当坚持"教育为主、惩罚为辅"的原则，挽救、感化失足的未成年人。

2018年，广西某中学的学生谢某和李某发生口头争执，两人约定地点要打一架。谢某叫上朋友张某帝、张某华、丘某、卢某、张某龙，李某叫上朋友黎某良、黎某剑、钟某铭和小斌、小洋、小珊，带上铁棍等工具赴约。最后，双方打架斗殴造成了5人轻伤的后果。公安机关抓获了聚众斗殴人员，依法采取了强制措施。

张某帝、张某华、丘某、卢某、张某龙、黎某良、黎某剑、钟某铭已经成年，检察院对其依法追究刑事责任。而谢某、李某、小斌、小洋、小珊还未成年，无须承担刑事责任。但不追究刑事责任并不代表一放了之，很多未成年人第一次实施打架斗殴等严重不良行为之后，由于他们没有受到刑事处罚，也没有被父母管教，他们对严重不良行为仍然不当回事。如果不让他们认识到错误，反省自身，以后可能还会再犯这类行为，酿成更大的悲剧。当地公安机关联合检察院对这几名未成年人进行了训诫教育："中学生应当好好学习，将来为国家、为社会贡献自己的力量。你们却胡作非为，给社会、给他人带来这么大的伤害。希望你们吸取教训，今后做一个遵纪守法、孝敬父母的好孩子。"此外，当地公安机关还与家长、学校定期沟通，用回访的方式观察他们的行为纠偏程度。

2019年，某公安机关接到群众举报，某中学校园外有学生手持砍刀挥舞。民警立即赶到现场，发现确实有学生携带砍刀，造成路人们的恐慌。民警将该学生制伏并收缴了刀具。经过公安机关的调查，这把砍刀是该学生从网上购买的，在校园外挥舞是为了向同学炫耀，并没有伤害他人的目的。但在人员密集处携带管制刀具是非常危险的行为，所以公安机关对该学生进行了批评训诫，为其讲述《未成年人保护法》《预防未成年人犯罪法》中的相关法律知识。

公安机关对未成年人的训诫，既要告诉未成年人这样的行为是错误的，责令未成年人不得再犯，也要进行一定的普法教育，提高未成年人的法律意识。

（2）责令赔礼道歉、赔偿损失

如果未成年人的严重不良行为损害了他人、社会的利益，公安机关应当责令未成年人向被害人赔礼道歉，未成年人的监护人应当赔偿损失。

（3）责令具结悔过

具结悔过是一种非刑罚处理方式，是一种反省自己的言行、回忆检查自己思想的一种行为。最高人民检察院在《关于在检察工作中贯彻宽严相济刑事司法政策的若干意见》中规定，对于未成年人犯罪、同学之间纠纷引起的案件，可以依法适用不起诉，并可根据案件的不同情况，对被不起诉人予以训诫，或者具结悔过、赔礼道歉。未成年人在写悔过书时，要写清楚悔过的原因，公安机关要将悔过书存入卷宗，以备查阅。

（4）责令定期报告活动情况

公安机关对实施严重不良行为的未成年人不能一放了之。未成年人在被训诫、写悔过书时，虽然当场表示要改过，但不排除一部分未成年人依然再犯。因此，公安机关可以对未成年人观察一段时间，责令实施严重不良行为的未成年人报告近期的活动情况，防止未成年人再犯。

（5）责令遵守特定的行为规范，不得实施特定行为、接触特定人员或者进入特定场所

未成年人不宜进入酒吧、网吧和营业性歌舞厅等不适宜未成年人进入的场所。未成年人社会经验尚不足，防范能力不强，进入上述娱乐场所很容易被一些图谋不轨的成年人教唆、欺骗和诱惑，从而走上违法犯罪的道路。

17岁的梁某生活在单亲家庭，由于家庭贫困，她高中没念完就辍学打工，但是微薄的收入根本不够照顾妈妈和年幼的弟弟。在高收入的诱惑下，梁某去了一家歌厅应聘，被经理靳某看重，成为陪侍女。为了控制像梁某这样的女孩，靳某对她们的一举一动进行监视，动辄恐吓和打骂等。

2018年的某一天，梁某不堪忍受靳某的殴打，选择自杀结束了生命。一个花季的女孩就这样深深陷入了泥沼，实在令人痛惜！

虽然我国法律明文规定一些娱乐场所的经营者应当在显著位置设置未成年人禁入、限入的标志，不得允许未成年人进入。但是仍有一些黑网吧、黑酒吧为了非法牟利而漠视法律法规，没有尽到预防未成年人违法犯罪的义务。公安机关除加强对这类娱乐场所的监管外，更是要提醒未成年人谨慎交友，不要进入一些不适宜青少年的娱乐场所。

(6) 责令接受心理辅导、行为矫治

学校是教书育人的场所，除了教给学生必要的学业知识和技能，还应当关注青少年的心理发展状况。每个学校都应当设置相应的心理辅导室，在心理辅导的过程中，心理教师必须对学生、家长的隐私问题保密，这是心理辅导教师的职业伦理规则。

实施严重不良行为的学生往往生活在离异家庭或是留守家庭中，或者经历过父母的冷暴力、虐待，这些经历给他们的心灵造成了创伤。因此，心理教师必须谨慎处理这些问题，与学生建立起信任，做好疏导心理的工作。当心理辅导教师发现学生有自杀或者伤害他人的倾向，应当立即请学校和学生家长介入。

(7) 责令参加社会服务活动

社会服务是塑造青少年正确的价值观，体验奉献、友爱、互助、进步精神的有效方式，能够弥补家庭教育的缺失，形成学校、家庭、社会"三位一体"的教育网，引导青少年积极向上。在开展社会服务的过程中，要注重青少年之间的差异，尊重他们的个性化需求，在社会服务的过程中给予青少年必要的帮助，让他们在实践的过程中提高社会适应性。有相当一部分实施严重不良行为的青少年生活在缺少呵护的家庭环境中，如父母离异，留守农村，或者父母对其放任不管，实施专横粗暴的教育方式，青少年在心理急剧变化的阶段没有得到很好的引导。有一部分学校和教师片面地追求学生的应试成绩，忽视了未成年人的心理健康和道德教育，许多青少年在德育和实践经历的缺失下行为出现了偏差。

此外，社会服务活动不同于传统说教式的教育，旨在让未成年人在实践中增强社会适应性，挖掘自身的潜能，融入同龄人群体中。青春期是个性形成发展的关键时期，社会应当重视青少年的精神需求，让他们感受到被理解、被尊重、被需要、被关怀。有的青少年由于没有受到良好的引导，产生了沉迷网络、赌博等不良的嗜好，有的青少年也想戒掉这些不良行为，但就是控制不住自己，而社会服务活动能够转移青少年的注意力，让他们在实践的过程中发展积极向上的爱好。

（8）责令接受社会观护，由社会组织、有关机构在适当场所对未成年人进行教育、监督和管束

社会观护制度，是指对罪错未成年人采取非监禁措施，将其交由专门的社会观护机构，接受专门人员辅导、监督、观察、矫正、保护、管束的制度。这一制度从保护未成年人的合法权益出发，既有助于加强对未成年人的管束和矫正，也保障了未成年人的人格尊严，使得未成年人更容易回归社会。对有罪错的未成年人实施严厉的监禁惩罚，未必能起到预防犯罪的效果，还有可能适得其反。这是因为，一方面，将罪错未成年人处以监禁，会让他们被贴上犯罪的标签，不利于他们再次融入社会；另一方面，在监禁的环境中，有可能会出现交叉感染。因此，社会观护制度是国际少年司法改革的重要举措之一——联合国肯定了社会观护制度的积极意义，支持将涉罪未成年人交由社区进行矫治。很多国家已经建立了社会观护制度。如英国对于涉罪未成年人的观护措施包括行为计划令、社区服务令、观护中心令、社区感化令以及移交令，各个观护机构有着明确的分工，又相互协调，以预防犯罪为目标，坚持保护未成年人利益的原则，根据不同未成年人的特点实施观护措施。美国的社会观护制度起源于1825年的少年庇护所，强调以教育感化措施来预防未成年人犯罪。

中国目前在这方面也已作出积极的工作探索。上海市长宁区在青少年司法保护的探索上走在了全市前列。20世纪90年代，长宁区就率先成立了未成年人帮教考察基地，开创了社会观护的先河。2012年成立了未成年人阳光观护基地，有效解决了流浪人员的社会观护问题。随着经验的积累，我国的社会观护制度越来越专业，运作体系越来越健全，成为预防未成年人犯罪的一股重要社会力量。

57. 对有严重不良行为的未成年人，所在学校可以采取哪些矫治教育措施？

学校是未成年人学习、成长的重要场所，负有引导未成年人形成健康、积极的心态，矫正未成年人不良行为的责任。根据《预防未成年人犯

罪法》的要求，学校应当将预防犯罪教育纳入学校教学计划，指导教职员工结合未成年人的特点，采取多种方式对未成年学生进行有针对性的预防犯罪教育。包括聘任从事法治教育的专职或者兼职教师，并可以从司法和执法机关、法学教育和法律服务机构等单位聘请法治副校长、校外法治辅导员。学校在重视智育的同时，也不能忽视未成年人的心理健康。许多未成年人的心理问题被忽视，从而导致其行为出现偏差。及时发现未成年人的心理问题，进行有针对性的心理健康辅导，给予未成年人正确的引导和足够的关爱，能够有效消除严重不良行为的隐患。学校应配备专职或者兼职的心理健康教育教师，开展心理健康教育。学校可以根据实际情况与专业心理健康机构合作，建立心理健康筛查和早期干预机制，预防和解决学生心理、行为异常问题。为未成年人创造一个良好的成长环境，是家长和学校共同的责任，学校应当与未成年学生的父母或者其他监护人加强沟通，共同做好未成年学生心理健康教育；发现未成年学生可能患有精神障碍的，应当立即告知其父母或者其他监护人送相关专业机构诊治。

如果未成年人实施了严重不良行为，学校应当加强教育管理，不得歧视，更不能侵犯未成年人的受教育权。有的教学管理人员对实施严重不良行为的未成年人采取放任、排斥的措施，比如对未成年人逃课、逃学的行为听之任之，让未成年人单独坐一个位置，甚至勒令未成年人退学。这样只会让未成年人的严重不良行为愈演愈烈，甚至走上违法犯罪的道路。

对于实施严重不良行为的未成年人，学校可以根据校规实施合理的处分，实施处分要严格按照程序，不得滥用处分的权力，剥夺未成年人的受教育权。对未成年人予以训导，责令其遵守特定的规范、参加专题教育或校内服务活动，也可以要求未成年人接受社会工作者或者其他专业人员的心理辅导和行为干预，可以成立帮教小组，针对未成年人的问题制订改正计划。帮教小组应当由具有心理学、教育学、社会学等知识的人员或社工参加。改正计划应当符合未成年人身心特点，且具有针对性。未成年人身心处于发展中，可塑性强，这样的心理发展特点使得未成年人容易受到不良因素的影响，也容易接受教育矫治改过自新。如果放任不管或者干预不当，心理行为偏常很有可能继续严重下去，导致实施犯罪甚至成为累犯、惯犯。学校可以实施适当的教育惩戒权，根据《中小学教育惩戒规则（试行）》，教师在日常教学管理中，可以当场实施下列惩戒措施：点名批评；

责令赔礼道歉、做口头或者书面检讨；适当增加额外的教学或者班级公益服务任务；一节课堂教学时间内的教室内站立；课后教导；学校校规校纪或者班规、班级公约规定的其他适当措施。若情节严重或拒不改正，学校可以实施下列惩戒措施：由学校德育工作负责人予以训导；承担校内公益服务任务；安排接受专门的校规校纪、行为规则教育；暂停或者限制学生参加游览、校外集体活动以及其他外出集体活动；学校校规校纪规定的其他适当措施。学校决定对未成年学生采取管理教育措施的，应当及时告知其父母或者其他监护人；未成年学生的父母或者其他监护人应当支持、配合学校进行管理教育。

58. 未成年人的父母或者其他监护人在矫治教育措施的实施过程中负有哪些责任？

家庭应当是青少年的保护伞，是可以依靠的温暖港湾。和谐的家庭氛围能够使青少年拥有积极向上的心态，使他们充满活力和创造力，成为合格的社会主义接班人。然而，在现实社会中却存在许多家长没有尽到监护责任的现象。有关调查报告显示，有12.2%的在押未成年犯的父母对他们不管不问，有25.2%的在押未成年犯受到父母的暴力，有30.8%的在押未成年犯是留守儿童，由祖父母或外祖父母抚养长大，有16.8%的在押未成年犯成长在离异家庭，没有得到合理的关心和爱护。由此可见，消极的家庭环境是导致未成年人实施严重不良行为，甚至走上犯罪道路的重要因素。[1] 未成年人是国家和民族的未来，他们本应受到亲情的呵护，享受青春与成长的过程，但父母在成长中的缺席、压抑的家庭关系、放任的教育，让一部分未成年人在被漠视、被打压中受到了伤害，本该张扬的青春失去了色彩。

《预防未成年人犯罪法》第四十二条规定，未成年人的父母或者其他监护人应当积极配合矫治教育措施的实施，不得妨碍阻挠或者放任不管。

（1）未成年人的监护人应遵纪守法、以身作则，提供正确的行为举止。在未成年人接受矫治教育措施的过程中，其监护人仍然是接触最密切的人。在这个关键阶段，未成年人会陷入深刻的自我反省中。如果监护人

---

[1] 路琦、胡发清：《创新社会管理视角下青少年群体教育服务管理实证研究——以不良行为或严重不良行为青少年为研究对象》，载《青少年犯罪问题》2014年第1期。

能够做到遵纪守法，提供正确的行为举止，就能够对未成年人的心理和生理产生积极影响，促其走上正确的道路。

（2）监护人应当积极关注未成年人的心理健康状况。在配合学校、社会机构和公安机关实施教育矫正措施的过程中，监护人应当关心未成年人在这一阶段的心理变化和思想、道德状况，避免其产生逆反和对抗情绪，及时与未成年人沟通，并给予正确的指导。未成年人的心理发展尚不成熟，容易被外界的信息和他人的行为所影响。父母是和青少年接触最密切的人，青少年往往会模仿父母的行为，价值观的形成也与父母的言行有很大关系。

杨某是一位 16 岁的男生，他的父亲经常赌博，每次输了就喝酒、发脾气，打骂妻子和孩子。在父亲的影响下，杨某很快沾染上赌博、喝酒的恶习，学习成绩一路下降。杨某的父亲批评他时，杨某理直气壮地说："你自己都抽烟喝酒打牌，还来管我？"张某的父亲在一家工厂上班，父亲经常从工厂拿东西，还让年幼的张某用书包把工厂的东西装回家，每次拿了东西，父亲就会夸他顾家，有本事。渐渐地，张某形成了经常拿别人东西的习惯。上中学之后，张某从顺手牵羊发展到有谋划的盗窃，为了和朋友吃喝玩乐，张某两年内实施盗窃二十多次，金额达两万多元，最终受到了法律的制裁。

子女会在潜移默化中受到父母的影响，父母的行动比言语更具有说服力。当父母是一个遵纪守法的公民，就算不特意去教，子女也会以父母为正面榜样，实施正确的行为。如果父母自己有不端的行为，即使三令五申，子女也不会听从。上述两个案例都印证了这个道理。

（3）监护人应当配合学校、社会机构和公安机关实施教育矫治措施，不能放任不管，妨碍有关机关实施教育矫治措施。具体如下：

第一，当公安机关对于实施严重不良行为的未成年人采取责令赔礼道歉、具结悔过、报告活动、行为矫治、参加社会服务、接受社会观护等矫治教育措施时，监护人应当积极配合，监督未成年人的行为和悔过状况。监护人不能仅仅口头答应，回家后依旧置之不理，更不能包庇未成年人的严重不良行为。当公安机关要求监护人赔偿受害人的损失时，不得拒绝和推脱责任。

第二，监护人应当尊重学校教师正当的教育惩戒权，不能过分溺爱孩子，因为教师实施正常的教育惩戒就提出不满，监护人要监督未成年人参加学校特定的专题教育和校内服务活动，配合学校专业人员对未成年人进行心理辅导。

第三，若未成年人进入专门学校学习后，监护人也不应该抱着"让学校去管教，我就不用操心"的心态，而要经常与学校教师沟通，定期看望接受专门教育的未成年人，了解未成年人的矫治状况。

59. 未成年人具有哪些情形的，可以将其送入专门学校接受专门教育？

专门学校的历史渊源可以追溯到18世纪中期，瑞士教育家裴斯泰洛齐曾创办的半学习半劳动孤儿院。专门学校在我国有六十多年的历史，它们秉承以教代刑的理念，是矫治青少年严重不良行为的重要措施，在青少年司法体系中具有不可缺少的作用。我国专门学校是由工读学校演变而来的，工读学校由于其"半劳动半学习"的性质而得名。1955年，北京成立了第一所工读学校，此后，各大城市也纷纷建立。2006年，《未成年人保护法》将工读学校的称谓修改为专门学校，因为工读学校的概念具有标签化效应，不利于罪错未成年人的教育与帮扶。专门教育学校并不是监管改造场所，让未成年人进入专门学校学习的主要目的也不是惩罚，专门教育属于一种特殊教育形式，仍然属于义务教育的范畴。专门学校应当根据学生的特点，开展法治教育和适当的职业教育，让学生学到有用的技能，以更好地融入社会，自力更生。

在新时代的背景下，专门教育学校坚持"挽救学生，造就人才，立足教育，科学育人"的方针，承担起教育和矫正功能，对未成年人进行爱国主义教育、社会主义道德教育、心理健康教育和法治教育，增强其道德意识和法律意识，挽救违法和轻微犯罪的未成年人，使他们能够改过自新，在未来能够适应社会，融入社会。

第一，《预防未成年人犯罪法》第四十四条规定："未成年人有下列情形之一的，经专门教育指导委员会评估同意，教育行政部门会同公安机关可以决定将其送入专门学校接受专门教育：（一）实施严重危害社会的行为，情节恶劣或者造成严重后果；（二）多次实施严重危害社会的行为；（三）拒不接受或者配合本法第四十一条规定的矫治教育措施；（四）法律、行政法规规定的其他情形。"

第二，未成年人实施严重不良行为，其监护人或者学校无力管教、管教无效的，可以根据《预防未成年人犯罪法》第四十三条规定，向教育行政部门提出申请，经专门教育指导委员会评估同意后，由教育行政部门决定送入专门学校接受专门教育。

第三，未成年人实施刑法规定的行为、因不满法定刑事责任年龄不予刑事处罚的，可以根据《预防未成年人犯罪法》第四十五条规定，经专门教育指导委员会评估同意，教育行政部门会同公安机关可以决定对其进行专门矫治教育。2019 年，中华人民共和国教育部统计数据显示，全国共有专门教育学校 94 所，上海有 12 所，教职工数 423 人，位居全国前列。[1] 上海市在专门教育方面走过了几十年的历史，积累了宝贵的经验。上海彭顺中学是上海最早的专门教育学校之一，彭顺中学的课程以思想政治和法律教育为主，也开设语文、数学、英语、化学等基础课程。彭顺中学还与职业学校合办职业高中班，开设了旅游英语、物流管理、高星级酒店运营与管理等职业课程。校长陈健指出，学校的目标就是让孩子成为一个健康、快乐、诚信、善良的人，学会思考、学会审美、学会感恩、学会做人。

有研究者调查了 1514 位在专门教育学校学习的学生，当被问到"更喜欢普通学校还是专门教育学校"时，有 34.35% 的人表示都喜欢，17.31% 的人表示更喜欢原来的普通学校，22.19% 的人表示更喜欢专门教育学校。在师生关系方面，接近 60% 的学生与原来普通学校老师的关系一般，有 11.62% 的学生与老师的关系是对立的，而在与专门教育学校老师的关系上，有 47.42% 的学生与老师关系好，48.61% 的学生与老师关系一般，与老师关系对立的只占 1.06%。生活在成都市的 14 岁小严[2] 曾经是一名问题学生，他经常逃课、通宵上网、染上烟瘾、在学校欺负同学。小严说，他也很想改掉这些不良的行为，但每次都管不住自己，于是，他主动向父母提出去专门学校学习，"想找一个能管住自己的地方"。记者在与小严交流的过程中了解到，小严与父母关系极其不和谐，经常与父母冷战，每次看到父母的愁容，小严也检讨过自己，但每次都控制不住自己再犯。进入专门教育学校之后，小严却很快适应了新的生活，专门学校的徐

---

[1] 《2019 年全国教育事业发展统计公报》，载教育部官网 2020 年 5 月 20 日，http://www.moe.gov.cn/jyb_sjzl/sjzl_fztjgb/202005/t20200520_456751.html?from=groupmessage。

[2] 《为管束自己 成都一男孩主动上工读学校》，载搜狐新闻 2005 年 8 月 31 日，http://news.sohu.com/20050831/n226830840.shtml。

老师说："小严对老师很尊敬，很有礼貌。"张老师说："他自制能力差，容易受外界环境影响。他跟我很投缘，很聪明，相信问题不会很大。"

由此可见，专门教育对于未成年人严重不良行为的矫正、良好人际关系的形成具有积极意义。有的未成年人在出现违纪行为后，受到了老师的漠视和同学们的疏远，人际关系变得紧张，在这样的状态下，未成年人学习兴趣下降，更加趋向于结交一些同样实施严重不良行为的朋友，违纪的频率越来越高。而专门学校就仿佛是罪错未成年人的净化器，可以做到对症下药，针对不同未成年人的特点采取矫治措施。此外，专门教育学校对于实施严重不良行为的未成年人来说是一个全新的环境，相当于一个新起点，让其在新环境下反省自我，改掉错误。

60. 有权决定将未成年人送入专门学校接受专门教育的法律主体有哪些？

有权决定将未成年人送入专门学校接受专门教育的法律主体是教育行政部门和公安机关。《预防未成年人犯罪法》第四十三条规定："对有严重不良行为的未成年人，未成年人的父母或者其他监护人、所在学校无力管教或者管教无效的，可以向教育行政部门提出申请，经专门教育指导委员会评估同意后，由教育行政部门决定送入专门学校接受专门教育。"该法第四十四条规定："未成年人有下列情形之一的，经专门教育指导委员会评估同意，教育行政部门会同公安机关可以决定将其送入专门学校接受专门教育：（一）实施严重危害社会的行为，情节恶劣或者造成严重后果；（二）多次实施严重危害社会的行为；（三）拒不接受或者配合本法第四十一条规定的矫治教育措施；（四）法律、行政法规规定的其他情形。"因此，有权决定将未成年人送入专门学校接受专门教育的法律主体包括教育行政部门和公安机关，二者按照相应程序可以作出将未成年人送入专门学校接受专门教育的决定。

教育行政部门是指各级政府对教育事业进行组织领导和管理的机构或部门。教育行政部门可以分为中央教育行政部门（教育部）和地方教育行政部门两类。地方教育行政部门分为省、市、县三级，是根据《中华人民共和国地方各级人民代表大会和地方各级人民政府组织法》规定建立，受同级人民政府统一领导，并受上级教育行政部门的领导或者业务指导的行政部门。行政部门作为法律主体有权决定把未成年人送入专门学校接受专门教育，但须满足的基本条件如下。

第一，未成年人存在严重不良行为。即未成年人实施的有刑法规定、因不满法定刑事责任年龄不予刑事处罚的行为，以及严重危害社会的下列行为：（1）结伙斗殴、追逐、拦截他人，强拿硬要或者任意损毁、占用公私财物等寻衅滋事行为；（2）非法携带枪支、弹药或者弩、匕首等国家规定的管制器具；（3）殴打、辱骂、恐吓，或者故意伤害他人身体；（4）盗窃、哄抢、抢夺或者故意损毁公私财物；（5）传播淫秽的读物、音像制品或者信息等；（6）卖淫、嫖娼，或者进行淫秽表演；（7）吸食、注射毒品，或者向他人提供毒品；（8）参与赌博赌资较大；（9）其他严重危害社会的行为。第二，未成年人的父母或者其他监护人、所在学校对未成年人的严重不良行为无力管教或者管教无效。第三，未成年人的父母或者其他监护人、所在学校向教育行政部门提出申请。第四，教育行政部门作出决定须经由专门教育指导委员会评估同意。第五，公安机关和教育行政部门对具体的案例中是否对未成年人采取送入专门学校接受专门教育具有自由裁量权。可根据未成年人的心理状态、情节轻重、是否存在特殊事由等具体情况作出决定。

公安机关的职责是预防、制止和侦查违法犯罪活动，防范、打击恐怖活动，维护社会治安秩序，制止危害社会治安秩序的行为。公安机关为预防未成年人犯罪，维护社会秩序可作为法律主体决定将未成年人送入专门学校接受专门教育。但须满足的基本条件是：第一，未成年人存在法定的情形：（1）实施严重危害社会的行为，情节恶劣或者造成严重后果；（2）多次实施严重危害社会的行为；（3）拒不接受或者配合本法第四十一条规定的矫治教育措施；（4）法律、行政法规规定的其他情形。第二，经专门教育指导委员会评估同意。第三，公安机关须会同教育行政部门共同作出此决定。第四，公安机关和教育行政部门就是否对未成年人采取送入专门学校接受专门教育具有一定自由裁量权，可根据未成年人的心理状态、情节轻重、是否存在特殊事由等具体情况作出决定。

61. 为何要对未成年人进行矫治教育措施？

未成年人犯罪问题是不可避免的社会问题。早在改革开放初期，中共中央就开始重点关注此问题，并于1979年8月17日发布了《关于提请全党重视解决青少年违法犯罪问题的报告》，该报告首次将青少年犯罪问题提升到关系国家长治久安的高度。追溯未成年人犯罪的缘由，可以发现不良行为的出现是其走向犯罪道路的预警，如果不能有效矫正未成年人的不良行为，切断不良行为向犯罪演进的进程，那么未成年人的犯罪问题将始终无法得到妥善解决。

专门教育措施具有保护属性。针对未成年人的严重不良行为或者轻微违法犯罪行为，世界许多国家都出台了与刑罚处罚有本质区别的多种教育矫治措施。这类教育矫治措施关注的是行为人，而不是危害行为，目的不是针对未成年人的危害行为进行处罚制裁，而是为了矫治行为人存在的心理行为偏常，促使其回归社会，避免再犯。我国建立专门学校，目的同样也是如此。

专门教育措施具有强制属性。当未成年人实施严重不良行为或者违法犯罪，家庭监护和一般的学校教育却难以正确引导、规范时，就需要国家介入予以干预。因此，域外的教育矫治措施往往具有强制性。例如，法国、德国、美国、日本等国家均存在类似措施规定，符合一定条件时，相关部门可以决定将未成年人送入特定学校或者机构进行矫治，并予以强制执行。在我国，存在大量留守、流动未成年人，家庭监护缺位或不当的问题比较突出，这也是引发未成年人违法犯罪的重要因素。因此，通过专门学校的专门教育解决这部分未成年人的教育矫治，及时对他们进行有效的教育感化挽救，就显得尤为必要。

矫治教育措施是对涉罪、不予刑事处罚的低龄未成年人的十分有效的矫治方式。司法实践中，一般会把涉罪的未成年人，交回家庭进行管教，但"责令管教"缺乏相关部门进行后续监管，更没有评估家庭是否具备管教能力。因此，我国需要完善针对涉罪未成年人的教育矫治制度。教育矫治制度应作为"责令父母或者其他监护人严加管教"的监督及补充，通过国家干预涉罪低龄未成年人的家庭管教，避免过去"一放了之"、无人监管、管教成效堪忧的状况。对涉罪未成年人进行司法保护并不是一味地放任犯罪，而是包含着惩戒、教育、挽救犯错未成年人。

有效预防和治理未成年人犯罪，需要一套科学、合理的分级处理措施。有轻微不良行为的未成年人由家庭监护，有违法犯罪行为的由公安机关、检察机关教育矫治。而专门学校，就是介于家庭监护和公安、检察机关教育矫治之间的一个重要环节，即针对有严重不良行为的未成年人，以专业教育的方式提供行为治疗及心理矫治，在《预防未成年人犯罪法》中增设教育矫治制度替代《刑法》中收容教养制度。根据现行《预防未成年人犯罪法》的规定，专门教育只适用于有严重不良行为的未成年人，入校程序采取监护人或者原学校申请，教育部门审批的"三自愿"模式。一些有严重不良行为的未成年人、未达刑事责任年龄的未成年人、涉嫌轻微犯罪的未成年人，家长管不了，普通学校难以矫治，又不能或不必进行刑事处罚，这种情况有必要交由兼具保护和强制属性、但又区别于刑罚执行部门的专门教育机构进行专门教育。对未达刑事责任年龄涉罪未成年人的教育矫治应当以司法干预为主，由具有强制性、专业性的专门学校进行专门教育，实现专门学校的法治化管理，强化教育矫治力度。

62. 什么是"专门学校"？它与普通学校有哪些共同点和不同点？

专门学校是国家用来对严重不良行为的未成年人进行专门教育的场所。相关法律规定如下。

《义务教育法》第二十条规定：县级以上地方人民政府根据需要，为具有预防未成年人犯罪法规定的严重不良行为的适龄少年设置专门的学校实施义务教育。《预防未成年人犯罪法》第六条规定：国家加强专门学校建设，对有严重不良行为的未成年人进行专门教育。专门教育是国民教育体系的组成部分，是对有严重不良行为的未成年人进行教育和矫治的重要保护处分措施。

就"严重不良行为"的定义，《预防未成年人犯罪法》第三十八条规定："本法所称严重不良行为，是指未成年人实施的有刑法规定、因不满法定刑事责任年龄不予刑事处罚的行为，以及严重危害社会的下列行为：（一）结伙斗殴，追逐、拦截他人，强拿硬要或者任意损毁、占用公私财物等寻衅滋事行为；（二）非法携带枪支、弹药或者弩、匕首等国家规定的管制器具；（三）殴打、辱骂、恐吓，或者故意伤害他人身体；（四）盗窃、哄抢、抢夺或者故意损毁公私财物；（五）传播淫秽的读物、音像制品或者信息等；（六）卖淫、嫖娼，或者进行淫秽表演；（七）吸食、注射毒品，或者向他人提供毒品；（八）参与赌博赌资较大；（九）其他严重危害社会的行为。"

第四十三条规定：对有严重不良行为的未成年人，未成年人的父母或者其他监护人、所在学校无力管教或者管教无效的，可以向教育行政部门提出申请，经专门教育指导委员会评估同意后，由教育行政部门决定送入专门学校接受专门教育。

第四十四条规定："未成年人有下列情形之一的，经专门教育指导委员会评估同意，教育行政部门会同公安机关可以决定将其送入专门学校接受专门教育：（一）实施严重危害社会的行为，情节恶劣或者造成严重后果；（二）多次实施严重危害社会的行为；（三）拒不接受或者配合本法第四十一条规定的矫治教育措施；（四）法律、行政法规规定的其他情形。"

第四十六条规定：专门学校应当在每个学期适时提请专门教育指导委员会对接受专门教育的未成年学生的情况进行评估。对经评估适合转回普通学校就读的，专门教育指导委员会应当向原决定机关提出书面建议，由原决定机关决定是否将未成年学生转回普通学校就读。原决定机关决定将未成年学生转回普通学校的，其原所在学校不得拒绝接收；因特殊情况，不适宜转回原所在学校的，由教育行政部门安排转学。

第四十七条规定：专门学校应当对接受专门教育的未成年人分级分类进行教育和矫治，有针对性地开展道德教育、法治教育、心理健康教育，并根据实际情况进行职业教育；对没有完成义务教育的未成年人，应当保证其继续接受义务教育。专门学校的未成年学生的学籍保留在原学校，符合毕业条件的，原学校应当颁发毕业证书。

第四十八条规定：专门学校应当与接受专门教育的未成年人的父母或者其他监护人加强联系，定期向其反馈未成年人的矫治和教育情况，为父母或者其他监护人、亲属等看望未成年人提供便利。

专门学校与普通学校有以下七个不同点。

第一，专门学校双重化。

专门学校具有教育和矫治的双重功能，既是义务教育的特殊学校，又是矫正不良行为、预防犯罪的特殊场所。专门教育不仅是一种义务教育，而且是一种严重不良行为的矫治教育，矫治功能是专门学校与普通学校的根本区别。

第二，招生对象明确化。

目前，专门学校在校学生类型部分不属于罪过未成年人。现在的在读学生主要包括四类：（1）有违法行为或轻微犯罪行为的学生；（2）品德或行为偏常的学生，通常称为"托管生"；（3）学校的双差生，即品行差、学习差；（4）职教生，向社会招收符合条件的进行正规的职业技术教育的学生。

第三，入校程序司法化。

专门学校大多实行"三自愿申请"的招生办法，即学生入学要经过学生本人、学生家长或者其他监护人、学生原先所在学校三方的自愿申请并经专门教育指导委员会评估同意。

学生入学方式的被动性、非强制性等特点造成了专门学校发展的诸多困境，这是当前制约专门学校教育发展的瓶颈。解决问题的关键在于将入校程序司法化，探求检察机关介入、司法局参与的入学方式，增强强制性入学规则，降低学生和家长的选择性。

第四，教学内容全面化。

专门学校的教学内容既要有普通学校的基本课程设置，又要兼顾特殊教育矫治未成年人。这里的特殊教育包括但不限于文化课、思想政治课、普法宣传课、心理辅导课、职业教育。专门教育要明确定位、凸显特色，立足转化、强化矫治，依法实施、保障权益，确保他们在矫治转化过程中身心得到健康发展，步入正常的社会化成长过程，重返普通学校学习课堂。

心理辅导在未成年人教育中也是不可缺少的。未成年人的心理发育和社会性的发展与其身处的社会环境息息相关，特别是在专门学校就读的未成年人，他们心理上需要更多的支持和照顾。对于这一问题，实践中不仅会开设针对性的矫正课程，还提供心理辅导支持，从教育领域和心理层面纠正学生的行为。

第五，学校师资专门化。

专门学校内的教师，大部分可以教普通学校内的学生，但普通学校内的教师，却不一定教得好专门学校内的学生。除普通的文化课教学要求外，这些教师还需要深入了解学生们的内心世界，充分掌握心理学、教育学、社会学、法学等多学科知识，真正做到"因材施教"。

第六，规制管理严格化。

区别于普通学校，专门学校对学生的管理要更加严格。从制度上看，建议进行军事化管理，运用带有规训性质的挽救机制，改变他们的行为，令学生养成良好的生活习惯。需要注意的是，专门学校的严格必须是合理范围内的，要避免极端。专门学校在功能性上更多的是教育为主、惩罚为辅。严格的管理制度是为了帮助解决学校和家庭教育的不足，矫正不当行为。在这个过程中，一些必要的规训是不可避免的，但涉及如何对待学员人身安全的问题和对违反校规校纪的处罚时，必须保证在合理范围内，不能因为是不良行为就一味加以处罚，切记不能虐待和使用暴力侵犯未成年人的合法权利。

第七，转出程序精准化。

不良行为未成年人转出专门学校，重要性相当于普通学校的毕业，是学校教育中最重要的一环。只有把握好这一程序，才能最终发挥好专门学校的作用，确保从这里走出的学生都是达到矫治效果、能够正常回归社会生活的。

专门学校与普通学校有以下两个相同点。

第一，都属于义务教育的范畴。

《未成年人保护法》第二十八条规定，"学校应当保障未成年学生受教育的权利"。由此可知，学校，不论是专门学校还是普通学校，都有保障公民受教育的义务。因此，专门学校和普通学校属于义务教育的范畴，只不过是因为专门学校针对的对象是有严重不良行为的未成年人，且专门学校拥有普通学校所没有的矫治功能，所以将两者区别对待，有利于实现特殊预防的目的。

第二，都具有特定的教学内容与教育方法。

为使学校能够正常运行，需要学校制定一套规章制度，保证学校的管理秩序运行良好。教学的展开需要学校明确教学科目和教学内容，然后招聘对应专业的老师上课，不论是专门学校还是普通学校，老师都是经过专业培训的教职工，面对教学科目都有自己的教学方式，因此，专门学校和普通学校都有特定的教学内容和教学方法。

63. 进入专门学校接受矫治教育的未成年学生能否回到普通学校就读？需要经过哪些程序？

进入专门学校接受矫治教育的未成年学生可以回到普通学校就读。《预防未成年人犯罪法》第四十六条规定：专门学校应当在每个学期适时提请专门教育指导委员会对接受专门教育的未成年学生的情况进行评估。对经评估适合转回普通学校就读的，专门教育指导委员会应当向原决定机关提出书面建议，由原决定机关决定是否将未成年学生转回普通学校就读。原决定机关决定将未成年学生转回普通学校的，其原所在学校不得拒绝接收；因特殊情况，不适宜转回原所在学校的，由教育行政部门安排转学。

据此，进入专门学校接受矫治教育的未成年学生回到普通学校就读需要履行的程序有：（1）通过专门学校每个学期的情况评估。（2）专门教育指导委员会向原决定机关提出书面建议。（3）原决定机关作出将未成年学生转回普通学校就读的决定。（4）原所在学校无特殊情形不得拒绝接收已经完成专门教育的未成年学生。因特殊情况不适宜转回原所在学校的，由教育行政部门安排转学。此时的特殊情况应基于保护未成年人原则，确保落实未成年人回归正常的学习生活。

经调研发现，专门学校教育矫治违法犯罪的未成年人效果显著，转化成功率平均在90%以上，有的专门学校达到98%以上。① 我国第一所工读学校——北京海淀寄读学校成立60年来，教育矫治轻微违法犯罪的未成年人共计9146人，转化成功率达95%。进入专门学校接受矫治教育的未成年学生，重点在于接受专门教育后的重新回归社会。因此，确保接受专门教育的未成年人，在接受一定期限的专门教育完成后顺利回归正常的学习和生活至关重要。在这一过程中，确保接受专门学校矫治教育的未成年学生回到普通学校是其中至关重要的环节，甚至决定教育矫治措施的长期质量和效果。

《预防未成年人犯罪法》第四十六条的规定，是在法律层面上对未成年人结束教育矫治措施后重回社会的法律保证，是建立"自我、家庭、学校、社会一体化"的教育矫正体系，是真正实现对未成年人违法犯罪的有效管理的重要举措。

64. 专门学校应如何开展对未成年人的矫治教育？

《预防未成年人犯罪法》第四十七条规定：专门学校应当对接受专门教育的未成年人分级分类进行教育和矫治，有针对性地开展道德教育、法治教育、心理健康教育，并根据实际情况进行职业教育；对没有完成义务教育的未成年人，应当保证其继续接受义务教育。

---

① 李贞：《多方合力让未成年人健康成长》，载《人民日报·海外版》2019年12月9日，第05版。

首先，专门学校应当对接受专门教育的未成年人分级分类进行教育和矫治。需要尽快发展和完善专门学校，确保专门学校能够有能力对接受专门教育的未成年人分级分类进行教育和矫治。

专门教育是国家教育体系独立而重要的组成部分。其功能定位在于：通过专业方式方法对具有严重不良行为、轻微犯罪行为的未成年人进行教育矫治，包括心理辅导、行为矫正与法治教育等；阻断未成年人的不良社会交往，在一定程度上弥补家庭监护的缺陷或不足，促使未成年人恢复正常的社会化过程。

其次，有针对性地开展道德教育、法治教育、心理健康教育，并根据实际情况进行职业教育。

第一，道德教育。专门学校是道德教育的重要课堂。在未成年人教育矫治阶段专门学校的教育在学生道德品质发展过程中起主导作用。教育矫治措施对未成年人的道德教育应发挥正面的影响作用，抑制社会生活中许多丑恶现象对未成年人的负面影响，有效规范未成年人的道德行为。

第二，法治教育。学校、家庭、社会等方面对青少年学生法治教育重视不够是青少年犯罪的重要原因。在专门学校接受专门教育的学生需要注重对法律知识的学习，接受法律知识的熏陶，信仰法治、遵纪守法、健康成长。让青少年知法、懂法、守法、用法，提高青少年学生的法律意识和自我防范意识。法治教育要回归学校素质教育和健全人格塑造的本源，打造立体法治教育，在开展以学生自我保护安全教育的同时，逐步添加以规则、平等、行为责任意识、诚信为导向的法治观念教育。法治教育侧重指引在校未成年人健康成长、规范日常行为和预防受到非法侵害，要强调事后的依法追究，要有意识地宣传一些民事权利和诉讼权利；要注重划分受教育层次和有针对性精选法治讲座内容；注重不同年龄段的特性和教育顺序性，分清层次，因材施教。

要丰富法治教育的教学形式和内容。根据学生特点，做好法律报告会、模拟庭审、法律知识竞赛、法律咨询、宣传板报等丰富多彩的活动，让学生做法律教育中的主角。另外，积极发挥公检法等专业机关的作用。签订共建协议，由当地的公检法等机关派出专业人员，承担对未成年人宣讲法律、提供法律服务、开展法治教育、协助对学生不良行为矫正等工作。对此，《预防未成年人犯罪法》第五十条规定：公安机关、人民检察院、人民法院办理未成年人刑事案件，应当根据未成年人的生理、心理特点和犯罪的情况，有针对性地进行法治教育。对涉及刑事案件的未成年人进行教育，其法定代理人以外的成年亲属或者教师、辅导员等参与有利于感化、挽救未成年人的，公安机关、人民检察院、人民法院应当邀请其参加有关活动。

第三，心理健康教育。存在严重不良行为的未成年人很容易伴随不同程度的心理问题，如果专门学校心理教育引导不够，心理教育老师缺乏，学生一旦有心理问题，无法及时得到疏导。因此，在专门学校接受专门教育的未成年人的心理健康教育需要得到重视。接受教育矫治措施的青少年应配合心理老师的引导，通过学习和成长逐渐建立和完善良好人格，形成积极的自我认知，树立起正确的人生观、法律意识，学会用科学合理的方式表达自己的感受、情绪和愤怒。教师应帮助青少年选择健康积极的书籍和娱乐方式，多交益友，培养积极向上的兴趣爱好，增强自信心，在心理上树立起对法律的尊重和敬畏，提高认知水平和明辨是非的能力。

第四，职业教育。专门学校应根据实际情况对未成年人进行职业教育，使其在接受一定期限的专门教育后顺利融入社会生活。职业教育与基础教育同样重要，可以防止职业技能培训的缺失导致接受过教育矫治青少年不能充分就业。接受教育矫治措施的未成年人就业需求差别各异，需要满足和适应他们就业和融入社会生活的需要，同时相应的就业扶持政策也亟待加强完善，校企结合是对未成年人进行职业教育，提高专门学校未成年人职业能力的有效途径。按照学生的具体情况，安排相适应的培训课程，进行不同的技能培训，让每一个学生都能掌握一技之长，为就业创造条件。

第五，对没有完成义务教育的未成年人，应当保证其继续接受义务教育。义务教育是国家统一实施的所有适龄儿童、少年必须接受的教育，是国家必须予以保障的公益性事业。义务教育质量事关亿万青少年健康成长，事关国家发展，事关民族未来。义务教育是依照法律规定对所有适龄儿童少年统一实施的具有普及性、强制性、免费性的学校教育，是提升国民素质的基础、实现社会公平的起点。接受义务教育是公民的基本权利，实施义务教育是政府的重要职责，支持义务教育是全社会的共同任务，结束专门教育的未成年人仍须继续接受义务教育。

65. 进入专门学校学习的未成年人的学籍如何处理？如若符合毕业条件能否毕业？

《预防未成年人犯罪法》第四十七条第二款规定：专门学校的未成年学生的学籍保留在原学校，符合毕业条件的，原学校应当颁发毕业证书。

确保专门学校的未成年学生不失学具有重要意义，直接影响教育矫治措施的效果和质量。未成年涉案人员中，失学、辍学学生占相当比例，低龄化情况比较突出，尤其是正处在青春期的未成年人，他们精力旺盛、好奇心强，但心理尚不成熟、自控力差，过早进入社会后大多成为社会闲散群体，极易走上违法犯罪道路。近几年审理的未成年人犯罪案件中，失学、辍学学生占50%以上，有的甚至连小学都尚未读完。[①] 对专门学校的未成年人一方面要做好保留学籍和学籍管理工作，学籍是学生的一项基本权利，也是学生从入学到毕业整个培养过程的重要依据。专门学校应明确对学籍信息的修改或修正程序，在学校的学籍管理工作中坚持正当程序原则，保证学校的管理行为公开、公平。专门学校应通过正当程序管理过程，规范学籍管理权的运行秩序，使管理权的行使遵循符合保护未成年人精神的规范步骤和方式，保证管理行为的合法性和高效性。如果专门学校的未成年学生的学籍信息不能保证准确性、完整性和合法性，那么学生今后的学历信息在社会上的认可将受到质疑，更加不利于未成年人改过自新、融入社会和维护身心的健康发展。另一方面，根据未成年人的个别差异性进行分级分类教育和矫治，有针对性地开展道德教育、法治教育、心理健康教育，并根据实际情况进行职业教育，更突出教育的属性和学校的特点，有助于更好地开展矫治教育，进而挽救感化，而不是依靠惩罚，既回应了社会对未成年人犯罪的关切，也体现了宽严相济的刑事政策。

对接受专门教育的未成年人保留学籍是立足于教育和保护未成年人的体现，对于在专门学校学习的未成年人，如果符合毕业条件，原学校应当颁发毕业证书。未成年人除了在专门学校接受道德教育、法治教育、心理健康教育、职业教育之外，如没有完成义务教育的，仍应继续接受义务教育。如符合原学校在规定年限内，修完教学计划规定的内容，实践教育环节考核合格，达到最低毕业总学分，并且德智体达到毕业要求的，原学校

---

① 《市中院召开全市法院少年审判工作新闻发布会》，载 ZAKER 网 2017 年 5 月 31 日，http://www.myzaker.com/article/592e85261bc8e0b54c0003f8。

应当发给毕业证书。这也是未成年人通过学习和成长重塑良好人格的开端，也是以后顺利就业和融入社会生活的必需。当然，在对不良行为的未成年人的教育方面，原学校也应当设定合理的考评机制和标准，对其要耐心细致地做好思想教育工作，一旦发现其复学后又出现违法行为的应及时制止，并不予颁发毕业证书。

66. 专门学校对接受专门教育的未成年人的父母或其他监护人负有什么责任？

《预防未成年人犯罪法》第四十八条规定：专门学校应当与接受专门教育的未成年人的父母或者其他监护人加强联系，定期向其反馈未成年人的矫治和教育情况，为父母或者其他监护人、亲属等看望未成年人提供便利。

为预防未成年人不良行为和违法犯罪行为，加强家庭教育至关重要。父母或者其他监护人在自身家庭教育中的困境往往依靠自身的力量难以解决，需要国家和社会从各方面予以引导和救助。在操作层面，尽管在专门学校接受教育的未成年人各方面有积极的改变，但是多数与父母的关系并没有改善，因此专门学校可以与父母加强联系，多开设家访、家长会、亲子活动、心理辅导等活动，帮助父母开发自我教育的潜能，提高父母自身素质，与专门学校形成合力，使未成年人在离开专门学校之后，父母仍然可以对未成年人形成积极影响。这也是防患于未然，避免未成年人不良行为再次产生的最佳选择。

定期向接受专门教育的未成年人的父母或者其他监护人反馈未成年人的矫治和教育情况，是专门学校对接受专门教育的未成年人的父母或其他监护人负有的责任，也是法律对接受教育矫治措施的未成年人及其家长的重要保护。在学校功能方面，专门学校教育是义务教育的重要形式，是预防未成年人违法犯罪工作的重要环节，其主要功能是对有严重不良行为的未成年人进行教育矫治。通过建立德育实践基地、法治教育中心、心理健康教育中心等形式，对未成年人开展法治教育和心理健康教育，开设义务教育和校本课程，提高未成年人的学习兴趣和文化素养，矫治不良的行为习惯。将未成年人的矫治和教育情况与家庭及时保持互动，针对每个未成年人的差异和特点，开展个性化教育矫治，可取得明显的教育转化效果。调查数据显示，90%以上的专门学校有家长学校，定期召开家长会，介绍学校的教育情况，介绍学校正在或准备开展的教育活动，并请家长给予配合，共同达成教育目标。学校开展亲子活动，调节家庭亲子关系。76.7%的学校经常指导家长对学生进行心理健康教育。60.8%的家长认为孩子进入专门学校之后性格变得开朗，53.4%的家长认为孩子学习成绩有所提高，51.1%的家长认为孩子改正了以前的不好行为，38.6%的家长认为孩子与父母的关系有所改善。[①] 这些可以在对学生的调查数据中得到印证。专门学校应为父母或者其他监护人、亲属等看望未成年人提供便利。即未成年人的父母或者其他监护人、亲属等行使看望权时，专门学校有协助的义务，包括为对方看望提供便利条件，在约定的时间接送未成年人，及时告知未成年人等。专门学校不能故意设置障碍或者忽视拒绝父母及未成年人的看望请求。教育行政部门应当承担监督职能，采用相关行政措施对拒不履行的有关个人和单位进行敦促及处罚。除特殊情况不能对未成年人的人身、探望行为进行强制执行。

确保父母或者其他监护人、亲属等的看望权不仅有利于未成年人的身心健康发展，也是对接受教育矫治措施的未成年人专门教育期间的学习生活安全的重要保证。这项法律制度有助于维持未成年人与其父母之间的感情联系，从而确保未成年人心理健康，从而辅助以教育、感化的方式来改变未成年人的不良行为，使其成功复归社会。未成年人不良行为的矫正会影响社会生活的各个层面，它不仅关系到未成年人合法权益的保护，还对未成年人的整体安全和利益造成重要影响。

专门学校及其工作人员如不履行上述义务时，需要承担相应法律责任。对此，《预防未成年人犯罪法》第六十二条规定：学校及其教职员工违反本法规定，不履行预防未成年人犯罪工作职责，或者虐待、歧视相关未成年人的，由教育行政等部门责令改正，通报批评；情节严重的，对直接负责的主管人员和其他直接责任人员依法给予处分。构成违反治安管理行为的，由公安机关依法予以治安管理处罚。此条款明确了相应的法律后果和责任承担，对未成年人专门教育期间的学习生活安全提供了重要保证。

[①] 《56.9%的专门学校学生有过逃学经历，工读教育重在教育和保护》，载搜狐网2018年7月23日，https://www.sohu.com/a/242827671_372464。

67. 父母或其他监护人、亲属能否探望正在接受专门教育的未成年人？

父母或其他监护人、亲属可以探望正在接受专门教育的未成年人。《预防未成年人犯罪法》第四十八条规定：专门学校应当与接受专门教育的未成年人的父母或者其他监护人加强联系，定期向其反馈未成年人的矫治和教育情况，为父母或者其他监护人、亲属等看望未成年人提供便利。本条规定是对父母的探望权利的重要保障。

专门学校应对父母或其他监护人、亲属行使探望权提供便利。探望权的行使是权利与义务的统一，也就是说，探望权不仅仅是为了维系亲情，更是为了让父母对未成年人尽到关心、照顾、教育义务。《预防未成年人犯罪法》第十六条规定：未成年人的父母或者其他监护人对未成年人的预防犯罪教育负有直接责任，应当依法履行监护职责，树立优良家风，培养未成年人良好品行；发现未成年人心理或者行为异常的，应当及时了解情况并进行教育、引导和劝诫，不得拒绝或者怠于履行监护职责。这一职责在未成年人接受专门教育期间也应继续履行。家庭是社会的细胞，预防和遏制未成年人犯罪，基础和关键是从家庭教育抓起，尽最大可能地挽救失足未成年人，规避法治教育断档期存在的潜在风险。在探望过程中，应充分尊重未成年子女的愿望，严格、周密地考虑探望的手段、方式、时间、地点等因素，父母与子女之间一次倾心交谈、一句真诚的询问、一张爱心照片的寄送等多种灵活的探视方式有时候也会更有利于未成年子女的健康发展。

对父母或其他监护人、亲属的探望权应作出必要的限制。原则上，应依法保障父母或其他监护人、亲属探望权的实现，但如果出现探望可能违背未成年人意愿，并危害到未成年人成长的情况，应当对探望进行限制。审判实践中，主要有以下几种情形：探望权人是无民事行为能力人或限制民事行为能力人，可能危及子女人身安全；探望权人患有严重传染性疾病等重病，可能危及子女身体健康；探望权人吸毒或对子女有暴力倾向，可能危及子女生命健康；探望期间有教唆、胁迫、引诱未成年子女打架斗殴、参与赌博、观看色情淫秽音像制品等行为，可能影响子女身心健康；探望权人频繁探望，违反规定探望子女，干扰了子女的正常生活，或对子女有侵权行为、犯罪行为，严重损害子女利益，危害子女生命健康的。有上述情形之一的，直接抚养未成年子女的父母及其他对未成年子女负担抚养、教育义务的法定监护人，有权向法院提出中止探望权的请求。上述规定在对专门学校接受教育的未成年人的父母或其他监护人、亲属同样适用。相关实证研究显示①，未成年犯的父母的学历绝大多数集中在"小学""小学未毕业""初中""初中未毕业""高中""高中未毕业"，整体文化水平偏低，且其父母所从事的工作也以农民、工人和无职业为主，主要属于经济收入偏低的社会群体。该报告进一步指出，有将近一半的未成年人未能与亲生父母长期生活在一起，生活对象主要包括爷爷奶奶、兄弟姐妹和朋友。当未成年犯的父母或其他监护人怠于承担责任甚而放弃履行责任时，法律体系内并未规定其他有效的制约方式。放任未成年人有不良行为或者严重不良行为的，由公安机关对未成年人的父母或者其他监护人予以训诫，责令其严加管教。这种仅以训诫了事的规定在现实生活中收效甚微，因为问题家长自身的行为比犯错的未成年人更难纠正。并且很多时候未成年人的严重不良行为本身就是父母或其他监护人管教失败的结果，仍旧交由他们管教或者探望的效果令人质疑，再继续履行监护职责并不利于未成年人恢复身心健康。譬如，父母一方或双方因犯罪、精神病、传染病、酗酒或性情粗暴有虐待未成年人的行为而严重影响未成年人的成长时，原则上应对探望权加以限制，而这种限制措施可以由未成年人父母一方、未成年人自己或者未成年人保护机构、专门学校提出。专门教育既要保证未成年人与家庭和社会的联系，也要对未成年人犯罪积极预防和及时矫治，整顿包围未成年人的不良社会环境，消除产生犯罪的原因和条件，使刑罚的目的由事后的消极惩罚转向事前的积极预防，有利于把未成年人犯罪消灭在萌芽状态，从而达到预防未成年人犯罪的目的。

68. 如果未成年人及其监护人对矫治教育措施的行政决定不服，可以通过什么法律途径进行救济？

《预防未成年人犯罪法》第四十九条规定，未成年人及其父母或者其他监护人对矫治严重不良行为的行政决定不服的，可以依法提起行政复议或者行政诉讼。故如果未成年人及其监护人对矫治教育措施的行政决定不服，可以提起行政复议或者行政诉讼。

---

① 陈宇超：《未成年人不良行为司法惩戒机制的构建》，载《青少年犯罪问题》2019 年第 1 期。

《中华人民共和国行政复议法》（以下简称《行政复议法》）第二条规定，公民、法人或者其他组织认为具体行政行为侵犯其合法权益，向行政机关提出行政复议申请，行政机关受理行政复议申请、作出行政复议决定，适用本法。《行政复议法》第五条规定，公民、法人或者其他组织对行政复议决定不服的，可以依照行政诉讼法的规定向人民法院提起行政诉讼，但是法律规定行政复议决定为最终裁决的除外。我国公民、法人或者其他组织认为行政机关和行政机关工作人员的行政行为侵犯其合法权益，有权向人民法院提起诉讼。《中华人民共和国行政诉讼法》第二条规定，公民、法人或者其他组织认为行政机关和行政机关工作人员的行政行为侵犯其合法权益，有权依照本法向人民法院提起诉讼。上述行政行为，包括法律、法规、规章授权的组织作出的行政行为。

从寻求救济的对象上讲，针对公安机关作出的上述矫治教育措施的行政决定，未成年人及其父母或者其他监护人可以依法向作出矫治教育的公安机关的上级机关或者同级政府部门提起行政复议或者向有管辖权的法院提起行政诉讼；从救济的途径上讲，接受矫治措施的未成年人及其父母或者其他监护人可先向作出行政决定的公安机关提起行政复议，对复议决定不服的，再向有管辖权的法院提起诉讼，也可以直接向法院提起诉讼。

例如，上海市公安局长宁分局对有严重不良行为的未成年人甲采取责令其接受社会观护的行政决定。依据《行政复议法》第十二条规定，对县级以上地方各级人民政府工作部门的具体行政行为不服的，由申请人选择，可以向该部门的本级人民政府申请行政复议，也可以向上一级主管部门申请行政复议。所以，甲及甲的父母或其他监护人可以依法选择向上海市长宁区政府或者上海市公安局申请复议；经过复议后，如果复议机关决定维持原行政行为的，根据行政诉讼管辖法院的相关规定，甲及甲的父母和其他监护人应当以复议机关和上海市公安局长宁分局作为共同被告，向上海市长宁区人民法院或者上海市中级人民法院提起行政诉讼。如果经复议之后复议机关决定改变原行政行为的，复议机关是被告。

69. 未成年人犯哪些罪应当负刑事责任？

根据《刑法》第十七条规定："已满十六周岁的人犯罪，应当负刑事责任。已满十四周岁不满十六周岁的人，犯故意杀人、故意伤害致人重伤或者死亡、强奸、抢劫、贩卖毒品、放火、爆炸、投放危险物质罪的，应当负刑事责任。已满十二周岁不满十四周岁的人，犯故意杀人、故意伤害罪，致人死亡或者以特别残忍手段致人重伤造成严重残疾，情节恶劣，经最高人民检察院核准追诉的，应当负刑事责任。对依照前三款规定追究刑事责任的不满十八周岁的人，应当从轻或者减轻处罚。"

刑事责任能力是指行为构成犯罪和承担刑事责任必需的、行为人必备的刑法意义上辨认和控制自己行为的能力。我国刑事责任能力主要从年龄及精神状况两个标准进行衡量，在年龄标准下，我国刑法对未成年人刑事责任能力的认定进行了四档划分，分别为12周岁以下、12周岁到14周岁、14周岁到16周岁以及已满16周岁的未成年人：

（1）12周岁以下的未成年人完全无刑事责任能力，不承担刑事责任；

（2）12周岁到14周岁的未成年人为限制刑事责任能力人，仅在"犯故意杀人、故意伤害罪，致人死亡或者以特别残忍手段致人重伤造成严重残疾，情节恶劣"的情形下，经最高人民检察院核准追诉后承担刑事责任；

（3）14周岁到16周岁的未成年人仍然属于限制刑事责任能力人，但应承担刑事责任的犯罪行为在范围上较前一档有一定扩大，即在其"犯故意杀人、故意伤害致人重伤或者死亡、强奸、抢劫、贩卖毒品、放火、爆炸、投放危险物质罪"时应承担刑事责任；

（4）已满16周岁的未成年人在无其他特殊情形下属于完全刑事责任能力人，对犯罪行为承担完全的刑事责任。对前述追究刑事责任的未成年人应当从轻或减轻处罚。

作为刑法上的重要概念，刑事责任年龄一直是广受大众关注的热议话题。刑事责任年龄源自近代刑法的一个基本原理，即责任主义。责任主义中的"责任"针对的是违法犯罪行为的可谴责性和可非难性，即"没有责任就没有刑罚"。未成年人在实施犯罪行为后如若未满刑事责任年龄，则不应当承担刑事责任。随着社会经济提升和转型速度加快，在现代科技的迅猛发展下，移动数据的大众化使少年儿童能够以较为便利、快捷的方式接触到社会生活中的各类信息，未成年人对于社会的认知和自我行为的控制能力普遍与过去存在较大的改变。在此基础上，14周岁的最低刑事责任年龄似乎已不适应社会发展现实情况的变化。据统计，刑事案件平均犯罪年龄比20世纪降低了2岁到3岁，刑事犯罪呈现低龄化趋势。

近年来，低龄未成年人犯罪恶性事件与针对未成年人性侵案件频发①，在引发社会普遍关注的同时也推进了降低最低刑事责任年龄的改革。我国 1979 年刑法中规定，法定最低刑事责任年龄为 14 周岁。在修订过程中，曾有代表提出将法定责任年龄下调至 13 周岁，但基于当时社会现实情况考虑，立法机关并未采取此建议。1997 年刑法作出修改时，仍有代表提出类似意见。在经过反复考量和数据比对之后，立法机关仍然否决了相关意见，继续沿用之前的 14 周岁最低刑事责任年龄规定。2021 年生效的《刑法修正案（十一）》，在原来刑法的基础上，针对社会现实情况和刑法发展的需要，立法机关最终下调了最低刑事责任年龄，规定已满 12 周岁不满 14 周岁的未成年人对特定犯罪附条件承担刑事责任。降低法定最低刑事责任年龄，既体现了刑法的谦抑性和与时俱进的态度，也以审慎的态度回应了民众的关切。

由上述论述可知，在判断未成年人是否对特定犯罪行为承担刑事责任时，年龄认定问题尤为重要。在《最高人民法院公报》2018 年第 1 期登载的上海市长宁区人民检察院诉韩某某盗窃案中，被告人韩某某对被检察院指控、法院查明的盗窃事实和罪名均无争议，案件争议焦点是被告人韩某某的年龄认定问题。为了证实被告人的出生日期，判断被告人实施犯罪行为时是否为未成年人，上海市长宁区人民法院穷尽证据调查和证明手段，通过调取档案资料、听取当事人陈述和走访邻居等证人、开展司法骨龄鉴定等方式，尽力收集所有证据。最终根据掌握的韩某某陈述与部分证人证言相互印证、与学籍资料中的初中入学日期以及司法骨龄鉴定中存在的未成年人年龄段的鉴定意见没有矛盾等现有证据材料，依法推定被告人韩某某实施被指控的犯罪时已满 16 周岁不满 18 周岁，系未成年人，应当从轻处罚。

70. 未成年人盗窃或者诈骗亲属财物的行为是否构成犯罪？

审理未成年人刑事案件，贯彻"教育为主、惩罚为辅"的原则，故针对未成年人犯罪的相关情况，我国出台相关司法解释进行进一步的规定。根据《最高人民法院关于审理未成年人刑事案件具体应用法律若干问题的

---

① 《最高检发布〈未成年人检察工作白皮书（2020）〉》，载最高人民检察院网上发布厅 2021 年 6 月 1 日，https://www.spp.gov.cn/spp/xwfbh/wsfbt/202106/t20210601_519930.shtml#1。

解释》第九条第三款的规定,"已满十六周岁不满十八周岁的人盗窃自己家庭或者近亲属财物,或者盗窃其他亲属财物但其他亲属要求不予追究的,可不按犯罪处理"。我国《刑法》规定,未满 16 周岁的未成年人盗窃、诈骗的,均不负刑事责任。已满 16 周岁不满 18 周岁的人盗窃自己家庭或近亲属财物的,不负刑事责任;盗窃其他亲属但其他亲属要求不予追究的,不负刑事责任。

针对未成年人诈骗亲属财物的行为,《最高人民法院、最高人民检察院关于办理诈骗刑事案件具体应用法律若干问题的解释》第四条规定,诈骗近亲属的财物,近亲属谅解的,一般可不按犯罪处理。诈骗近亲属的财物,确有追究刑事责任必要的,具体处理也应酌情从宽。我国《刑法》对于未成年人诈骗亲属财物的行为并无特殊规定,已满 16 周岁未满 18 周岁的未成年人诈骗亲属财物的,仍应适用上述解释。

因此,未成年人盗窃或者诈骗亲属财物的行为,可不按犯罪处理,不负刑事责任。

第五章　对重新犯罪的预防

71. 为什么要重视对未成年人重新犯罪的预防？

未成年人犯罪是各国常见的社会性问题之一。2016年《中国的司法改革》白皮书显示，中国未成年人重新犯罪率基本控制在1%到2%，这项统计结果限定的年龄范围是初次犯罪和再次犯罪时均未成年，所以比例看起来较低。然而有相当一部分涉罪未成年人是在临界成年时再次犯罪，因此实际数据更高。最高人民检察院第三检察厅厅长史卫忠表示，"一些未成年人年龄很小的时候出现不良行为，甚至违法犯罪，因为没有得到适当矫正干预，甚至因此在违法犯罪道路上越走越远，犯罪性质、危害后果越来越严重"。未成年人是祖国的未来，民族的希望，是社会主义现代化建设的后备力量，预防未成年人犯罪及重新犯罪是保障未成年人健康发展的重要课题，其重要性主要体现在以下几个方面。

第一，由于未成年人生理不成熟，无法有效控制自身的情绪与行为，激情犯罪的情况较为突出，因此未成年人更容易重新犯罪。且由于未成年人普遍缺乏法律意识，对社会认知较浅，多数犯罪动机幼稚，相比成年犯罪者而言对于未成年犯罪者的教育成效较快，接受矫治教育能大大减少再犯可能性。从未成年人的生理状况出发，由于未成年人处于成长发育期，是思维活跃、精力旺盛的阶段，对于外界事物的反应普遍较为激烈，容易盲目模仿或被教唆挑动，导致冲动过激实施犯罪行为。这种基于生理性的原因存在一定的不可控因素，司法机关工作人员及相关单位在刑事诉讼和后续的矫治措施中应多一些包容和谅解，给予未成年人犯罪者自省的空间。

第二，因未成年人心智不成熟，重视未成年人重新犯罪的预防能有效防止"贴标签"的情况。"标签理论"是借鉴了社会学理论中的符号互动理论来对犯罪原因进行解释的一组理论。该理论认为，社会将一些实施了背离主流社会规范行为的人定位为犯罪者，一旦这些人认同、内化了这些标签，对自我的形象进行偏向化塑造，则极有可能从自己错误拟造的身份定位出发，再次实施犯罪。未成年人的心智发展并不成熟，正处于建构三观、塑造人格的重要人生阶段，与一般成年人的心理承受能力及对自身的价值评判有重大差距。"犯罪标签"会严重阻碍他们主客观上正常社会化的进程，对他们再次顺利走向社会造成负面影响，以至于极大地增加了未成年人的再犯可能性。对未成年人重新犯罪的预防就是"撕标签"的过程。撕去犯罪者标签能够帮助未成年人摆脱标签所标定的固有形象，完成良性的社会化过程，让初犯未成年人能够认识自己的错误并在心理上实现身份的转变。

第三，未成年人重新犯罪更多是因为家庭教育关怀的缺失，因此需要通过加大对未成年人的关怀来重视对未成年人重新犯罪的预防。据统计，全国法院审结的未成年人犯罪事件中，来自流动家庭、离异家庭、留守家庭、单亲家庭、再婚家庭的未成年人排名第五[1]，充分体现了上述家庭中的相关因素对未成年人健康成长影响巨大，原生家庭成员在自身行为上的过失与家庭教育上的欠缺都极有可能刺激和影响未成年人的健康成长，导致其心理畸变。所以重视对未成年人重新犯罪的预防，一方面能维护社会的稳定和公众安全，另一方面也是对未成年人犯罪者自身的救赎，是对他们过去缺失的关注和教育的一种补偿。

第四，未成年人重新犯罪对社会危害性更大。未成年犯罪者回归社会后缺乏经济来源且就业技能缺失，在这种情况下极其容易重新犯罪。对于那些在刑满后无法回到学校继续受教育，直接进入社会的未成年犯罪者，他们受自身文化程度及工作技能的限制，无法适应发展迅速的社会，也很难找到一份适合自身的工作，逐渐与社会脱节，甚至连基本的生计都无法维持。在这种情况下，心智不成熟的未成年人就极易形成自卑心理，对自我及社会都缺乏信心，甚至会出现报复社会等极端心态，在面临犯罪的"诱惑"时不能控制自己，最终会走上再次犯罪的道路。

综上，出于对未成年人健康成长及社会稳定等多方面考虑，政府、学校及相关部门应当对预防未成年人重新犯罪予以高度重视并制定相应对策。

---

[1] 郑佩佩：《未成年人犯罪行为现状与预防》，载《中国教工》2020年第9期。

72. 为预防未成年人重新犯罪，司法机关在办理未成年人刑事案件时应当注意什么？

首先，根据《预防未成年人犯罪法》第五十条的规定，司法机关应当根据未成年人的生理、心理特点和犯罪的情况，有针对性地进行法治教育，并邀请法定代理人或者其他有帮助的亲属或老师等参与教育活动。

其次，《预防未成年人犯罪法》第五十一条规定，公安机关、人民检察院、人民法院办理未成年人刑事案件，可以自行或者委托有关社会组织、机构对未成年犯罪嫌疑人或者被告人的成长经历、犯罪原因、监护、教育等情况进行社会调查；根据实际需要并经未成年犯罪嫌疑人、被告人及其法定代理人同意，可以对未成年犯罪嫌疑人、被告人进行心理测评。司法机关可以对未成年人犯罪者的社会及心理情况进行评估，前者可由司法机关自行或委托社会组织或团体针对未成年人的情况进行社会调查；而对于后者司法机关须经未成年犯罪嫌疑人、被告人以及法定代理人同意后方可进行。在刑事诉讼和矫治教育等过程中，社会调查和心理测评的报告可作为办理案件以及教育未成年人的参考。

在办理刑事案件的过程中，司法机关必须给予适用取保候审的未成年人充分保护。《刑事诉讼法》规定，在刑事诉讼中，司法机关对满足一定条件、罪行较轻或者患有严重疾病生活不能自理、正处于哺乳期或妊娠期的犯罪嫌疑人、被告人可采取取保候审的刑事强制措施。司法机关在对犯罪嫌疑人、被告人作出取保候审决定后，应当责令犯罪嫌疑人、被告人提出保证人或者交纳保证金。依照《预防未成年人犯罪法》第五十二条的规定，为保护未成年犯罪嫌疑人或被告人权益，帮助未成年人尽快回归正常生活，针对可适用取保候审措施但无固定居所、无法提供保证人的未成年人，司法机关应当指定合适成年人担任保证人，必要时可安排取保候审的未成年人接受社会观护。《预防未成年人犯罪法》第四十一条第八项规定，社会观护即指社会组织、企事业单位、人民团体和其他组织和个人在适当场合对未成年人进行教育、监督和管束。

被拘留、逮捕以及正在执行刑罚的未成年人还应当和成年人分别关押，未成年人的社区矫正应与成年人分别进行。相对成年人而言，未成年人的心智尚不成熟，偏好模仿学习，容易受到他人的教唆挑拨，与成年犯罪违法人员分别关押、分开进行矫治教育能达到隔离的效果；且未成年犯罪人员的身心情况比较特殊，要达到良好的教育成果，对症下药是关键。社区矫正机构应当根据未成年犯罪人员的身心特征，结合特定人员的心理状况、原生家庭、发育情况、成长经历以及犯罪原因采取有针对性的矫治措施。

最后，司法机关应当配合其他相关部门保障被拘留、逮捕以及正在执行刑罚的未完成义务教育的未成年人继续接受义务教育。《义务教育法》第二条规定，国家实行九年义务教育制度，义务教育是国家统一实施的所有适龄儿童、少年必须接受的教育，是国家必须予以保障的公益性事业。我国现行《未成年人保护法》明确规定，要保护未成年人的合法权益，未成年违法犯罪人员的合法权益应受司法保护。在司法活动中，司法部门应当依法履行职责，保护未成年人合法权益。义务教育是未成年人进入社会的踏板，义务教育阶段的学习内容是未成年人构建知识体系的基石。我国有数万未成年劳教人员和犯罪人员，他们需要接受国家提供的均等的受教育机会和条件，通过学习才能获得顺利进入社会并被社会其他民众接受的机会。司法机关必须积极与教育行政部门进行接洽商讨，密切关注未成年犯罪人员的学籍情况、课时规划以及教育内容等问题，为未成年违法犯罪人员接受义务教育的权利提供有效的司法保护。

73. 司法机关应当邀请哪些人参与对涉罪未成年人的教育活动？

《预防未成年人犯罪法》第五十条规定，公安机关、人民检察院、人民法院办理未成年人刑事案件，应当根据未成年人的生理、心理特点和犯罪的情况，有针对性地进行法治教育。对涉及刑事案件的未成年人进行教育，其法定代理人以外的成年亲属或者教师、辅导员等参与有利于感化、挽救未成年人的，公安机关、人民检察院、人民法院应当邀请其参加有关活动。

2021年1月20日，最高人民法院举行新闻发布会，发布《最高人民法院关于加强新时代未成年人审判工作的意见》。最高人民法院研究室副主任周加海表示，对未成年犯罪人，特别是低龄的未成年犯罪人，不能一判了之、一关了之，而是要认真做好教育、感化、挽救工作。所以，犯罪学研究表明，未成年人实施犯罪行为的原因是非常复杂的，除了未成年人本身的心理原因、生理原因之外，还涉及家庭、社会等因素。《预防未成年人犯罪法》第十二条指出，预防未成年人犯罪，应当结合未成年人不同年龄的生理、心理特点，加强青春期教育、心理关爱、心理矫治和预防犯罪对策的研究。司法机关在进行对未成年人的教育活动时，应当充分考虑未成年人成长过程中的综合性因素，对症下药；不应将主体局限于专门教育工作者及司法机关工作人员，使教育活动流于形式，而是需要以实质性有效的教育成果作为最终目标，尽可能利用一切社会资源感化、挽救未成年犯。根据朋辈支持理论，未成年人的朋辈与其有更为接近的社会生活经历及成长环境，在爱好、价值观以及文化背景有高度的相似性。这种高度相似性会为接受矫治教育的未成年人相较于笼统地提供教育者带来更为深层次的信赖感和亲切感，以至于更为顺利地推动辅导教育进程。与之类似，在未成年人实施犯罪行为之前已经与其建立了良好关系的亲属、教师或辅导员等同样能在教育活动中积极有效地建立帮助者与帮助对象之间的信任以及合理的情感互动，将教育活动从单向的辅导式活动转化为双向的情感交流。熟人帮扶能给予未成年人更贴合特定生活经历与成长历程的关怀帮助，找出其内在的心理症结。

综上，在对涉罪未成年人的教育活动中，司法机关应当邀请有利于推进对涉罪未成年人教育活动的人员参与，包括未成年人的父母或法定代理人及其他成年亲属、教师、辅导员等人员。

74. 讯问和审判涉罪未成年人，哪些人需要到场？

未成年人犯罪，是当今世界各国十分重视的一个社会问题，而在惩罚犯罪的同时，如何有效保障未成年犯罪嫌疑人在刑事诉讼中的权利显得尤为重要。为保护涉罪未成年人的合法权益，传统的未成年人刑事司法中要求未成年人的法定代理人参与。但在很多情况下涉罪未成年人的法定代理人，由于各种原因无法或不宜参与。比如，有的未成年人是外来务工人员，父母在老家无法到场；有的未成年人自己拒绝透露家人的联系方式；有的未成年人的父母本身不愿意到场配合工作。为解决这一难题，有效保障未成年人的合法权益，我国2012年修正的《刑事诉讼法》第二百七十条对原刑事诉讼法的法定代理人参与制度进行了重大修改，不但规定"对于未成年人刑事案件，在讯问和审判的时候，应当通知未成年犯罪嫌疑人、被告人的法定代理人到场"，将法定代理人的参与由原来的选择性规则升格为强制性规则，而且规定"无法通知、法定代理人不能到场或者法定代理人是共犯的，也可以通知未成年犯罪嫌疑人、被告人的其他成年亲属,所在学校、单位、居住地基层组织或者未成年人保护组织的代表到场,并将有关情况记录在案",2018年修正的现行《刑事诉讼法》第二百八十一条沿用这一规定:"对于未成年人刑事案件,在讯问和审判的时候,应当通知未成年犯罪嫌疑人、被告人的法定代理人到场。无法通知、法定代理人不能到场或者法定代理人是共犯的,也可以通知未成年犯罪嫌疑人、被告人的其他成年亲属,所在学校、单位、居住地基层组织或者未成年人保护组织的代表到场,并将有关情况记录在案。到场的法定代理人可以代为行使未成年犯罪嫌疑人、被告人的诉讼权利。到场的法定代理人或者其他人员认为办案人员在讯问、审判中侵犯未成年人合法权益的,可以提出意见。讯问笔录、法庭笔录应当交给到场的法定代理人或者其他人员阅读或者向他宣读。"

因此,根据法律规定,讯问和审判未成年犯罪嫌疑人、被告人,需要到场的主体是未成年犯罪嫌疑人、被告人的法定代理人,在法定代理人无法参与的情况下,可以通知未成年犯罪嫌疑人、被告人的其他成年亲属,所在学校、单位、居住地基层组织或者未成年人保护组织的代表到场。法定代理人以外的需要到场的人也被称为合适成年人。

讯问和审判未成年犯罪嫌疑人、被告人,到场的法定代理人或其他人员的职责是保护未成年人合法权益,根据《刑事诉讼法》规定,具体而言:第一,可以代为行使未成年犯罪嫌疑人、被告人的诉讼权利,这是法定代理人独有的权利;第二,认为办案人员在讯问、审判中侵犯未成年人合法权益的,可以提出意见;第三,讯问笔录、法庭笔录应当交给到场的法定代理人或者其他人员阅读或者向他宣读保护未成年人的合法权益。对于《刑事诉讼法》规定的法定代理人提出意见权,《公安机关办理刑事案件程序规定》第三百二十三条第二款规定:"到场的法定代理人或者其他人员提出侦查人员在讯问中侵犯未成年人合法权益的,公安机关应当认真核查,依法处理。"《人民检察院刑事诉讼规则》第四百六十五条第四款规定,"到场的法定代理人或者其他人员认为检察人员在讯问中侵犯未成年犯罪嫌疑人合法权益提出意见的,人民检察院应当记录在案。对合理意见,应当接受并纠正"。

值得注意的是,法定代理人和其他人员参与讯问和审判程序中的职责有所不同。到场的法定代理人可以代为行使未成年犯罪嫌疑人、被告人的诉讼权利，未成年人刑事案件审判中，在未成年被告人最后陈述后，可以进行补充陈述。这是法定代理人的特殊职责，其他到场人员不能行使。

75. 什么是合适成年人？对其在预防未成年人重新犯罪方面有何要求？

根据《刑事诉讼法》的规定，当未成年犯罪嫌疑人、被告人接受讯问，被害人、证人接受询问时，法定代理人应该到场。法定代理人不能到场的，可以由其他成年亲属，所在学校、单位、居住地基层组织或者未成年人保护组织的代表到场保障未成年人的诉讼权益，这些人被统称为合适成年人。合适成年人参与未成年人刑事司法的过程中，代为行使法定代理人的部分诉讼权利，并履行监督、沟通、抚慰、教育等职责，从而保障未成年犯罪嫌疑人、被告人合法权益的制度，被称为合适成年人制度。该制度源于1972年发生于英国的肯费特案，后来在欧美国家被普遍确立，同时也被联合国《儿童权利公约》所吸收。

我国于2003引入合适成年人参与制度，首先在云南省昆明市盘龙区、上海市、福建省厦门市等地展开试点工作。通过十余年的摸索，各地分别发展出各具特色的合适成年人参与制度。2012年《刑事诉讼法》吸收了上述三地的经验做法，虽未采用"合适成年人"这一表述，但在"特别程序"一编中对合适成年人参与制度作出了实质性的规定，且在2018年修正后的《刑事诉讼法》中予以沿用："对于未成年人刑事案件，在讯问和审判的时候，应当通知未成年犯罪嫌疑人、被告人的法定代理人到场。无法通知、法定代理人不能到场或者法定代理人是共犯的，也可以通知未成年犯罪嫌疑人、被告人的其他成年亲属，所在学校、单位、居住地基层组织或者未成年人保护组织的代表到场，并将有关情况记录在案。"同时规定了询问未成年被害人、证人也适用该款规定。至此，我国立法实质性地确立了合适成年人制度。

合适成年人参与未成年人刑事案件中主要发挥以下功能：一是沟通功能。未成年人的年龄正处于人生发展的重要阶段，无论是承受力还是理解力都存在一定的欠缺，身心不够成熟，因此在接受讯问时，会出现不理解问题的现象发生，也会出现言不由衷、背离现实等问题，这些都为刑事案件的办理带来了一定的困难。合适成年人的参与一方面能够帮助未成年人理解讯问中的问题，另一方面也有利于增强沟通的效率。二是抚慰功能。公检法机关的特征在于庄重、严肃，对抗性较强，在接受讯问的过程中，未成年人很容易出现畏惧、紧张、恐慌等不良反应，不能顺利地回答公检法机关提出的问题。这时合适成年人的参与能够较大程度上地解决这些问题。三是教育功能。未成年人之所以会步入歧途、出现违法犯罪的行为，与所受的教育情况有着不可分割的联系。合适成年人在介入的过程中就能对其进行教育，遵循"教育为主、惩罚为辅"的基本原则。四是监督功能。在讯问过程中，刑讯逼供、威逼利诱等非法行为时有发生，再加上未成年人很容易受到外界的影响，应对能力比较弱，导致非法讯问行为的现象更加严重。当合适成年人参与讯问过程中后，能够约束公检法机关的行为，避免出现侵犯未成年人合法权益的现象。

《预防未成年人犯罪法》第五十条规定："公安机关、人民检察院、人民法院办理未成年人刑事案件，应当根据未成年人的生理、心理特点和犯罪的情况，有针对性地进行法治教育。对涉及刑事案件的未成年人进行教育，其法定代理人以外的成年亲属或者教师、辅导员等参与有利于感化、挽救未成年人的，公安机关、人民检察院、人民法院应当邀请其参加有关活动。"在预防未成年人重新犯罪方面合适成年人主要发挥教育功能。应当做到以下几点。

第一，根据未成年人的生理、心理特点，进行有效的沟通和教育。合适成年人懂得一些心理学、教育学的相关知识，能够与未成年人进行良好的沟通交流，可以缓解未成年人的不良心理状态，更容易得到未成年人的信任和接受，能够起到更显著的教育效果。如果不能了解未成年人的心理特点，难以得到未成年人的认同，无法从根本上改变未成年人的思想，对未成年人教育的效果将大打折扣。

第二，与未成年人建立良好的关系，进行感化教育。与未成年人建立良好的关系，不会引起未成年人的反感和抗拒。选择合适成年人时，应当注意选择未成年人比较亲近的亲属或者比较尊重的老师等利于感化、挽救未成年人的人。未成年人的身心不够成熟，容易意气用事，情绪化较为严重，存在一定程度的叛逆心理。如果选择未成年人反感和抗拒的人进行教育，可能起到适得其反的效果。

第三，了解相关法律知识，针对未成年人的犯罪情况进行教育。预防未成年人重新犯罪，最主要的就是要对未成年人进行法治教育，让未成年人了解法律知识，认识到违法的严重后果，形成守法意识，真正回归社会成为遵纪守法的公民。这不仅需要合适成年人了解未成年人的心理特点，具有良好的沟通能力，还需要合适成年人具有丰富的法律知识，这样才能对未成年人有针对性地进行法治教育。

76. 少年法庭受理案件的范围和特别程序有哪些？

少年法庭是专门处理未成年人犯罪案件的审判组织，包括专门审理涉及未成年人刑事、民事、行政案件的审判庭、合议庭、审判团队以及法官。自 1984 年 10 月上海市长宁区人民法院成立我国大陆第一个少年法庭以来，我国少年法庭制度的探索和发展至今已有三十多个年头。长期以来，在最高人民法院的总结和推广下，全国各地法院也进行了各具特色的探索，包括少年刑事审判庭、未成年人案件综合审判庭、少年家事审判庭、未成年人刑事案件专项合议庭等，为健全完善少年审判机构的设置作出了有益探索，有力推动了少年审判工作的创新发展。

各地法院在立足少年审判职能定位的基础上，推进少年法庭建设、加强少年审判工作，全面维护未成年人合法权益，依法审理各类涉未成年人案件，积极探索并拓展少年法庭受理案件范围。2021 年最高人民法院发布的《关于加强新时代未成年人审判工作的意见》（以下简称《意见》）指出，要深化涉及未成年人案件综合审判改革，将与未成年人权益保护和犯罪预防关系密切的涉及未成年人的刑事、民事及行政诉讼案件纳入少年法庭受案范围。有条件的人民法院，可以根据未成年人案件审判工作需要，在机构数量限额内设立专门审判庭，审理涉及未成年人刑事、民事、行政案件。不具备单独设立未成年人案件审判机构条件的法院，应当指定专门的合议庭、审判团队或者法官审理涉及未成年人案件。《意见》对少年法庭受理的案件范围作出了具体规定。《意见》第六条规定，被告人实施被指控的犯罪时不满 18 周岁且人民法院立案时不满 20 周岁的刑事案件，应当由少年法庭审理。第七条规定："下列刑事案件可以由少年法庭审理：（1）人民法院立案时不满二十二周岁的在校学生犯罪案件；（2）强奸、猥亵等性侵未成年人犯罪案件；（3）杀害、伤害、绑架、拐卖、虐待、遗弃等严重侵犯未成年人人身权利的犯罪案件；（4）上述刑事案件罪犯的减刑、假释、暂予监外执行、撤销缓刑等刑罚执行变更类案件；（5）涉及未成年人，由少年法庭审理更为适宜的其他刑事案件。未成年人与成年人共同犯罪案件，一般应当分案审理。"第八条规定："下列民事案件由少年法庭审理：(1)涉及未成年人抚养、监护、探望等事宜的婚姻家庭纠纷案件，以及适宜由少年法庭审理的离婚案件；(2)一方或双方当事人为未成年人的人格权纠纷案件；(3)侵权人为未成年人的侵权责任纠纷案件，以及被侵权人为未成年人，由少年法庭审理更为适宜的侵权责任纠纷案件；(4)涉及未成年人的人身安全保护令案件；(5)涉及未成年人权益保护的其他民事案件。"第九条规定："当事人为未成年人的行政诉讼案件，有条件的法院，由少年法庭审理。"

上海市长宁区人民法院作为中国大陆第一个设立少年法庭的法院，在少年法庭建设的探索和创新上始终走在全国前列。根据《刑事诉讼法》、《中华人民共和国人民法院组织法》、《未成年人保护法》和《预防未成年人犯罪法》等法律的有关规定，在未成年人案件司法实践中，长宁区法院逐步探索出圆桌审判、社会调查、法庭教育、法定代理人出庭、分案审理、帮教矫治、轻罪封存等少年法庭特别程序制度。

圆桌审判制度。圆桌审判是审判时法官、公诉人等与被告人同坐一圆桌上进行交流。圆桌审判营造了富有人性化、亲和力的宽松庭审环境，有助于缓解未成年被告人对庭审的恐惧和抵抗情绪，使未成年被告人更容易接受审判、接受教育和接受改造，提高庭审效果。

法庭教育制度。在案件审理程序中增设根据社会调查情况进行法庭教育阶段，通过特定的法庭教育方式对未成年被告人进行认罪悔罪教育，增强法律意识和道德观念教育，接受处罚和劳动改造的心理承受力教育以及世界观、人生观、价值观教育，促其改过自新。

法定代理人出庭制度。在审判区域内增设法定代理人席位，发挥法定代理人帮助行使诉讼权利和共同开展帮教的积极作用，缓解犯罪未成年人紧张心理。同时注重对法定代理人进行教育，促其履行监护职责，帮助罪错子女重塑人生。

分案审理制度。对未成年人罪犯的处理与成年人罪犯有所区别，对未成年人罪犯采取专人办理，分押分管。对未成年人的监禁是在与成年人分离的场所执行，案件审理与成年被告人分开进行，案件也由专门人员办理，避免交叉感染，避免未成年人犯罪信息外泄。

帮教矫治制度。协助未成年犯管教所和社区矫正部门做好帮教和矫治管理工作，促使未成年犯真诚接受教育改造，解决异地户籍未成年被告人不具备监管条件而难以宣告缓刑的问题，为其适用缓刑后落实帮教创造良好条件。在宣告缓刑时视情发出禁止令，细化操作规程做到准确和审慎适用，同时采取电子信息采集等措施，提高禁止令适用效果，实现判前各方帮教与判后社区矫治无缝衔接。

轻罪封存制度。对正在审理的案件落实有关未成年人轻罪免除报告义务，在轻罪案件判决生效后的卷宗上标注"封存"字样，限制公开，通过信息化管理手段，建立并严格执行封存档案查阅分级审批权限管理制度。

77. 未成年人刑事案件社会调查制度是什么？

未成年人刑事案件社会调查制度是指公安机关、人民检察院、人民法院办理未成年人刑事案件时，对未成年犯罪嫌疑人、被告人的成长经历、犯罪原因、监护教育等情况进行调查。《预防未成年人犯罪法》第五十一条规定，公安机关、人民检察院、人民法院办理未成年人刑事案件，可以自行或者委托有关社会组织、机构对未成年犯罪嫌疑人或者被告人的成长经历、犯罪原因、监护、教育等情况进行社会调查。社会调查制度的具体内容包括：第一，社会调查的主体。根据《刑事诉讼法》的规定，公安机关、人民检察院和人民法院构成了组织开展社会调查的主体。最高人民检察院《人民检察院刑事诉讼规则》第四百六十一条规定，人民检察院开展社会调查，可以委托有关组织和机构进行。《最高人民法院关于适用〈中华人民共和国刑事诉讼法〉的解释》第五百六十八条指出：必要时，人民法院可以委托社会矫正机构、共青团、社会组织等对未成年被告人的上述情况进行调查，或者自行调查。可见，司法机关是社会调查工作的责任主体，统筹社会调查工作的开展。在具体的社会调查实施过程中，司法部门可以委托社会力量来具体执行，特别是专业社会力量在社会调查中被赋予更加重要的地位。第二，社会调查的内容。《刑事诉讼法》规定了公检法等主体的调查内容：对未成年犯罪嫌疑人、被告人的成长经历、犯罪原因、监护教育等情况进行调查。2017年最高人民检察院发布的《未成年人刑事检察工作指引（试行）》第三十六条指出社会调查的内容主要包括：（1）个人基本情况，包括未成年人的年龄、性格特点、健康状况、成长经历（成长中的重大事件）、生活习惯、兴趣爱好、教育程度、学习成绩、一贯表现、不良行为史、经济来源等。（2）社会生活状况，包括未成年人的家庭基本情况（家庭成员、家庭教育情况和管理方式、未成年人在家庭中的地位和遭遇、家庭成员之间的感情和关系、监护人职业、家庭经济状况、家庭成员有无重大疾病或遗传病史等）、社区环境（所在社区治安状况、邻里关系、在社区的表现、交往对象及范围等）、社会交往情况（朋辈交往、在校或者就业表现、就业时间、职业类别、工资待遇、与老师、同学或者同事的关系等）。(3) 与涉嫌犯罪相关的情况，包括犯罪目的、动机、手段、与被害人的关系等；犯罪后的表现，包括案发后、羁押或取保候审期间的表现、悔罪态度、赔偿被害人损失等；社会各方意见，包括被害方的态度、所在社区基层组织及辖区派出所的意见等，以及是否具备有效监护条件、社会帮教措施。(4) 认为应当调查的其他内容。在实践中，对涉罪未成年人社会调查所应包含内容呈现出丰富和全面的特点，这样做的目的就在于对调查对象有更全面深入的了解。

在未成年人刑事审判案件中适用社会调查制度具有重要的现实意义：一方面，法院可以通过未成年人的社会调查报告，深入了解未成年人走向犯罪道路的原因并掌握未成年罪犯的犯罪动机，以及该未成年罪犯在审判过程中所产生的心理上的变化，寻找教育和挽救的突破口，这更有利于未成年罪犯改过自新、回归社会。另一方面，在处理未成年人刑事案件中，社会调查报告对未成年被告人的量刑有重要的影响。根据《预防未成年人犯罪法》第五十一条规定，社会调查报告可以作为办理案件和教育未成年人的参考。社会调查报告能够证明未成年人的人身危险性，而这是重要的量刑情节之一，因而社会调查报告是对未成年被告人量刑的重要参考依据。根据未成年人社会调查报告中所搜集的有关未成年罪犯的性格、心理发育状况、家庭环境、社会经历等因素，法官更容易作出正确的判断，适当量刑，从而实现预防和矫治未成年人犯罪的目的。

上海市长宁区人民法院自 1988 年 10 月起在刑事审判中最早实行社会调查制度。1995 年 10 月，上海市长宁区人民法院首次将未成年被告人家庭情况和社会情况、犯罪前后表现情况，非监禁式监护帮教条件以及社会危害性和重犯可能性进行心理评估，将社会调查内容引入开庭审理中，通过落实社会调查员出庭，将调查报告纳入质证范围，为法官正确适用法律、准确量刑提供客观参考依据。1996 年 1 月，上海市长宁区人民法院探索将社会调查报告内容写入判决书中加以阐明，并被最高人民法院下发的《法院刑事诉讼文书补充样式》（样本）所吸收，这也为法院当庭开展教育、协助庭后帮教延伸工作夯实了基础。2015年7月起,上海市长宁区人民法院将随案移送社会调查报告作为法院刑事立案受理条件之一。同时,在案件判决生效后,将社会调查报告随判决书一并送达未成年犯管教所、社区矫正机构等执行机关,形成了逐级移送机制。上海市长宁区人民法院在未成年人刑事案件适用社会调查制度工作中,严格按照相关法律规定,不断探索和创新,取得了良好的效果,积累了丰富的经验,使少年审判工作更加具有科学性和有效性。

78. 如何对涉罪未成年人进行心理矫治和认知调整?

对涉罪未成年人进行心理矫治和认知调整能有效防止未成年人重新犯罪。2012年《刑事诉讼法》新增对涉罪未成年人的教育与矫治的规定以来,我国许多地方检察机关、司法行政机关主导进行了针对涉罪未成年人的心理辅导与矫治机制改革。调查显示,在未进行涉罪未成年人心理辅导与矫治改革的地区,重新犯罪问题相对较为突出,进行涉罪未成年人心理辅导与矫治改革的地区,未成年人的重新犯罪率受到了较好的控制。《预防未成年人犯罪法》《未成年人保护法》等法律法规要求,公安机关、人民检察院、人民法院办理未成年人犯罪案件,应当照顾未成年人"身心发展特点",根据未成年人的生理、心理特点和犯罪的情况,有针对性地进行法治教育。一系列司法解释、部门规章、规范性文件,如最高人民法院《关于审理未成年人刑事案件具体应用法律若干问题的解释》、最高人民检察院《关于进一步加强未成年人刑事检察工作的决定》、最高人民检察院《人民检察院办理未成年人刑事案件的规定》、公安部《公安机关办理未成年人违法犯罪案件的规定》等进一步明确在处理未成年人案件时,应当考虑未成年人的"生理和心理特点"。《社区矫正实施办法》规定,对社区矫正人员要采取有针对性的监督管理、教育帮扶措施,有针对性地开展教育矫正活动。这些都为涉罪未成年人的心理辅导与矫治机制改革提供了法律和政策上的依据。但这些相关规定还较为原则化,司法实践中,各地已经进行了有效的探索。根据相关法律规定,结合司法实践经验,对涉罪未成年人进行心理矫治和认知调整应该做到以下几点。

第一,心理矫治和认知调整需要贯彻整个诉讼过程。在整个诉讼阶段,人民法院、人民检察院、公安机关、司法行政机关应与心理辅导与矫治人员密切合作,对涉罪未成年人进行系统的心理辅导与矫治。在立案、侦查阶段，通过交付专业机构进行统一的心理测试，对未成年犯罪嫌疑人性格特征、恶性程度和重犯的可能性等进行判断；在审前程序非羁押措施、不起诉决定风险评估中，对未成年犯罪嫌疑人进行社会调查，了解其生理、心理特征，成长经历和环境，作为裁量依据；在审判阶段，检察机关将审前程序的心理测试、心理辅导与矫治情况作为量刑建议的一部分提交法庭，法院往往将之作为是否判处非罪处理、非监禁刑时的裁量依据之一；在执行阶段，未成年犯管教所、社区矫正机构应当对未成年犯、未成年社区矫正对象加强法治教育。检察机关未检科、少年法庭与司法行政机关基层工作科之间定期举行联席会议。未成年人的父母或者其他监护人和学校、居民委员会、村民委员会对接受社区矫正、刑满释放的未成年人，应当采取有效的帮教措施，协助司法机关及有关部门做好安置帮教工作。

第二，对涉罪未成年人进行心理辅导与矫治，应当由具有专门知识的人员进行。心理辅导与矫治人员不仅要有健康的人格素质，还要熟悉医学心理学、精神病学、社会心理学等相关学科知识。心理辅导与矫治一般应由具有心理咨询师资格的人员主持进行。在缺乏心理咨询师的地区，政府可发展专职社工队伍，对其进行心理学培训，由其负责涉罪未成年人的心理辅导与矫治工作。在涉罪未成年人心理辅导与矫治中，相关办案人员应掌握必要的心理学知识。

第三，对涉罪未成年人进行心理辅导与矫治，应当制订符合其心理特征的心理辅导与矫治方案，采取有针对性的措施。相关人员密切合作，及时了解涉罪未成年人的心理状态、行为特点等情况。对于有心理问题的，应当采取针对性措施进行心理辅导，矫治其违法犯罪心理，提高其适应社会能力。对涉罪未成年人进行心理辅导与矫治需要帮助他们确立乐观的生活态度，完善社会生存和发展方面的技能。在具体措施上，可以推广适用一些中间制裁措施，如军训式矫正中心、每日报告制度、住宅监禁（带电子监控和不带电子监控）、以社区服务为形式的强制劳动等。一些特色化的心理辅导与矫治辅助手段，如组织涉罪未成年人观摩少管所的反思教育节目、技能培训网络课堂等，也可予以推广。

第四，完善心理矫治的配套措施。一方面，要发展以社区为基础的心理咨询。就涉罪未成年人而言，心理辅导与矫治应该免费、容易获取、没有风险，这是提升他们接受心理咨询自愿性的重要方面。要实现这一目标，在根本上，不仅要依据正当法律程序及发达先进的心理科学，还要密切结合社区建设，提升心理咨询师的数量和质量，促进心理辅导与矫治的社区化。只有形成一种关注心理健康的公民文化，才能消除对心理咨询的畏惧和排斥。另一方面，要平等对待经过心理辅导与矫治回归社会后的未成年人，不应使其受到歧视。完善犯罪记录封存制度，未成年人的犯罪记录依法被封存的，公安机关、人民检察院、人民法院和司法行政部门不得向任何单位或者个人提供，除司法机关因办案需要或者有关单位根据国家有关规定进行查询的外。废除在就业、上学、服兵役等方面针对涉罪未成年人的歧视性规定。除了一些特殊行业和岗位予以必要的限制外，如不得从事航空业、不得担任勤务兵等，政府应保障这些人获得公平的、有尊严的对待。

79. 对于无固定住所、无法提供保证人的未成年人如何适用取保候审？

根据我国《预防未成年人犯罪法》第五十二条的规定，公安机关、人民检察院、人民法院对于无固定住所、无法提供保证人的未成年人适用取保候审的，应当指定合适成年人作为保证人，必要时可以安排取保候审的未成年人接受社会观护。对于该问题的分析主要涉及三个方面，一是对涉罪未成年人应当优先适用非羁押的强制措施，二是对合适成年人资格的探讨，三是对社会观护帮教的思考。

首先，我们应当明确取保候审的概念与适用情形。取保候审也即我们日常生活中所称的"保释"，即在法律规定的可以准许取保候审的情形下，由已到案的犯罪嫌疑人提供保证人或保证金便将其释放，以在监外等候审判的一种刑事强制措施，该种措施为非羁押的强制措施，体现了刑法的无罪推定原则和法律的人道主义精神。根据我国《刑事诉讼法》第六十七条的规定，人民法院、人民检察院和公安机关对有下列情形之一的犯罪嫌疑人，可以取保候审：（1）可能判处管制、拘役或者独立适用附加刑的；（2）可能判处有期徒刑以上刑罚，采取取保候审不致发生社会危险性的；（3）患有严重疾病、生活不能自理，怀孕或者正在哺乳自己婴儿的妇女，采取取保候审不致发生社会危险性的；（4）羁押期限届满，案件尚未办结，需要采取取保候审的。《刑事诉讼法》第六十八条还规定了，被决定采取取保候审的犯罪嫌疑人、被告人须提出保证人或者缴纳保证金。

其次，对于涉罪未成年人我们更应优先使用非羁押的强制措施，以减轻对涉罪未成年人的标签效应。为此，司法机关需要加强对被逮捕未成年人的羁押必要性审查。《刑事诉讼法》之所以规定羁押必要性审查这个环节，为的就是在逮捕后变更强制措施的适用，这对被羁押的未成年人而言更加意义重大，但在司法实践中，羁押必要性审查标准不一，很多时候更是形同虚设。经调查，我国各地并非对所有的被逮捕未成年人都实施羁押必要性审查，而即便实施了羁押必要性审查，最终变更为非羁押强制措施的比例也较小。① 因此，我们更应对被逮捕的未成年人实施羁押必要性审查作出强制规定，并逐步建立统一的审查标准，使羁押必要性审查发挥其应有的作用。另外，逐步提高对涉罪未成年人非羁押的强制措施的适用比例，这需要司法机关与社会的共同努力。实践中，对未成年人适用取保候审的比例并不高，即便是对于符合取保候审条件的涉罪未成年人也大都适用羁押措施。其原因主要是很多涉罪未成年人难以满足《刑事诉讼法》第六十八条规定的有效保证条件，他们大多没有经济收入，也没有愿意担任保证人的监护人或近亲属，既无法缴纳保证金，也无法提供保证人，从而不得不对其进行羁押。对此，我们应当重新理解保证人概念。

那么，什么样的人能够成为取保候审的保证人呢？根据《刑事诉讼法》第六十九条的规定，符合下列条件的人都可以成为保证人：（1）与本案无牵连；（2）有能力履行保证义务；（3）享有政治权利，人身自由未受到限制；（4）有固定的住处和收入。据此，我们可以得知，并非只有被告人、犯罪嫌疑人的亲友才能成为保证人，而是所有符合刑事诉讼法规定的自然人都可以担任保证人。在涉罪未成年人无法主动提供保证人时，司法机关应当指定合适成年人作为保证人。

目前，我国《刑事诉讼法》与《预防未成年人犯罪法》中都未对合适成年人的条件与资格作明确规定，最高人民检察院于 2017 年颁布的《未成年人刑事检察工作指引（试行）》第五十条与第五十一条在合适成年人到场制度中对合适成年人的人员选择和选任限制作了规定，根据体系解释的观点，这里的合适成年人的概念可以运用到指定的保证人处。根据第五十条的规定，合适成年人应重点考虑未成年人的意愿和实际需要，优先选择未成年人的近亲属。近亲属之外的合适成年人一般由熟悉未成年人身心特点，掌握一定未成年人心理、教育或者法律知识，具有较强社会责任

---

① 王贞会：《涉罪未成年人司法处遇与权利保护研究》，中国人民公安大学出版社 2019 年版，第 155 页。

感,并经过必要培训的社工、共青团干部、教师、居住地基层组织的代表、律师及其他热心未成年人保护工作的人员担任,所在地政府部门或者未成年人保护委员会等组织组建了青少年社工或者合适成年人队伍的,应当从社工或者确定的合适成年人名册中选择确定。人民检察院应当加强与有关单位的沟通协调,制作合适成年人名册,健全运行管理机制,并开展相关培训,建立起一支稳定的合适成年人队伍。第五十一条则规定,人民检察院应当对到场合适成年人的情况进行审查。不得担任合适成年人的情形如下:刑罚尚未执行完毕或者处于缓刑、假释考验期间的;依法被剥夺、限制人身自由的;无行为能力或者限制行为能力的;案件的诉讼代理人、辩护人、证人、鉴定人员、翻译人员以及公安机关、检察机关、法院、司法行政机关的工作人员;与案件处理结果有利害关系的;其他不适宜担任合适成年人的情形。经调查,目前在我国实践中,通常由如下人员在未成年人取保候审工作中担任合适成年人:未成年人观护基地志愿者、爱心企业负责人、社工站社工、未成年人保护组织代表、大学教师等。①

除此之外,在《预防未成年人犯罪法》第五十二条的最后半句中规定了必要时可以安排取保候审的未成年人接受社会观护。最高人民检察院在2012年颁布的《最高人民检察院关于进一步加强未成年人刑事检察工作的决定》及2017年颁布的《未成年人刑事检察工作指引(试行)》中均对未成年人社会观护的内容作了相关规定。② 概言之,社会观护即是由司法机关与社会力量联系配合,对决定采取非羁押强制措施的涉罪未成年人共同进行照看、保护与帮教工作。在我国司法实践中,本地户籍未成年人往往会比非本地户籍的未成年人更容易获得非羁押强制措施的司法处遇,究其原因是非本地户籍的未成年人往往没有实施非羁押的住所,基层司法机关

---

① 王贞会:《涉罪未成年人司法处遇与权利保护研究》,中国人民公安大学出版社2019年版,第149页。

② 《最高人民检察院关于进一步加强未成年人刑事检察工作的决定》第二十五条规定:"促进未成年人权益保护和犯罪预防帮教社会化体系建设。要加强与综治、共青团、关工委、妇联、民政、社工管理、学校、社区、企业等方面的联系配合,整合社会力量,促进党委领导、政府支持、社会协同、公众参与的未成年人权益保护、犯罪预防帮教社会化、一体化体系建设,实现对涉罪未成年人教育、感化、挽救的无缝衔接。有条件的地方要积极建议、促进建立健全社工制度、观护帮教制度等机制,引入社会力量参与对被不批捕、不起诉的未成年人进行帮教。"《未成年人刑事检察工作指引(试行)》第一百六十三条规定:"对于作出不批准逮捕决定的未成年犯罪嫌疑人,人民检察院应当进行帮教。必要时可以会同家庭、学校、公安机关或者社会组织等组成帮教小组,制定帮教计划,共同开展帮教……"

的工作开展存在一定程度的困难。因此,将社会力量引入对涉罪未成年人的观护帮教工作中,对非本地户籍的未成年人实现权利上的平等保护有着重要意义。社会帮教主要由检察机关起主导作用,观护帮教基地类型多元,主要包括各类企业、福利院、学校和社区等,检察机关可以根据涉罪未成年人的具体情况进行有针对性的观护工作。据悉,2011—2018年,上海检察机关共对5133名涉罪未成年人开展观护帮教,其中99.4%的涉罪未成年人没有脱保或者重新犯罪,顺利回归社会。① 可见,社会观护工作在实践中成效斐然。

涉罪未成年人的权利保护的完善与司法处遇的提升工作任重道远,但是归根结底还是应当秉承"教育、感化、挽救"的方针,让迷途少年重新踏上人生征途,需要司法机关与社会力量的共同努力。

80. 未成年犯的羁押、管理和教育与成年犯有什么区别?

未成年犯的分押分管和分别教育制度是对待我国未成年在押人员的基本制度与基本原则,在刑事诉讼过程中,理应更多地考虑未成年犯的身心特点对其进行分押分管和分别教育。从法律发展的角度而言,分押分管与分别教育制度源远流长,世界上很多国家都在其刑事司法实践上实行了该制度。早在1985年,《联合国少年司法最低限度标准规则》(北京规则)在其第五部分监禁待遇中就对此进行了规定,根据其规定,被监禁的未成年人应当与成年人分开关押。我国也是该公约的参加国。此后,我国陆续在多部法律中规定并完善了该制度。在1991年颁布的《未成年人保护法》中以法律形式明确规定未成年人应当与成年人分开羁押。此后于2012年修改的《刑事诉讼法》第二百六十九条第二款则将其进一步扩充为分别关押、分别管理和分别教育。在2021年6月1日开始施行的《预防未成年人犯罪法》第五十三条中,又对该原则进行了重申。而且,为了配合上述法律法规的实施,公安部和最高人民检察院又制定了《人民检察院刑事诉讼规则》等法律文件,对未成年在押人员分押分管及分别教育的制度的工作开展进行了进一步的具体规定。

首先,被逮捕的未成年人应当与成年人分别关押。该原则虽在多部法

---

① 李欢:《绝大多数顺利回归社会 上海观护帮教涉罪未成年人成效显著》,载东方网2018年10月25日, http://news.eastday.com/eastday/06news/society/s/20181025/u1ai11929497.html。

律文件中被反复强调,但根据对办案检察官和警察的访谈,实践中仍然存在未成年人与成年人混合关押的情况[1],其主要原因有以下两点:一是由于资源有限,特别是在共同犯罪中涉及未成年人数量较多时,由于关押未成年人监室的数量有限,在我国的基层看守所中,通常只有一两个专门用于关押未成年人的监室,而同案犯又不能被关押在同一个监室,由此造成了未成年人与成年人混合关押的局面[2];二是人员专业性存在不足,在我国很多地区都没有配备专门负责未成年人羁押管理的工作人员,也没有形成专门的管理制度,从而导致了混合关押的局面。[3] 为解决该问题,应明确基层看守所中确有专门用于关押未成年人的监室,对有条件的看守所可以逐步增加监室的数量,还可探索以行政区划为单位设置专门的未成年人看守所,以解决资源有限的问题。此外,应当提高基层看守所工作人员的个人素质,对现有人员进行培训,以实现专门人员负责未成年人关押管理。

其次,还应对未成年在押人员进行分别管理。对此,针对未成年人的身心特殊性,各地通常会在管理标准上对未成年在押人员有所降低,相对于成年在押人员而言,未成年人的生活标准更高,有些看守所还结合未成年人的身心特点采取一些特殊的、更为柔性的管理方法和手段。但总体而言,我国还未形成针对未成年在押人员的专门管理制度,未成年犯管理工作的制度建设仍处于起步阶段,从而造成了一种分押却并未分管的矛盾局面。对此,我们应当探索针对未成年在押人员的专门管理方式,与心理学、犯罪学等具有专业知识的人员共同建立健全适合未成年在押人员的管理制度。要将分别管理落到实处,建立未成年在押人员一日生活规范,根据需要增加学习、放风、休息、文娱时间[4];由于未成年人尚处于身体发育期,因此有必要改善未成年人的伙食,优化膳食结构;加强对未成年关押人员的心理辅导与文化建设,以帮助他们重塑正确的观念,早日重归社会;此外,还应对未成年在押人员之间的相处作出规定,以构建良好的互

---

[1] 王贞会:《未成年人严格限制适用逮捕措施的现状调查》,载《国家检察官学院学报》2019年第4期,第64页。

[2] 王贞会:《未成年人严格限制适用逮捕措施的现状调查》,载《国家检察官学院学报》2019年第4期,第64页。

[3] 王贞会:《涉罪未成年人司法处遇与权利保护研究》,中国人民公安大学出版社2019年版,第154页。

[4] 林晨:《未成年人分押分管制度执行困境检视及路径完善》,载《中国检察官》2020年第23期,第58页。

动关系，避免未成年在押人员之间的不良影响与身体伤害。

最后，在分别教育方面，我国近年来对未成年犯的教育格外关注，对犯罪的未成年人应当实行教育、感化、挽救的方针，坚持教育为主、惩罚为辅的原则。教育贯彻到未成年人司法工作的方方面面，在对未成年在押人员的教育方面，各地都有着一定程度的重视。具言之，在内容上，各地将思想教育、文化教育、普法教育、技能培训等内容都纳入未成年在押人员的教育工作中，目的是为未成年在押人员重塑正确的人生观、价值观、世界观，建立未成年在押人员的法治观念，将他们改造为思想端正的守法公民，但在实践中，这些教育内容总是难以真正地被传达，且与成年关押人员的教育内容总是混为一谈；在人员配置上，大部分看守所都配备、安排了人员对未成年在押人员进行教育，但这些人员大都是看守所的普通工作人员或民警，缺乏专门的人员配置；在教育方法上，大部分看守所都采用了个别教育与集体教育相结合的方式，但大部分的教育方式都比较呆板僵化、流于形式。针对上述情况，我们应当对在押未成年人进行针对性教育的内容安排、人员配置以及教育方式均进行改善，加强与社会力量的合作，从而真正落实对在押未成年人的分别教育。

未成年人尚处于个人成长的特殊阶段，在这一年龄阶段，未成年人与成年人的身体与心理均有着很大区别，未成年人的生理需求与适应社会期待的自我调整能力有着明显冲突，这些冲突具体表现在：精力过剩与支配能力弱、好奇心强与认知水平低、兴奋性高与自控能力差等，[①] 针对该特点，应当在刑事司法政策的方方面面都体现出对未成年犯的特殊保护。对未成年关押人员实行分管分押与分别教育，既能充分体现对未成年犯的特殊司法关怀与法的人道主义精神，又有利于未成年犯健康成长，早日重归社会，成为社会主义法治的建设者而不是破坏者。

81. 未成年犯的刑罚执行机关是哪个组织机构？它和成年犯监狱有什么不同吗？

近几年来，中国未成年人犯罪数量、未成年罪犯在刑事罪犯总数中的占比都在逐年下降，但总体而言，我国未成年人犯罪现象呈现一种"低龄

---

① 张远煌：《从未成年人犯罪的特点看现行刑罚制度的缺陷》，载《法学论坛》2008 年第 1 期，第 20 页。

化""暴力化"的趋势，这些未成年犯的刑罚执行机关与成年犯不同，未成年犯的刑罚执行机关为未成年犯管教所（简称"未管所"，也即我们日常生活中所称的"少管所"）。根据《预防未成年人犯罪法》第五十三条的规定，对被拘留、逮捕以及在未成年犯管教所执行刑罚的未成年人，应当与成年人分别关押、管理和教育。对未成年人的社区矫正，应当与成年人分别进行。那么何谓未成年犯管教所呢？其与成年犯监狱又有什么不同呢？

首先，我国法律对未成年犯规定了多种矫正方式，主要分为社区矫正和监禁矫正两种，接受社区矫正的包括被判处管制、宣告缓刑、假释和暂予监外执行的未成年犯，至于被判处有期徒刑、无期徒刑（对未成年人不得判处死刑）的未成年犯，则应当采取监禁矫正，监禁矫正的场所便是未成年犯管教所。

根据《未成年犯管教所管理规定》的相关规定可以得知，未管所是监狱的一种类型，是国家的刑罚执行机关。由人民法院依法判处有期徒刑、无期徒刑的未满18周岁的罪犯应当在未成年犯管教所执行刑罚、接受教育改造。

其次，未成年犯管教所较之于成年犯监狱存在诸多不同之处，其不同主要体现在以下几点。

第一，未成年犯管教所与成年犯监狱的改造原则不同，未成年犯管教所的改造原则是"教育为主、惩罚为辅"，而成年犯监狱的改造原则则是"惩罚与改造相结合"。根据《刑事诉讼法》第二百七十七条与最高人民法院《关于贯彻宽严相济刑事政策的若干意见》第二十条的规定，对于未成年犯罪人，应坚持"教育为主、惩罚为辅"的原则，根据《未成年犯管教所管理规定》的相关规定，未成年犯管教所应贯彻"惩罚和改造相结合，以改造人为宗旨"和"教育、感化、挽救"的方针，将未成年犯改造成为具有一定文化知识和劳动技能的守法公民。对未成年犯的改造，应当根据其生理、心理、行为特点，以教育为主，坚持因人施教、以理服人、形式多样的教育改造方式；实行依法、科学、文明、直接管理，未成年犯的劳动，则以学习、掌握技能为主。而根据《中华人民共和国监狱法》（以下简称《监狱法》）第三条的规定，监狱对罪犯实行惩罚和改造相结合、教育与劳动相结合的原则，将罪犯改造成为守法公民。通过分析以上法条，我们不难得知，未成年犯管教所与成年犯监狱在改造中都需要体现惩罚与教育，但是未成年犯管教所更侧重于教育，而成年犯监狱则是惩罚与教育并重的。而"教育为主、惩罚为辅"的原则在所有未成年人刑事诉讼案件中都起着重要的指导作用，是处理未成年人刑事案件的主导思想。

第二，在我国，社会与国家对未成年犯的教育问题有着格外的关切，格外强调未成年犯的教育改造问题。对未成年犯的教育应采取集体教育与个别教育相结合，课堂教育与辅助教育相结合，所内教育与社会教育相结合的方法。此外，《未成年犯管教所管理规定》中还对未成年犯管教所的师资力量、教育经费、教学设施、教学时间、教育质量与教育内容都进行了相关规定，还对未成年犯课余的文娱活动进行了适当关切。

第三，未成年犯管教所的关押环境更加宽松，管教手段更加人道，未成年犯的生活水平应当高于成年犯，与之相对应的，未成年犯的生活费也高于成年犯。未成年犯管教所的环境与布置不同于成年犯监狱，无论是建筑装饰、文化布置，还是警戒设施、休息环境都与成年犯监狱有所区别，都针对未成年人的生理、心理特点进行了特殊设计，更凸显对未成年犯的关怀。另外，未成年犯的膳食、被服、居住环境也比成年犯标准更高。

第四，未成年犯管教所与成年犯监狱的狱政管理存在差异，具体表现在：相较于成年犯监狱，未成年犯管教所日常管理更为宽松。其中，日常管理从宽主要体现在会见权、通信权、收受物品和离所探亲方面。其中最值得关注的当数未成年犯的会见权，《未成年犯管教所管理规定》第二十二条就是关于会见权的规定，"未成年犯会见的时间和次数，可以比照成年犯适当放宽。对改造表现突出的，可准许其与亲属一同用餐或者延长会见时间，最长不超过二十四小时"。对于离所探亲问题，则在本规定的第二十三条进行了规制，"未成年犯遇有直系亲属病重、死亡以及家庭发生其他重大变故时，经所长批准，可以准许其回家探望及处理，在家期限最多不超过七天，必要时由人民警察护送"。此外，该规定的第二十一条对未成年犯的通信条件也进行了适当放宽。

第五，未成年犯管教所的考核奖惩较之成年犯监狱也适当放宽。在《最高人民法院关于审理未成年人刑事案件具体应用法律若干问题的解释》

《未成年犯管教所管理规定》等多部法律文件中，都有关于未成年犯考核奖惩适度放宽的类似规定，其主要体现在：（1）未成年罪犯的减刑、假释，在掌握标准上可以比照成年犯依法适度放宽；（2）未成年犯的减刑幅度可以适当放宽；（3）未成年犯减刑间隔的时间可以相应缩短。

总而言之，未成年犯管教所与成年犯监狱都为我国的刑罚执行机关，未成年犯管教所也是监狱的一种，其结合未成年人的身心特征进行特殊管理，从而能够更好地对未成年犯进行矫正，使之有朝一日重回社会的时候也能很好地融入社会，成为具有一定文化知识和劳动技能的守法公民。

82. 对未成年犯适用刑罚应当注意什么？

未成年人犯罪，同成年人犯罪一样，刑罚仍然是对其最严厉的惩罚措施。但由于未成年人正处在体力、智力、心理发育过程中，其成熟程度还远不如成年人，而且未成年人正处于成长过程中，可塑性较大，具有容易接受教育改造的特点，因此，在对未成年人刑罚的适用上同成年人相比有一定的特殊性。

第一，应当注重未成年人罪犯的教育和矫正。司法机关对违法犯罪的未成年人，实行教育、感化、挽救的方针，坚持"教育为主、惩罚为辅"的原则。《最高人民法院关于审理未成年人刑事案件具体应用法律若干问题的解释》第十一条规定，"对未成年罪犯适用刑罚，应当充分考虑是否有利于未成年罪犯的教育和矫正。对未成年罪犯量刑应当依照刑法第六十一条的规定，并充分考虑未成年人实施犯罪行为的动机和目的、犯罪时的年龄、是否初次犯罪、犯罪后的悔罪表现、个人成长经历和一贯表现等因素"。注重未成年人罪犯的教育和矫正，要求司法人员在办理未成年人案件中要正确处理惩罚和教育的关系。要将教育工作放在突出的位置，坚持教育为主、惩罚为辅的原则。《预防未成年人犯罪法》第五十条规定："公安机关、人民检察院、人民法院办理未成年人刑事案件，应当根据未成年人的生理、心理特点和犯罪的情况，有针对性地进行法治教育。"第五十四条规定："未成年犯管教所、社区矫正机构应当对未成年犯、未成年社区矫正对象加强法治教育，并根据实际情况对其进行职业教育。"因此，对未成年罪犯适用刑罚，充分考虑是否有利于未成年罪犯的教育和矫正，是司法机关首要坚持的原则。

第二，应当注意刑罚种类上的特殊规定。根据《最高人民法院关于审理未成年人刑事案件具体应用法律若干问题的解释》第十一条、第十三条、第十四条、第十五条规定，对符合管制、缓刑、单处罚金或者免予刑事处罚适用条件的未成年罪犯，应当依法适用管制、缓刑、单处罚金或者免予刑事处罚。未成年人犯罪只有罪行极其严重的，才可以适用无期徒刑。对已满14周岁不满16周岁的人犯罪一般不判处无期徒刑。除刑法规定"应当"附加剥夺政治权利外，对未成年罪犯一般不判处附加剥夺政治权利。对未成年罪犯实施刑法规定的"并处"没收财产或者罚金的犯罪，应当依法判处相应的财产刑；对未成年罪犯实施刑法规定的"可以并处"没收财产或者罚金的犯罪，一般不判处财产刑。

第三，应当坚持量刑上从宽处理。一方面，注重法定量刑情节。《刑法》第十七条第四款规定："对依照前三款规定追究刑事责任的不满十八周岁的人，应当从轻或者减轻处罚。""应当"一词表明这是一个法定从宽处罚的情节。至于是从轻还是减轻以及从轻的幅度，则根据具体案件确定。具体来说，在犯罪性质和其他犯罪情节相同或大体相同时，未成年人犯罪应当比照成年人犯罪从轻或者减轻处罚，即对已满12周岁不满18周岁的未成年犯罪分子，在法定刑的范围内判处相对较轻的刑种或相对较短的刑期以从轻处罚；或者在法定刑以下判处刑罚，减轻处罚。另一方面，重视酌定量刑情节。酌定情节，是指法律没有明文规定的，由人民法院根据立法精神和审判实践，结合案件的具体情况，在定罪量刑时灵活掌握酌情适用的情节。未成年人犯罪的动机手段、犯罪时的环境条件、造成的损害结果、犯罪未成年人一贯表现、犯罪后态度、人身危险性、未成年人犯罪的起因、促成未成年人犯罪的多种客观因素等均属于酌定情节范畴。酌定情节在对未成年被告人刑罚适用的过程中也应得到充分重视。

第四，应当注意"双向保护"。《联合国少年司法最低限度标准规则》（北京规则）第一条规定了"双向保护"原则，此原则指的是对未成年被告人适用刑罚时，既要保护国家、集体和公民的利益，对危害社会的行为依法予以惩罚，又要注意保护未成年被告人的合法权益。我们对未成年被告人实行从轻处罚即是体现对未成年被告人权利的保护，但我们在坚持从轻处罚时，还要考虑到整个社会利益，对那些造成特别严重后果、社会影响极坏、经过多次少教后仍不思悔改的极少数未成年人，在量刑时，从轻或减轻的幅度要严格掌握，做到罪刑相适应，宽严相济，一味地大幅度从轻或减轻处罚，起不到惩罚和教育的作用，只会放纵犯罪，因而达不到挽救的目的。要注意保护少年的利益与保护社会的利益相统一。一方面，防止过度地保护少年的利益而对违法犯罪行为该处罚不处罚，导致损害了社会利益；另一方面，则防止过度强调保护社会利益而单纯处罚，忽视了对少年的保护。我国少年司法的实践证明，保护少年利益与保护社会利益并不矛盾，是并行不悖的。

83. 未完成义务教育的涉罪未成年人还可以再接受义务教育吗？

对于该问题的回答是肯定的，接受义务教育对我国公民而言，既是权利也是义务，根据我国《预防未成年人犯罪法》第五十三条第二款的规定，对被拘留、逮捕、在未成年犯管教所执行刑罚的未成年人以及须接受社区矫正的未成年人，其中没有完成义务教育的，公安机关、人民检察院、人民法院、司法行政部门应当与教育行政部门相互配合，保证其继续接受义务教育。

我国现行《宪法》早在1982年就对我国公民的受教育权进行了规定，其中第四十六条规定：中华人民共和国公民有受教育的权利和义务。在1982年《宪法》颁布四年之后，我国又颁布了《义务教育法》对我国公民的义务教育权利进行了进一步的明确规定。根据2018年修正的《义务教育法》第四条及第五条的相关规定，凡具有中华人民共和国国籍的适龄儿童、少年，不分性别、民族、种族、家庭财产状况、宗教信仰等，依法享有平等接受义务教育的权利，并履行接受义务教育的义务。适龄儿童、少年的父母或者其他法定监护人应当依法保证其按时入学接受并完成义务教育。依法实施义务教育的学校应当按照规定标准完成教育教学任务，保证教育教学质量。社会组织和个人应当为适龄儿童、少年接受义务教育创造良好的环境。除此之外，在2019年开始实施的《禁止妨碍义务教育实施的若干规定》中又再次重申了义务教育的不可替代性，该规定明确，除送入依法实施义务教育的学校或经县级教育行政部门批准可自行实施义务教育的相关社会组织外，不得以其他方式组织学习替代接受义务教育。根据该规定我们可以得知，无论是未成年犯管教所的教育还是社区矫正机构的教育都无法替代学校义务教育，因此，未完成义务教育的涉罪未成年人可以也应当再接受义务教育。

教育兴则国家兴，教育强则国家强。教育是一个国家的百年大计，从国家发展的角度而言，义务教育对于一个国家和民族的存续和发展有着重要意义，我国之所以如此强调义务教育的重要性，乃是因为义务教育对国民基本素质的养成和民族国家的认同具有无可替代的积极意义。党的十八大以来，以习近平同志为核心的党中央高度重视教育工作，把教育摆在优先发展的战略地位。2018年9月10日教师节当日，习近平同志在全国教育大会上发表重要讲话，习近平同志在讲话中指出，教育是民族振兴、社会进步的重要基石，是功在当代、利在千秋的德政工程，对提高人民综合素质、促进人的全面发展、增强中华民族创新创造活力、实现中华民族伟大复兴具有决定性意义。教育是国之大计、党之大计。

在我国，义务教育具有强制性、普及性及免费性等特征。[1] 其中，"强制入学"是义务教育最为突出也是最为典型的特征，也点明了义务教育的"义务性"。相对于非义务教育而言，无论从个体自我发展的角度，还是从国民素质的整体提高乃至国家综合国力的增强来看，义务教育都意义非凡，特别是对涉罪未成年人而言更是有着重要意义。首先，对涉罪未成年人个人而言，继续接受义务教育可以提高他们的文化水平，为涉罪未成年人回归社会奠定文化基础。通过义务教育，涉罪未成年人得以重塑正确的三观，培养法治观念，使之成为一个能够在社会中生存、生活与发展的人。其次，对于社会而言，涉罪未成年人接受义务教育也有着重要意义，对这些未成年人而言，义务教育是未成年犯管教所教育与社区矫正机构教育的接力棒，教育不可能一蹴而就，义务教育可以大大降低未成年犯的再犯可能性，使未成年犯重归正轨，对于创建社会主义和谐社会有着重要意义。最后，对于国家而言，保障涉罪未成年人继续受教育的权利是国家稳定与发展的重要举措，有利于降低犯罪率和社会主义建设，"少年强则国家强"，保障涉罪未成年人的继续受教育权对于增强我国的综合国力也有着重要作用。

据统计，高达90%的未成年犯为非在校生[2]，我国虽在多部法律文件中反复重申义务教育的强制性，但现实中仍有很多未成年人由于教育体

---

[1] 申素平等：《从法制到法治——教育法治建设之路》，华东师范大学出版社2018年版，第96页。

[2] 戴相英等：《未成年人犯罪与矫正研究》，浙江大学出版社2012年版，第64页。

制、教育管理、家庭教育或社会不良影响而未接受过义务教育,这部分过早失学的未成年人,因认知能力及辨别是非能力尚不成熟,他们过早流入社会,缺乏管理,极易遭受社会的负面影响,参与违法犯罪活动。究其原因主要是学校的教职工推卸责任、监管部门对学校教育的监管不力,以及家庭极度贫困或者家庭教育的缺失导致这部分适龄未成年人未能接受义务教育,因此,我们应当对当前的义务教育的方式与内容进行全面的改革。改变义务教育一味追求升学率而忽视对未成年人身心健康的现状;还应当对义务教育进行全方位的监管,使未成年人的义务教育真正能够实现惠及全民;除此之外,我们还应均衡教育资源,减小义务教育的地域差距与城乡差距。

正如我国《义务教育法》所规定的那样,教育的目的是培养德、智、体等全面发展的社会主义事业建设者和接班人。每个适龄未成年人都应当去学校接受义务教育,学校是未成年人成长的重要场所,老师不仅要教授文化知识,更要以言传身教担负起育人的责任,学校是一个未成年人树立正确的人生观、价值观与世界观的必由之地,也能帮助未成年人自幼树立良好的法治观念与道德观念,因此,未完成义务教育的涉罪未成年人继续接受义务教育不仅是他们的权利,更是他们的义务。

84. 未成年犯管教所在预防未成年人重新犯罪中起到什么作用?

根据我国《未成年犯管教所管理规定》第二条的规定:"未成年犯管教所是监狱的一种类型,是国家的刑罚执行机关。由人民法院依法判处有期徒刑、无期徒刑未满十八周岁的罪犯应当在未成年犯管教所执行刑罚、接受教育改造。"据此,未成年犯管教所是指对于人民法院依法判处有期徒刑、无期徒刑的未成年罪犯执行刑罚与接受教育改造的场所。

刑罚的目的是指国家制定、适用、执行刑罚的目的,也即国家的刑事立法采用刑罚作为对付犯罪现象的强制措施及其具体适用和执行所预期实现的效果。我国刑罚的目的包括特殊预防与一般预防。所谓特殊预防,简言之是指防止犯罪人再犯罪。一般预防分为积极的一般预防与消极的一般预防两种。所谓积极的一般预防是指通过对犯罪人处以一定的刑罚,以事实证明刑法规范的妥当性,增强国民的规范意识,唤醒国民对法律规范的忠诚与信赖,实现一般预防。而消极的一般预防则是指通过对犯罪人课以刑罚从而威慑一般人使之不敢犯罪。因此,未成年犯管教所在预防未成年人再犯罪中所要发挥的便是刑罚的特殊预防作用。

一般认为,特殊预防目的有赖于刑罚的保安功能、威慑功能以及再社会化功能加以实现。

第一,未成年犯管教所的保安功能。刑罚的保安功能是指限制、剥夺再犯条件的可能,即通过适用刑罚,可以从外部来限制、消除犯罪人再次犯罪的条件,使之永远或者在一定时期内不能再犯。未成年犯管教所的保安功能主要表现在,通过使少年犯在未成年犯管教所中接受一定期限的管理和教育改造,从而限制和剥夺少年犯在一定期限内再犯的条件。

第二,未成年犯管教所的威慑功能。刑罚的威慑功能主要是指通过适用刑罚使犯罪人承受一定的痛苦,使其认识到,犯罪后的刑事责任的不可避免性与严厉性,从而使其不敢再次犯罪,重受痛苦处遇。通过限制未成年罪犯一定期限的自由及接受一段期限的教育改造,未成年罪犯认识到如果再次犯罪,必将承受剥夺性、限制性的痛苦,使其不敢再犯。

第三,未成年犯管教所的再社会化功能。刑罚的在社会化功能亦称教育感化功能,是指通过制定、适用和执行刑罚,使犯罪人养成良好的规范意识,树立和强化对法律的信仰与忠诚,使其不愿再犯。我国 2020 年修订的《预防未成年人犯罪法》第五十四条规定:"未成年犯管教所、社区矫正机构应当对未成年犯、未成年社区矫正对象加强法治教育,并根据实际情况对其进行职业教育。"在最高人民检察院印发的《人民检察院办理未成年人刑事案件的规定》第七十二条也明确规定:"人民检察院应当加强对未成年犯管教所、看守所监管未成年罪犯活动的监督,依法保障未成年罪犯的合法权益,维护监管改造秩序和教学、劳动、生活秩序。人民检察院配合未成年犯管教所、看守所加强对未成年罪犯的政治、法律、文化教育,促进依法、科学、文明监管。"因此,未成年犯管教所的再社会化功能主要表现在通过加强对未成年罪犯的政治、法律、文化教育,以及加强对于未成年罪犯的法治教育、义务教育以及职业教育使未成年罪犯重新建立对法律规范的信赖与忠诚,进而增强其规范意识使未成年罪犯不愿再犯罪。

第四,除了刑罚的保安功能、威慑功能以及再社会化功能,未成年犯管教所也具有其独特的功能。根据《预防未成年人犯罪法》第五十三条第一款的规定:"对被拘留、逮捕以及在未成年犯管教所执行刑罚的未成年人,应当与成年人分别关押、管理和教育。对未成年人的社区矫正,应当与成年人分别进行。"在《人民检察院刑事诉讼规则》第四百八十八条也明确规定:"负责未成年人检察的部门应当依法对看守所、未成年犯管教所监管未成年人的活动实行监督,配合做好对未成年人的教育。发现没有对未成年犯罪嫌疑人、被告人与成年犯罪嫌疑人、被告人分别关押、管理或者违反规定对未成年犯留所执行刑罚的,应当依法提出纠正意见。负责未成年人检察的部门发现社区矫正机构违反未成年人社区矫正相关规定的,应当依法提出纠正意见。"一直以来,未成年犯与成年犯的无区别关押造成未成年人的"二次污染"问题突出。未成年犯在被采取强制措施后或是执行刑罚期间,由于与其他成年犯共处一室,很容易受到成年罪犯的影响,甚至学习成年罪犯的犯罪方法、技术以及动机等。这种无区别的关押环境无疑使得未成年犯的再犯罪成为一个不可避免的问题。然而,此次《预防未成年人犯罪法》的修订,进一步明确未成年犯应当与成年犯分别关押、管理和教育,并且通过人民检察院的监督工作完善该制度的顺利运行。因此,通过确立未成年犯单独关押与管理场所避免了未成年罪犯受到进一步污染的机会,对于预防未成年人再次犯罪具有深远的意义。

85. 社区矫正机构有哪些加强法治教育和进行职业教育的职责?

我国法律法规对未成年人犯罪的规制,其中处处都体现着"教育为主、惩罚为辅"与"教育、感化、挽救"的方针。而教育是感化与挽救的基础和手段,只有通过教育才能感化与挽救涉罪未成年人,因此,我们必须把"教育"放在涉罪未成年人矫正的第一位,"教育、感化、挽救"不仅仅是未成年人刑事司法的目的,更是国家、政府、司法机关、学校、家庭以及整个社会的共同责任。

《预防未成年人犯罪法》第五十四条明确规定,"未成年犯管教所、社区矫正机构应当对未成年犯、未成年社区矫正对象加强法治教育,并根据实际情况对其进行职业教育"。对于未成年社区矫正对象而言,对其承担法治教育和职业教育的最主要机构无疑是社区矫正机构,除此之外,人民政府、司法机关、家庭、居民委员会、村民委员会、学校、企事业单位、社会组织以及其他社会力量也须各司其职,共同做好未成年矫正对象的教育工作。让未成年矫正对象重返正轨,需要各个机构与家庭的共同努力。

《社区矫正法》第八条对于社区矫正的工作作了以下总体布局:"国务

院司法行政部门主管全国的社区矫正工作。县级以上地方人民政府司法行政部门主管本行政区域内的社区矫正工作。人民法院、人民检察院、公安机关和其他有关部门依照各自职责，依法做好社区矫正工作。人民检察院依法对社区矫正工作实行法律监督。地方人民政府根据需要设立社区矫正委员会，负责统筹协调和指导本行政区域内的社区矫正工作。"

具体而言，县级以上人民政府的职责主要是负责社区矫正机构的设置，负责社区矫正工作的具体实施。司法局根据社区矫正机构的委托，承担社区矫正相关工作。此外，县级以上地方人民政府及其有关部门还应当为社区矫正对象提供进行教育必要的场所和条件，组织动员社会力量参与教育帮扶工作。

社区矫正机构是对未成年社区矫正对象进行教育的专门机构。《社区矫正法》第十条就对社区矫正机构的教育职责作了相关规定，即社区矫正机构应当配备具有法律等专业知识的专门国家工作人员履行教育帮扶等执法职责。为此，必须格外重视对社区矫正工作队伍的建设，社区矫正机构应当加强对社区矫正工作人员的监督管理与职业培训，从而打造专业且规范的社区矫正工作团队。与未成年犯管教所相似的是，社区矫正机构也应当根据被矫正未成年人的具体情况，落实相应的教育矫正方案，实现个别教育、因人施教。此处的具体情况主要包括：未成年社区矫正对象的年龄、性别、心理特点、健康状况、犯罪原因、日常表现等情况。社区矫正机构对社区矫正对象的教育内容主要包括法治教育、道德教育，以增强其法治观念，提高其道德素质。此外，社区矫正机构还可以协调有关部门和单位，帮助未成年矫正对象中的在校学生完成学业，并依法对就业困难的社区矫正对象开展职业培训。

上海市的社区矫正机构还针对社区矫正对象的不同裁判内容和犯罪类型、矫正阶段、再犯罪风险以及日常考核管理等情况，对社区矫正对象进行分类管理、分级矫正。其中，一级矫正对象每月须接受不少于1次的心理或行为教育以及不少于4次的个别教育，二级矫正对象须接受不少于1次的集中教育或心理、行为教育矫正活动以及不少于2次的个别教育，而对于风险较低、再犯可能性较小的三级社区矫正对象，则允许其自行选择教育学习形式和时间，但每月仍须参加不少于1次的集中教育与不少于1次的个别教育。此外，上海市发布的《关于贯彻落实〈中华人民共和国社区矫正法实施办法〉的实施细则》第三十二条特别强调了未成年人矫正对象的教育帮扶问题，即对于未成年社区矫正对象，社区矫正机构应采取有利于其健康成长、回归社会的矫正方案和教育帮扶措施。

对未成年矫正对象进行法治教育与职业教育，更需要社会的力量，社区矫正机构可以根据需要与从事法律、教育、心理、社会工作等行业的社会工作者合作，国家也鼓励、支持企业事业单位、社会组织、志愿者等社会力量依法参与社区矫正与教育帮扶工作。上述社会工作者可以对未成年社区矫正对象进行法治教育，组织其参与社会公益活动，以提高未成年社区矫正对象的法治意识与道德观念；还可以对未成年社会矫正对象进行就业辅导与技能培训，使其有朝一日能够成为实现个人价值、社会价值的守法公民。

目前，我国对于未成年犯及未成年矫正对象的教育工作仍任重道远，国家和社会都在涉罪未成年人的教育工作的道路上上下求索，而建立一套合理且健全的涉罪未成年人教育体系，则需要我们社会主义建设者们共同努力。

86. 社区矫正对于未成年犯的必要性和意义是什么？

少年强则国家强，少年兴则国家兴，未成年人是一个国家的未来，然而未成年人作为一个特殊的社会群体，其生理、心理发育尚未成熟，所以虽然我国未成年人总体上在遵纪守法的道路上健康成长，但不免有少数未成年人由于各种原因走上了犯罪道路。对于这些未成年犯，我们应当坚持"教育为主、惩罚为辅"与"教育、挽救、感化"的总方针，基于未成年人的特殊性，相对于监禁矫正，对实施犯罪的未成年人采用社区矫正方法进行教育矫治则更加可行、意义更大，有助于让未成年犯早日重归社会。

从社区矫正的产生与发展来看，最早的社区矫正的应用对象正是未成年犯，社区矫正对未成年犯矫正的必要性得到了国际社会的认可。《联合国少年司法最低限度标准规则》（北京规则）第十八条明确指出，除非在别无任何其他适当办法时，不得把少年罪犯投入监狱。应使主管当局可以采用各种各样的处置措施，使其具有灵活性，从而最大限度地避免监禁。除此之外，该规定第18.1条还明确列举了替代监禁的各种不同处理办法，包括照管、监护和监督的裁决、缓刑、社区服务的裁决、罚款、补偿和赔偿等，并在该条的"说明"中补充道，"规则18.1所举例子都有共同的情况，即它们依靠和求助于社区有效执行监外教养方法"。此外，在 2004 年国际刑事法学会第十七次大会通过的《国内法与国际法下的未成年人刑事责任决议》中，也再次重申采取具有非监禁刑替代措施的社区矫正以淡化监禁刑的必要性。

那么，为什么国内和国际社会都如此重视社区矫正呢？社区矫正对于未成年犯的必要性是什么呢？主要有以下几点。

第一，对未成年犯适用社区矫正，可以避免未成年犯过早被贴上犯罪的标签，减弱对未成年犯的标签效应，促使未成年犯更好地回归社会。标签理论是以社会学家莱默特和贝克尔的理论为基础而形成的一种社会工作理论。其在犯罪领域主要是指：人们之所以犯罪，是因为对其他个体和社会群体对待自己破坏社会规则的认识产生了偏差，其他人将社会规则的违反者称为罪犯，而规则的破坏者迫于群体压力，意识到自己很难再融入群体，从而自暴自弃，继续破坏既定规则，从事违法犯罪活动。社区矫正可以使未成年人在社区中与他人产生交互活动，使他们意识到自己在社会其他人的眼中并非是无法改正的，在这种交互活动中，未成年犯也能认识到自己之前的犯罪活动对社会的不良影响，以此激励未成年犯悔过自新，早日回归社会生活。

第二，社区矫正可以避免未成年犯受到交叉感染，使其沐浴在一个具有良好风气的社区环境中，更能达到教育、挽救的目的。未成年人的思想可塑性很强，尚未形成健全的人生观、价值观、世界观，更容易受到他人行为的影响，这一特点是把"双刃剑"，将未成年犯收监虽然可以起到很好的特殊防御的效果，但未成年犯也更容易受到其他犯罪分子的腐蚀，在某种程度上甚至可以说，"监狱是未成年人学习犯罪的场所"。而社区矫正属于非监禁刑，未成年犯日常接触的都是遵纪守法的良好公民，能最大限度地避免犯罪思想的侵袭，更多地接受正面影响。

第三，对未成年犯实行社区矫正是刑罚谦抑性和刑罚人道化的要求。刑罚的谦抑性，是指司法者应该少用甚至不用刑罚而达到有效地预防和控制犯罪的目的。也就是说，在刑罚适用上，如果某种犯罪不需要判处刑罚时，应该先考虑免除刑罚；如果适用较轻的刑罚就可以达到刑罚目的，那么就没有必要适用较重的刑罚。对情节轻微、危害不大的未成年犯实施社区矫正，体现了刑罚的谦抑性，重视刑罚的谦抑性是实行轻刑化的重要举措。人类文明越向前发展，刑罚就越体现其必要性和人道性。刑罚人道化，顾名思义，就是要把罪犯当作一个有尊严的人来看待，有罪之人也有生而为人的权利，尊重罪犯的人格尊严，保证罪犯的各种法定权利。未成年人作为应受更多保护的特殊群体，对待未成年犯就更应强调保护与教育。

现实和理论都证明了社区矫正是完善我国未成年人犯罪刑罚执行制度的优先选择，社区矫正制度作为与监禁矫正相对的行刑方式，对于我国的未成年犯矫正工作意义重大，具体而言，社区矫正有着以下意义。

首先，对未成年犯实行社区矫正，有利于调动社会的积极因素影响未成年犯，让社会参与对未成年犯的改造。行刑社会化是刑罚执行的原则之一，其是指刑罚执行过程中要依靠社会力量对受刑人进行帮教，使之易于回归社会。社区矫正具有开放性，其开放性不仅体现在执行场所的开放，更体现在执行人员的开放。各种社会力量参与社会矫正，对未成年犯进行心理疏导、亲情感化、行为矫正、物质帮助等综合性援助，使犯罪未成年人在社会中悔过自新。

其次，社区矫正有利于培养受刑人的社会化能力，使之能够适应正常的社会生活，更好地达到教育、挽救的目的。未成年人往往是由于个人思想的不够成熟加之社会不良风气的影响才走上犯罪道路的，绝大多数都可以在社区的教育中走上正轨，采取社区矫正这种非监禁刑，既能使未成年犯受到一定惩罚与管束，又能在社区的帮助与教育下培养守法观念，重塑正确的价值观、世界观与人生观，最终达到重回社会的目标。

再次，社区矫正能够弱化刑罚的报应刑观念，使刑罚思想进一步向教育刑的思想转变。教育刑论者认为，为达到教育和改造犯罪人的目的，就应当选择各种适宜的方法，不仅需要运用监狱等监禁措施，而且还要广泛施用监外的处遇方法，在其罪犯获释后的一段时间内，对其进一步加强教化保护，以巩固行刑效果和预防再犯。刑事社会学派代表人物李斯特认为，刑罚的分量以为了消除犯罪人的危险性（犯罪性），使之重返社会所必需的处理期间为标准（处罚的不是行为而是行为人），认为"刑罚的目的……莫如说是使人自身得到改造、预防犯罪更为重要一些"。

此外，社区矫正有利于节约司法资源，从而能够集中力量打击对社会危害性大、再犯可能性大的罪犯。社区矫正属于非监禁刑，其无须专门场所，在社会的帮扶下就可以完成，可以很大程度上节约司法资源，使没必要处以监禁的未成年犯在社区就可以完成矫正。

最后，从实行效果上看，社区矫正取得了良好的成效，目前已帮助众多未成年犯重回社会，且基本没有再犯。据悉，2017年上海市累计接收社区服刑人员14275人，重新犯罪率为0.18%，低于全国水平，其中崇明、徐汇、杨浦、奉贤、嘉定、长宁六区保持重新犯罪零纪录。

随着经济社会的发展与我国司法水平的提高，对未成年犯矫治方式的天平更多地向社区矫正倾斜，这要求司法机关、学校、家庭与社会各界紧密配合，将监禁刑与非监禁刑相结合，更好地帮助未成年犯早日回归社会，成为一个遵纪守法的合格公民。

87. 如何对涉及刑事案件的未成年人进行法治教育？

如前所述，对涉及刑事案件的未成年人进行教育是整个社会共同体的共同职责，其中法治教育又是所有类型教育中的重中之重，直接关系到涉罪未成年人的再犯罪可能性，因此，无论是在未成年犯矫正所还是在社区，都应做好涉罪未成年人的法治教育工作。而且，未成年人涉及刑事案件的一个重要原因就是法律教育的缺失所导致的违法性认识的不足，因此，有关部门应本着通俗易懂、寓意深刻的指导思想，探索更易被未成年人接受的方式，做好普法教育工作。

关于法治教育的内容选择，应做好以下两点。

第一，构建以刑法为中心的法治教育体系。涉罪未成年人之所以涉罪，最直接的原因便是对自己行为的违法性缺乏认识，换言之，他们很多时候甚至不知道自己的行为会导致刑法方面的法律后果。因此，对涉及刑事案件的未成年人进行法治教育必须以刑法为中心，让他们能够学法知法，才能够遵纪守法，认清自己行为给受害人及其亲属带来的痛苦和社会危害性，最终才能实现改造目的，早日回归社会。以刑法为中心的法治教育主要内容应当是1997年《刑法》及11个刑法修正案，特别是其中与未成年人息息相关的内容，如总则中关于刑事责任年龄的相关规定及分则中未成年人犯罪的多发罪名。其中特别值得关注的是，在《刑法修正案（十一）》中降低了刑事责任年龄，在原《刑法》第十七条中增加了以下内容："已满十二周岁不满十四周岁的人，犯故意杀人、故意伤害罪，致人死亡或者以特别残忍手段致人重伤造成严重残疾，情节恶劣，经最高人民检察院核准追诉的,应当负刑事责任。"说明原本 14 周岁的刑事责任年龄降低到了 12 周岁,这意味着我们国家回应群众关切,对未成年人犯罪的打击力度进一步加强。除此之外,最高人民检察院于 2020 年 6 月 1 日发布的《未成年人检察工作白皮书(2014—2019)》显示,近年来,检察机关受理审查起诉未成年犯罪嫌疑人数量居前六位的罪名分别是盗窃罪、抢劫罪、故意伤害罪、聚众斗殴罪、寻衅滋事罪与强奸罪,这六类犯罪的犯罪嫌疑人数量占全部犯罪人数的 82.28%。因此,在对涉罪未成年人进行刑法教育时,应当着重普及上述六类犯罪的教育,有条件的可进行专题教育。

第二,加强其他部门法律法规的教育工作。注重普适性法律宣传,不断提高涉罪未成年人的法律知识储备量,是当前法治教育的重要目标之一。仅仅进行刑法教育是远远不够的,还应当加强其他部门法律法规的教育,具体应当包括:《宪法》、《民法典》和《治安管理处罚法》等。《宪法》是国家的根本大法,学习《宪法》可以让涉罪未成年人最为直接迅速地了解到国家的性质与根本制度,以及自己身为国家公民所拥有的基本权利和义务等内容,从而更有效地使涉罪未成年人摆脱法盲称号,从宏观上了解国家法治。《民法典》是民事权利的宣言书和保障书,民法对公民的日常生活都事无巨细地予以规定,事关民众之福祉,学习好民法对于涉罪未成年人早日回归社会有着极为重要的意义。至于《治安管理处罚法》则更是直接规范着涉罪未成年人的日常举止,《刑法》具有谦抑性,违反《治安管理处罚法》的行为和违反《刑法》的行为都有着社会危害性,很多时候二者仅存在程度的区别,社会危害性较轻的行为由《治安管理处罚法》来规制,社会危害性较重的行为则需要动用《刑法》。据统计,大部分的涉罪未成年人都有触犯《治安管理处罚法》的记录,因此,学习《治安管理处罚法》对于矫正涉罪未成年人的行为也有着无法忽视的重要作用。此外,还要辅之以社会热点法律问题为主的普法教育。普法教育一直是近年来创建法治国家的重要之举,有助于涉罪未成年人树立正确的法治观念,在未来的人生道路上不再走上犯罪道路。

法治教育的方式选择也至关重要。

探索更易被涉罪未成年人接受的新的法治教育方式。为了使涉罪未成年人更充分地了解和接受法治观念,成为具有法忠诚感的合格公民,法治教育方式就显得尤为重要。目前我国涉罪未成年人的法治教育虽规定的形式多样，有集体教育与个别教育，但基本上还停留在照本宣科的"灌输"阶段。现有的法治教育的教学方式难以吸引未成年人的注意力，皆以单向的、静态的说教为主，无法让涉罪未成年人形成实际参与社会生活的意识和能力。为此，我们应当对现有的法治教育方式进行改革。

一是建立生动易懂的法治教育方式。要运用多元互动、生动活泼的教学方式，坚持全程渗透，增加互动性与趣味性，从单向灌输向互动学习方向发展，使涉罪未成年人能在主动接受中学习法律知识，建立法治观念。要根据年龄和文化程度设置课程，分年龄段教学，并保持各个年龄段的连贯性与递进性。法治意识绝非是一朝一夕就能够形成的，特别是对涉罪未成年人而言，更应针对其个人特点合理确定法治教育的重点，形成分层递进、纵向衔接的法治教育体系。

二是健全未成年人亲职教育制度。未成年人的成长离不开家庭，家庭教育是人生教育的起点，未成年人的人生观是在家庭环境和家庭成员的直接影响下形成的，据统计，很多涉罪未成年人正是因为家庭教育的缺位与错位才走上犯罪道路的。因此，健全亲职教育制度的重要性更加凸显。

何谓亲职教育呢？《教育大辞典》对此有如下定义：为改变或加强父母的教育观念，使父母获得抚养教育子女的知识和技能所实施的教育。易言之，亲职教育就是教父母如何做父母的教育。建立健全对涉罪未成年人的强制亲职教育制度，由办案机关在对未成年人作出处理的同时一并决定强制其父母或者其他监护人接受一定时限的亲职教育，对涉罪未成年人的教育有着更为长远的意义，有利于构建和谐的家庭环境，有效预防未成年人再次犯罪。

三是拓展社会渠道，让更多的社会力量参与未成年人法治教育工作。除了家庭应当对未成年人的法治教育担起责任以外，学校与社会应当自觉参与未成年人的法治教育工作，家庭、学校、社会应当形成"三位一体"的法治教育网络。学校在教授文化知识的同时也应传好未成年人法治教育的接力棒，特别是要更加注重问题家庭、离异家庭的未成年人的心理建设。社会力量应与学校、家庭及相关部门合作，建立由教育与公检法、未成年犯管教所、社区矫正机构、团委、妇联等相关部门共同组织，社区工作者、心理专业人员、法律专业人员及志愿者共同参与的法治教育协调配合机制，各个力量共同发力，共同编织涉罪未成年人的法治教育之网。

未成年犯管教所和社区矫正机构等专门机构对涉罪未成年人的专门法治教育的结束绝非其法治教育的终点，恰恰相反，这仅仅是一个起点，而后，家庭、学校和社会应当接下这个法治教育的接力棒，争取将涉罪未成年人改造为一个知法、守法、用法、信法的社会主义合格公民。

88. 安置帮教是什么？哪些机构或人员应当做好安置帮教工作？

1994年2月14日，中央综治委、公安部、司法部、劳动部、民政部和国家工商行政管理总局联合下发了《关于进一步加强对刑满释放、解除劳教人员安置和帮教工作的意见》，明确了安置帮教的性质。所谓安置帮教是指在各级党委、政府的统一领导下，依靠各有关部门和社会力量对特定对象进行的一种非强制性的引导、扶助和管理活动。安置帮教工作具体包括"安置"与"帮教"两部分。安置是帮教的基础，帮教是对安置工作进一步的巩固强化。所谓"安置"是指对刑满释放的人员，在其找到稳定工作获取经济来源之前采取的一系列工作安排。具体包括通过对刑满释放人员提供工作、经济、衣食、住所以及医疗等方面的帮助，防止其因走投无路再次踏入犯罪的道路。"安置"工作的开展对于预防刑满释放人员再犯罪以及巩固改造成果具有重要意义。所谓"帮教"则是指一方面通过对刑满释放的人员进行心理上的疏导，引导其树立正确的人生观、价值观与世界观；另一方面在于通过给予刑满释放人员一定的工作技能与生活技能的培训，目的在于使其尽早地更好地融入社会，对于刑满释放人员的再社会化具有重要意义。

《关于进一步加强对刑满释放、解除劳教人员安置和帮教工作的意见》对于安置帮教的工作范围进行了规定，主要包括以下五项：一是对服刑、劳教人员回归社会前的思想教育、就业技能培训；二是向刑满释放、解除劳教人员户口所在地公安机关、接收单位介绍情况，移交有关档案、材料；三是引导、扶助刑满释放、解除劳教人员就业，或解决生活出路问题；四是对有重新违法犯罪倾向的刑满释放、解除劳教人员进行帮助教育，落实预防重新违法犯罪的措施；五是对重新违法犯罪的刑满释放、解除劳教人员依法从重惩处。通过安置、帮教工作，力争使大多数刑满释放和解除劳教人员增强改过自新的信念和就业能力，在就业、上学和社会救济等方面不受歧视，实现生活有着落，就业有门路，预防和减少重新违法犯罪的目标。

我国真正意义上的安置帮教工作始于新中国成立后的 20 世纪 50 年代，通过不断的探索与实践，完成了从"包管、包教、包思想转化"到"帮助刑释解教人员顺利回归社会"的转变。改革开放之前，我国主要颁布了《中华人民共和国劳动改造条例》及《劳动改造罪犯刑满释放及安置就业暂行处理办法》，明确了刑释人员的就业形式。改革开放之后，随着经济的进一步发展、政治体制改革的深入，我国的安置帮教制度也随之完善发展。在此期间，主要对改革开放之前刑满释放人员的留场安置进行了彻底清理整顿。除了清理整顿历史遗留问题之外，国家对于安置帮教制度也进行了一系列立法。其中主要包括《关于处理逃跑或者重新犯罪的劳改犯和劳教人员的决定》、《关于犯人刑满释放后落户和安置的联合通知》、《关于做好犯人刑满释放后落户和安置工作的通知》以及《关于进一步加强对刑满释放、解除劳教人员安置和帮教工作的意见》等。

根据安置帮教工作的有关规定，安置帮教的主体实际上包括了刑满释放人员所可能接触到的各个职能部门，包括但不限于政府、司法、公安、民政、工商、劳动和社会保障、财政、税务、工会、妇联、关心下一代委员会、共青团、综治办以及其他社会力量等。

一是各级政府。根据《监狱法》第三十七条的规定："对刑满释放人员，当地人民政府帮助其安置生活。刑满释放人员丧失劳动能力又无法定赡养人、扶养人和基本生活来源的，由当地人民政府予以救济。"

二是司法机关。如《最高人民法院关于适用〈中华人民共和国刑事诉讼法〉的解释》第五百四十七条明确规定："人民法院应当加强同政府有关部门、人民团体、社会组织等的配合，推动未成年人刑事案件人民陪审、情况调查、安置帮教等工作的开展，充分保障未成年人的合法权益，积极参与社会治安综合治理。"

三是公安机关。公安机关要会同党政基层组织做好对刑满释放、解除劳教人员的帮助教育工作。特别是对那些恶习较深、改造效果较差而具有重新违法犯罪倾向的，要加强管理，密切掌握他们的思想动态和行动去向，努力做到不脱管、不失控；对重新违法犯罪的，要依法从重惩处。公安派出所要建立对刑满释放、解除劳教人员帮教责任制，与干警工作实绩考核、晋级晋职、政治荣誉和物质奖励切实挂钩。例如，山东省日照市印发《日照港功能区社区矫正安置帮教工作衔接管理办法》，明确规定日照港公安局承担协助辖区司法局管理的主体责任。该办法明确规定日照港公安局牵头成立社区矫正、安置帮教协助监管领导小组,负责协助辖区司法局管理涉及日照港辖区内所有被判处管制、宣告缓刑、裁定假释、决定暂予监外执行人员以及刑满释放人员的安置帮教工作;协助监管领导小组要随人员变动及时补充并制定相应管理制度。该办法的出台,解决了功能区社区矫正、安置帮教工作的管理空白,理顺了功能区相关部门监管职责,为功能区的社会和谐稳定打下了坚实的基础。

四是民政部门。民政部门要鼓励乡镇、街道、村(居)民委员会兴办的经济实体安置刑满释放、解除劳教人员,并把做好安置、帮教工作作为基层政权组织参与社会治安综合治理的一个重要任务。

五是工商部门。工商行政管理部门对尚未就业的刑满释放、解除劳教人员依法申请从事个体工商业经营和开办其他经济实体的,应一视同仁,保护其合法权益。并通过有关组织加强教育、管理,落实治安责任制,增强他们守法经营的观念,提高职业道德水平。

六是劳动和社会保障部门。劳动和社会保障部门要对刑释解教人员提供就业指导服务和就业岗位信息,刑释解教人员参加由各级劳动和社会保障部门组织的再就业定点单位培训的,经考核合格并实现就业后,可根据当地政府有关规定减免培训费用。

七是财政和税务部门。财政和税务部门主要负责对大量安置刑释人员工作的企业,按照相关规定免征企业所得税。同时需要财政部门每年提供相应的财政资金为这些企业提供优惠政策。

八是工会、青年团、妇联、关心下一代委员会、个体劳动者协会,以及各种社会群团组织要共同关心、支持、参与安置帮教工作,为安置和帮教工作的顺利开展提供便利。

除此之外,对于未成年人的安置帮教工作,《预防未成年人犯罪法》进一步明确了安置帮教主体。其中,第五十五条明确规定:"社区矫正机构应当告知未成年社区矫正对象安置帮教的有关规定,并配合安置帮教工作部门落实或者解决未成年社区矫正对象的就学、就业等问题。"第五十六条规定:"对刑满释放的未成年人,未成年犯管教所应当提前通知其父母或者其他监护人按时接回,并协助落实安置帮教措施。没有父母或者其他监护人、无法查明其父母或者其他监护人的,未成年犯管教所应当提前通知未成年人原户籍所在地或者居住地的司法行政部门安排人员按时接回，由民政部门或者居民委员会、村民委员会依法对其进行监护。"第五十七条规定："未成年人的父母或者其他监护人和学校、居民委员会、村民委员会对接受社区矫正、刑满释放的未成年人，应当采取有效的帮教措施，协助司法机关以及有关部门做好安置帮教工作。居民委员会、村民委员会可以聘请思想品德优秀，作风正派，热心未成年人工作的离退休人员、志愿者或其他人员协助做好前款规定的安置帮教工作。"因此，根据本次修订的《预防未成年人犯罪法》，安置帮教工作主体包括社区矫正机构、未成年犯管教所、未成年人的监护人、司法机关以及热心未成年人安置帮教工作的离休人员、志愿者等。

89. 如何对刑满释放的未成年人进行安置帮教？

未成年人刑满释放后，面临严重的复学难、就业难、就学难等问题。如何对未成年人开展有效的安置帮教工作是一个亟须解决的问题。一般认为，应当从以下七个方面着手开展刑满释放的未成年人的安置帮教工作。

第一，完善未成年人刑满释放后安置帮教工作的相关立法。目前，对于未成年人的安置帮教工作，仅有《预防未成年人犯罪法》第五十五条至第五十七条进行了具体的规定。我国目前并没有制定统一的有关未成年人刑满释放后安置帮教工作的相关法律法规，这就导致未成年人的安置帮教工作在具体适用法律时缺乏统一的法律依据，我国对刑释解教人员的安置帮教工作主要还是依靠中央下发的有关文件、规定，以内部通知为执行依据。除此之外，有关未成年人安置帮教工作的相关法律规定基本上都是原则性规定，并没有规定明确的权利义务，并且也缺乏相关的实施细则，有些法律条文也与现行的法律法规相冲突导致在具体适用相关法规时存在困难。因此，需要在接下来的立法工作中，将安置帮教法纳入日程，使安置帮教工作的开展有法可依。

第二，明确未成年人刑满释放后安置帮教工作的责任主体。目前，虽然我国相关的部门法、地方性法规或中央政策性文件中规定了众多的安置帮教主体。然而，具体在落实安置帮教工作中却导致相应的问题。首先，各个主体均是独立开展工作，缺乏统一的协调机制；其次，各部门在具体合作时由于大多都是平级部门，因此也缺乏统一的领导机关；再次，在现行的规定中，也很少规定了具体的责任，因此即使相应的机关并没有落实工作职责也无法追究其责任；最后，部门的多样性也导致具体开展工作时导致相互推诿的现象时有发生。因此，需要在立法中对各职能部门的职责予以明确，使各部门依法履行各自的职责，做到相互配合，使安置帮教工作由原来的各职能部门友情合作变成法定的职责，不履行就要承担法律责任，有效地解决推诿、扯皮问题，更好地解决因为配合不好而导致的脱管、失管问题。

第三，需要加强对未成年人的心理疏导。未成年人由于在未成年犯管教所长期与社会隔离，导致刑满释放后很难与社会接轨，重新踏上生活的轨道。未成年人刑满释放后，可能会遭到来自家庭与社会的歧视。未成年人在回归社会后很有可能遭到来自朋友、家人、同学以及用人单位的嫌弃与歧视，也可能遭到他人的指指点点、闲言碎语。这种状态的长期持续可能导致未成年人出现心理问题，从而不愿意接触社会，也很有可能导致再次走上违法犯罪的道路。因此，除了在物质上对未成年人刑满释放后提供支持外，还需要在心理上加强对未成年人的支持。可以在未成年犯管教所成立相应的心理诊疗室用以解决未成年人在刑满释放后可能遭遇的心理问题，让他们重新认识自己，不断地调整自己，重新步入正轨，获得新生。

第四，完善家庭教育，使未成年人在刑满释放后有家可归。《预防未成年人犯罪法》第五十六条规定："对刑满释放的未成年人，未成年犯管教所应当提前通知其父母或者其他监护人按时接回，并协助落实安置帮教措施。没有父母或者其他监护人、无法查明其父母或者其他监护人的，未成年犯管教所应当提前通知未成年人原户籍所在地或者居住地的司法行政部门安排人员按时接回，由民政部门或者居民委员会、村民委员会依法对其进行监护。"家庭教育与社会教育同等重要，在未成年人回归社会前有必要先回归家庭。这里的家庭不限于父母等具有血缘关系的监护人，还包括民政部门、居民委员会以及村民委员会等。因此，需要未成年人的监护人在未成年人回归家庭后予以正确的引导、教育以及管教等，积极行使监护职责，这对于未成年人回归社会开始全新生活具有重要意义。

第五，需要拓宽安置渠道，加强对未成年人的就业指导，积极解决未成年人的就业难问题。可以从以下几个方面着手，给予未成年人就业工作更大的支持力度，确保愿意工作的未成年人在刑满释放后能够尽早地投入工作。首先，各级政府部门可以为刑满释放的未成年人自谋职业、自主创业等提供便利条件，在技能培训、税收等政策上给予优惠和指导。政府应尽快出台相关政策，针对就业难的失足未成年人提供就业上的政策支持。各级、各职能部门要根据本地、本部门的实际情况，积极为刑释解教人员的安置提供政策上的优惠和便利条件。其次，加大对未成年人就业培训，让未成年人掌握职业技能，同时可以对于短时间内尚未就业的未成年人发放失业津贴，解决他们暂时的经济困难。最后，加快提升经济发展水平，增加就业岗位，为刑满释放的未成年人提供就业信息渠道，提高未成年人求职的成功率。

第六，更新教育政策与规章制度，解决刑满释放未成年人的复学难问题。经过监狱的惩罚和改造，失足未成年人大部分是想弃恶从善的，被判处非监禁刑的失足未成年人更是想走向新生。他们重返社会后，希望能重返校园或重新就业而获得重生。虽然《预防未成年人犯罪法》第五十八条明确规定："刑满释放和接受社区矫正的未成年人，在复学、升学、就业等方面依法享有与其他未成年人同等的权利，任何单位和个人不得歧视。"然而，许多学校的规章制度，都有关于触犯刑法则被开除学籍的规定，这导致未成年人在刑满释放后很难再次踏入校园继续学业。因此，需要教育行政部门在此问题上制定可实施的细则，避免刑满释放后的未成年人在复学问题上受歧视的存在。

第七，推动未成年人犯罪记录消灭制度的建立和完善。我国于1985年签署了《联合国少年司法最低限度标准规则》（北京规则）。规则规定对少年罪犯的档案应严格保密，不能让第三方利用。只有与案件直接有关的工作人员或其他经正式授权的人员才可能接触这些档案。《预防未成年人犯罪法》第五十九条明确规定："未成年人的犯罪记录依法被封存的，公安机关、人民检察院、人民法院和司法行政部门不得向任何单位或者个人提供，但司法机关因办案需要或者有关单位根据国家有关规定进行查询的除外。依法进行查询的单位和个人应当对相关记录信息予以保密。未成年人接受专门矫治教育、专门教育的记录，以及被行政处罚、采取刑事强制措施和不起诉的记录，适用前款规定。"我国目前仅规定了未成年人犯罪记录封存制度，但是尚未确立未成年人犯罪记录消灭制度。未成年人在被定罪量刑后，犯罪记录即会随之记入个人档案，成为贴在未成年人身上的标签，其在升学、就业等方面，不可避免地遭受单位的歧视。而前科消灭制度的施行，使得学校、单位无从查找未成年人的犯罪记录，可以为未成年人撕去犯罪的标签，使其毫无负担地轻松重返社会，真正做到复学、升学、就业不受歧视。

90. 如何理解对于有过违法犯罪经历的未成年人，在复学、升学、就业等方面不得歧视？

一直以来，未成年人在刑满释放后，面临着极为严重的就业难与复学难问题。针对未成年人刑满释放后的就业、升学与复学歧视时有发生，实践中频频出现未成年人犯罪记录封存制度虚置的问题，以及违反《未成年人保护法》第一百一十三条规定的"对违法犯罪的未成年人，实行教育、感化、挽救的方针，坚持教育为主、惩罚为辅的原则。对违法犯罪的未成年人依法处罚后，在升学、就业等方面不得歧视"的问题。因此，如何正确地理解并适用在复学、升学、就业等方面不得歧视有过违法犯罪经历的未成年人就具有重要意义。

早在 2000 年 12 月 17 日中国人大网的法律释义与问答中就对"有过违法犯罪经历的未成年人能否复学、升学、就业"这一问题进行了解答。国家对违法犯罪的未成年人一贯实行"教育、感化、挽救"政策。解除收容教养、劳动教养、依法免予刑事处罚、判处非监禁刑罚、判处刑罚宣告缓刑、假释或者刑罚执行完毕的未成年人，在复学、升学、就业等方面与其他未成年人享有同等权利，不受歧视，是这一政策的具体体现。对有过违法犯罪经历的未成年人来说，复学、升学、就业是他们的现实需要，关系他们现实的生活和将来的出路。如果就学、就业问题得不到解决，他们就可能会丧失重新开始生活的信心，极易受人引诱而重新违法犯罪。相反，如果复学、升学、就业不受歧视，使有过违法犯罪经历的未成年人切实感受到党和政府的关怀和社会的温暖，使他们弃恶扬善，有利于巩固过去教育、感化、挽救的成果。① 违法犯罪的未成年人在接受完应有的处罚后，重新回归学校、工作单位，重新回归正常的生活，就能避免再次误入歧途。

但是在实践中，大多数学校在校规校纪中明文规定对于违法犯罪的未成年人作出开除的决定且在刑满释放后也不得复学。这就导致违法犯罪的

---

① 《有过违法犯罪经历的未成年人能否复学、升学、就业？》，载中国人大网 2000 年 12 月 17 日，http://www.npc.gov.cn/npc/c2315/200012/6fae9a49a4574a36946095cebdab62a4.shtml。

未成年人的平等受教育权受到了侵害,与《监狱法》第三十八条明文规定的"刑满释放人员依法享有与其他公民平等的权利",《教育法》第三十七条的"受教育者在入学、升学、就业等方面依法享有平等权利",以及第四十条"国家、社会、家庭、学校及其他教育机构应当为有违法犯罪行为的未成年人接受教育创造条件"等规定相违背。因此,对于违法犯罪的未成年人在其刑满释放后,依法应当享有与其他未成年人同等的入学、升学、就业等方面的平等权利,不能仅仅是被规定在法条中,国家、社会、家庭、学校及其他教育机构还应当为有过违法犯罪经历的未成年人的复学、升学、就业等方面提供便利条件。

《预防未成年人犯罪法》第五十八条中明确规定:"刑满释放和接受社区矫正的未成年人,在复学、升学、就业等方面依法享有与其他未成年人同等的权利,任何单位和个人不得歧视。"并且在第六十三条还规定了相应主体的法律责任:"违反本法规定,在复学、升学、就业等方面歧视相关未成年人的,由所在单位或者教育、人力资源和社会保障等部门责令改正;拒不改正的,对直接负责的主管人员或者其他直接责任人员依法给予处分。"此次《预防未成年人犯罪法》的修改,增加了对于相应主体的法律责任,明确了责任主体,以便有过违法犯罪经历的未成年人在复学、升学、就业时避免遭遇不公待遇。此次《预防未成年人犯罪法》对于相应主体法律责任的增加具有深刻的意义,有过违法犯罪经历的未成年人复学难、升学难、就业难问题的解决对于刑满释放的未成年人回归社会、开启新生活具有重要意义。在一定程度上,为预防未成年人再犯罪尤其是安置帮教工作的开展提供了便利条件。

91. 未成年人犯罪有哪些特殊的法律保护制度?

公安机关、人民检察院、人民法院和司法行政部门在办理未成年人犯罪案件时,应当坚持"教育为主、惩罚为辅"的原则,实行"教育、感化、挽救"的方针,履行法定职责,依法保障未成年人的合法权益。相比成年人犯罪,司法机关在办理未成年人犯罪案件时,对涉案未成年人主要有以下特殊的法律保护制度。

未成年人在刑事司法程序中的隐私保护制度。在刑事司法活动的各个阶段,为了保护未成年人的隐私权不受侵犯,保障其健康成长,顺利回归社会,所有参与案件侦查、审理、执行的国家工作人员和其他参与案件办理活动的人员不得向社会大众公布未成年人的姓名、照片、住所、其他家庭成员信息或者其他具有人身识别性可能推断出未成年人及其家属确切身份信息等隐私。在侦查阶段，公安机关和检察机关负有保护未成年人隐私的义务。《公安机关办理未成年人违法犯罪案件的规定》第五条规定，办理未成年人违法犯罪案件，应当保护未成年人的名誉，不得公开披露涉案未成年人的姓名、住所和影像。《人民检察院办理未成年人刑事案件的规定》第五条规定，人民检察院办理未成年人刑事案件，应当依法保护涉案未成年人的名誉，尊重其人格尊严，不得公开或者传播涉案未成年人的姓名、住所、照片、图像及可能推断出该未成年人的资料。人民检察院办理刑事案件，应当依法保护未成年被害人、证人以及其他与案件有关的未成年人的合法权益。在审判阶段，我国规定了未成年人刑事案件不公开审理原则。对未成年人刑事案件实行不公开审理保护了未成年人的个人隐私，防止因公开审理给未成年人带来过大的精神压力，有助于他们反省自身的行为，更好回归正常的学习和生活。

未成年人犯罪记录封存制度。《预防未成年人犯罪法》第五十九条规定，未成年人的犯罪记录依法被封存的，公安机关、人民检察院、人民法院和司法行政部门不得向任何单位或者个人提供，但司法机关因办案需要或者有关单位根据国家有关规定进行查询的除外。依法进行查询的单位和个人应当对相关记录信息予以保密。《刑事诉讼法》第二百八十六条规定，犯罪的时候不满18周岁，被判处5年有期徒刑以下刑罚的，应当对相关犯罪记录予以封存。由此可见，根据法律规定，未成年人犯罪记录封存制度适用对象为犯罪时不满18周岁且被判处5年以下刑罚的未成年人，封存的内容是未成年人的"犯罪记录"。"犯罪记录"具体指的是案件办理过程中各环节涉及未成年人犯罪的调查卷宗、检察卷宗、审判卷宗等对犯罪事实和案件案例情况进行了记载的客体及各种法律文书。除了对未成年人犯罪档案材料进行严格保密外，还需要对其曾经犯罪、接受刑事审判的事实进行封存保密。有关刑事污点的档案材料只能保存在司法机关，个人或者其他单位人事档案或者记录均不得显示其刑事污点的存在。本人有拒绝向任何部门、个人陈述的权利，在填写各种表格时，不再填写"曾受过刑事处罚"的字样，对未成年人犯罪记录封存后，犯罪记录限制查询，公检法等保留未成年人档案的机关，除法律规定的特殊情形外，不得向任何单位或个人披露未成年人曾经的犯罪记录。

合适保证人制度。随着城市化的发展,许多外来涉案未成年人由于在当地无监护人、无固定住所、无经济来源,即便符合取保候审条件,如因无法提供保证人或交不起保证金而被逮捕,将造成大量涉案未成年人在审前被羁押。这不仅违背了未成年人"少捕、慎诉、少监禁"的刑事政策,也侵害了外来未成年人获得平等保护的权利。合适成年人制度正是为了解决上述问题。在涉案未成年人无法提供适格保证人的情况下进行补位救济,代为履行保证人职责,以解决未成年人符合取保候审条件却因无法提供保证人或缴纳保证金而被羁押的问题。上海司法机关探索借助社会各界力量组建合适保证人队伍,借鉴域外相关理念,尝试聘用未成年人观护基地志愿者、爱心负责人士、社工站社工、未成年人保护组织代表、大学教师等人员担任合适代表人。比如在刘某某盗窃案件中,上海市某区人民检察院在办理刘某某盗窃案时,经调查发现刘某某家庭环境特殊,父母均为残障人士,刘某某辍学外出打工,由于公司拖欠工资,他为了维持生活需要实施了盗窃行为。其被抓捕后,鉴于其犯罪情节较轻,无前科劣迹,认罪悔罪态度良好,上海市长宁区人民法院变更强制措施为取保候审,但其亲戚朋友均拒绝担任其保证人。法院在与检察机关协商之后,将其安置在爱心企业观护基地,并邀请观护基地负责人担任刘某某的合适保证人,不仅解决了其食宿问题,而且为其提供了临时就业岗位,保证了刘某某的基本生活。随着合适保证人制度的推进,合适保证人的范围也将日益拓展,为涉案未成年人提供更完善的保护。

社会调查制度。社会调查制度是指公安机关、人民检察院、人民法院办理未成年人刑事案件时,对未成年犯罪嫌疑人、被告人的成长经历、犯罪原因、监护教育等情况进行调查,未成年人的身心尚未发育成熟,并不具备完全的辨认是非能力和自我控制能力,容易受不良影响走上违法犯罪的道路,因此在办理未成年人犯罪案件时,应注意调查其个人品格、家庭教育、社会交往等各方面情况,用最佳的手段让其回归社会。上海市长宁区人民法院自1988年10月起在刑事审判中实行社会调查制度,对未成年人进行庭前社会调查,了解犯罪原因,让少年审判工作更适合涉案未成年人的成长。长宁区法院在审理未成年人李某某盗窃案、未成年人韩某某盗窃案两起案例时,对犯罪嫌疑人进行了社会调查,对犯罪嫌疑人案发后的表现情况以及社区矫正意见进行了了解，并将调查报告主要内容写入了判决书，法院还通知社会调查员出庭，将调查报告纳入质证范围，听取控辩双方意见，由法庭进行审查，为正确适用法律、准确量刑提供了有力支撑。

92. 在司法领域如何保护未成年犯罪人的个人隐私和个人信息？

隐私权是公民依法享有的一项基本权利，即便涉嫌实施犯罪行为，部分权利受到限制，在注重法治建设和人权保障的当下，犯罪人依法享有的隐私权仍然受到法律保障。然而，由于施害主体的特殊性，未成年人犯罪案件普遍获得社会的巨大关注。为了博取关注度，不少新闻媒体对未成年人犯罪案件进行过度报道，违法曝光未成年犯的个人信息，而民众朴素的正义观也在不当传播未成年犯个人信息的过程中发挥了重要作用，最终导致未成年人的隐私权遭到侵害。《预防未成年人犯罪法》第三条规定，开展预防未成年人犯罪工作，应当尊重未成年人人格尊严，保护未成年人的名誉权、隐私权和个人信息等合法权益。为了应对社会力量对于未成年犯罪者个人信息的侵害，保护未成年人的合法权利，司法行政机关应当全面建立未成年犯隐私保护机制，司法机关亦应更有实效地落实在未成年人犯罪案件司法程序中对于未成年犯隐私的保护。

在司法审判程序中，根据我国《刑事诉讼法》，涉及公民隐私的证据应当保密，有关公民个人信息的第一审案件不公开审理。这些法律规定适用于所有公民，以在司法审判程序中保护公民隐私权为目的，自然适用于未成年犯。除此之外，《刑事诉讼法》第二百八十六条针对未成年犯特别规定，犯罪的时候不满 18 周岁，被判处 5 年有期徒刑以下刑罚的，应当对相关犯罪记录予以封存。犯罪记录被封存的，不得向任何单位和个人提供，但司法机关为办案需要或者有关单位根据国家规定进行查询的除外。依法进行查询的单位，应当对被封存的犯罪记录的情况予以保密。第二百八十五条规定，审判的时候被告人不满 18 周岁的案件，不公开审理。但是，经未成年被告人及其法定代理人同意，未成年被告人所在学校和未成年人保护组织可以派代表到场。

除上述普遍适用于我国公民的相关隐私权的法律规范之外，我国对于未成年人及未成年犯还制定了相关法律。作为"未成年人权益保护"的纲领性文件，《未成年人保护法》第六十三条规定，任何组织或者个人不得隐匿、毁弃、非法删除未成年人的信件、日记、电子邮件或者其他网络通讯内容。

除下列情形外，任何组织或者个人不得开拆、查阅未成年人的信件、日记、电子邮件或者其他网络通讯内容：(1) 无民事行为能力未成年人的父母或者其他监护人代未成年人开拆、查阅；(2) 因国家安全或者追查刑事犯罪依法进行检查；(3) 紧急情况下为了保护未成年人本人的人身安全。

1999 年司法部部长办公室通过的《未成年犯管教所管理规定》在第二十四条规定，对未成年犯的档案资料应当严格管理，不得公开和传播，不得向与管理教育或办案无关人员泄露。对未成年犯的采访、报道，须经省、自治区、直辖市监狱管理局批准，且不得披露其姓名、住所、照片及可能推断出该未成年犯的资料。任何组织和个人不得披露未成年犯的隐私。该规定针对未成年人犯罪档案资料的管理作出规制，严格限制了未成年犯采访报道的内容和接受采访的未成年犯的曝光度。

完成矫治教育、接受刑事强制措施或刑罚处罚后，未成年人的相关违法犯罪记录应当被依法封存，除特殊情况外不得向任何单位或个人提供。根据《预防未成年人犯罪法》第五十九条的规定，未成年人的犯罪记录依法被封存的，公安机关、人民检察院、人民法院和司法行政部门不得向任何单位或者个人提供，但司法机关因办案需要或者有关单位根据国家有关规定进行查询的除外。依法进行查询的单位和个人应当对相关记录信息予以保密。未成年人接受专门矫治教育、专门教育的记录，以及被行政处罚、采取刑事强制措施和不起诉的记录，适用前款规定。

除了以上这些相关的法律法规当中散见的对未成年人隐私权保护的相关规定之外，我国司法机关根据相应的法律，也都制定了一系列旨在规范及指导相关机构和工作人员保障未成年人个人信息、防范对未成年犯隐私权侵害的规定。如《最高人民法院关于司法公开的六项规定》关于文书公开的相关内容中明确指出，涉及未成年人犯罪的裁判文书人民法院不予在互联网上公开发布。

93. 未成年人犯罪记录封存制度是什么？封存内容包括哪些？它对预防未成年人重新犯罪有什么意义？

如何对待未成年人犯罪问题，是国家治理中必须高度重视的关系国家和民族未来的根本问题。对于未成年人来说，犯罪意味着他们将被留下"犯罪"的标签，也会打上"犯罪"的烙印进而导致未成年人刑满释放后受到社会的排斥，难以重新融入学习生活中。然而，未成年人可能是由于在其成长过程中缺乏家庭和学校的引导，容易受到外界的影响从事违法犯罪活动。同时，少年的未来在一定程度上也代表了国家的未来，无论是从域外经验还是我国实际来看，通过给予未成年人一定的特殊关怀，不管是对于未成年人犯罪后的教育改造，还是帮助其重返社会从而预防其再犯罪，均具有重大意义。因此，2012年我国《刑事诉讼法》第二百七十五条正式将未成年犯罪人的犯罪记录封存制度纳入其中（在2018年《刑事诉讼法》修改之后，未成年人犯罪记录封存制度规定在第二百八十六条）。在最高人民检察院出台的《人民检察院刑事诉讼规则》及最高人民法院出台的《最高人民法院关于适用〈中华人民共和国刑事诉讼法〉的解释》第五百八十一条中对于未成年人犯罪记录封存制度具体的适用都进行了规定。在本次修订的《预防未成年人犯罪法》第五十九条中也规定，未成年人的犯罪记录依法被封存的，公安机关、人民检察院、人民法院和司法行政部门不得向任何单位或者个人提供，但司法机关因办案需要或者有关单位根据国家有关规定进行查询的除外。依法进行查询的单位和个人应当对相关记录信息予以保密。未成年人接受专门矫治教育、专门教育的记录，以及被行政处罚、采取刑事强制措施和不起诉的记录，适用前款规定。

根据我国《刑事诉讼法》第二百八十六条的规定："犯罪的时候不满十八周岁，被判处五年有期徒刑以下刑罚的，应当对相关犯罪记录予以封存。犯罪记录被封存的，不得向任何单位和个人提供，但司法机关为办案需要或者有关单位根据国家规定进行查询的除外。依法进行查询的单位，应当对被封存的犯罪记录的情况予以保密。"基于此，适用未成年人犯罪记录封存制度需要满足以下几个条件：第一，明确了适用对象。依照该规定，适用该制度的对象为犯罪时不满18周岁的未成年人。需要注意的是即使该未成年人在审判时或者执行刑罚时已满18周岁，但是在其实施犯罪时尚未满18周岁，即可适用该制度。第二，明确了刑度条件。根据该规定，并非所有的未成年人犯罪都可以适用未成年人犯罪记录封存制度，只有当其所判处的法定刑为5年以下有期徒刑时，才可以适用该制度。第三，对于查询主体及查询的目的进行了限定。即司法机关为办案需要或者有关单位根据国家规定进行查询的除外。需要注意的是，有关单位对犯罪记录进行查询的，需要依据"国家规定"。该"国家规定"有严格的限定，仅指全国人民代表大会及其常委会制定的法律和决定，国务院制定的行政法规、规定的行政措施、发布的决定和命令，不包括部门规章和地方性法规。

2022年5月24日，最高人民法院、最高人民检察院、公安部、司法部联合发布《关于未成年人犯罪记录封存的实施办法》，自2022年5月30日起施行。该实施办法涵盖未成年人犯罪记录的定义及范围、封存情形、封存主体及程序、查询主体及申请条件、提供查询服务的主体及程序、解除封存的条件及后果、保密义务及相关责任等内容，基本上解决了目前未成年人犯罪记录封存中遇到的主要问题。

根据该实施办法的规定，封存内容力求全面，即对于涉及未成年人案件的材料"应封尽封"，具体包括：一是对于未成年人刑事案件程序中的材料，在诉讼终结前一律加密保存、不得公开；人民法院依法判决后，被判处5年有期徒刑以下刑罚以及免予刑事处罚的，相关部门应当主动对自己掌握的未成年人相关犯罪记录予以封存。对于分案办理的未成年人与成年人共同犯罪案件，分案后未封存的成年人卷宗封皮应当标注"含犯罪记录封存信息"，并对相关信息采取必要保密措施。二是对于未成年人不予刑事处罚、不追究刑事责任、不起诉、采取刑事强制措施的记录；对涉罪未成年人进行社会调查、帮教考察、心理疏导、司法救助等工作的记录也应当依法封存。三是对于涉及未成年被害人的案件与涉及未成年人民事、行政、公益诉讼案件，也要注意对未成年人的信息予以保密。四是对于2012年12月31日以前办结的案件符合犯罪记录封存条件的，也应当予以封存。

未成年犯罪人犯罪记录封存制度的确立，对于预防未成年人再犯罪的意义主要表现在以下几个方面。

第一，该制度契合我国对于未成年人坚持教育为主、惩罚为辅的原则。我国《未成年人保护法》第一百一十三条规定："对违法犯罪的未成年人，实行教育、感化、挽救的方针，坚持教育为主、惩罚为辅的原则。"我国《预防未成年人犯罪法》第二条规定："预防未成年人犯罪，立足于教育和保护未成年人相结合，坚持预防为主、提前干预，对未成年人的不良行为和严重不良行为及时进行分级预防、干预和矫治。"未成年人犯罪记录封存制度将未成年人的部分犯罪记录予以封存，并且相应的司法机关应当予以保密，不得泄露。一般认为，未成年人犯罪记录一旦进行了封存就不得使用，因此从此角度而言，一方面，该制度契合我国确立的对未成年人犯罪所实施的教育、感化以及挽救的方针；另一方面，该制度规定对于封存的犯罪记录在一定的条件下又允许予以解封，在一定程度上体现了对未成年人犯罪的"惩罚为辅"的原则。

第二，未成年人犯罪记录封存制度有利于未成年人更好地再社会化。我国实施宽严相济的刑事政策，所谓宽严相济的刑事政策是指对于社会危害性较大的恶性犯罪投入更多的司法资源，处以较为严苛的刑罚；对于社会危害性小、情节简单的案件出于给予犯罪人更多的机会的考虑从而予以轻刑化处理。未成年人犯罪记录封存制度则契合了我国宽严相济的刑事政策，通过对犯罪危害性较小的未成年人犯罪予以轻刑化处理，将其犯罪记录予以封存，从而减少未成年人在刑满释放后的心理压力，使得未成年人更好地重新踏入正常生活。从保护未成年人利益的角度出发，为犯罪未成年人提供教育及就业机会，有助于使未成年人实现自身价值，树立健全的人格。同时结合后期的社区矫正及帮教措施使未成年人更好地自我反思，从而认罪悔罪，不愿犯罪。

第三，未成年人犯罪记录封存制度有利于虚化乃至免除"标签理论"对未成年犯罪人的影响。标签理论是以近代美国著名现代社会学家莱默特和贝克尔的理论为基础而不断发展逐步形成的理论。具体而言，这一理论认为每一个人在其一生当中，或多或少会实施违反法律或者社会道德的偏差行为，但如果这种行为在被社会或者他人评价之后定义为"偏差者"，这种标签效应就会被扩大化。罪犯的标签不仅会产生规范性的评价，使未成年人受到法律层面的多种限制，还会使未成年人难以进行正常的社会交往，在复学、升学、就业等方面遇到阻碍。标签效应还可能使未成年人被社会群体孤立，以致其不得不与自己处境相同的"同类"结伴，这极易造成交叉感染，大大增加再犯罪的可能性。而未成年人犯罪记录封存制度则有效地避免了"标签理论"对于未成年人的不利影响。通过对部分未成年人犯罪记录予以封存，有效地降低了社会对于未成年犯罪人的负面评价，该制度通过严格限制对未成年人犯罪记录的查询，进而将"标签理论"的影响降至最低，也使得未成年人牢记教训，淡忘过去的行为，早日改过自新开始新生活。

综上，未成年人犯罪记录封存制度体现了国家对于未成年犯罪人的人文关怀，是法律对于未成年犯罪人的宽宥。设立该制度的最终目的在于实现特殊预防与一般预防的统一、实现"教育为主、惩罚为辅"的方针原则、实现宽严相济的刑事政策乃至最后达到预防未成年人重新犯罪的终极目标。

94. 如果未成年人的犯罪记录泄露，有什么救济途径？

"无救济则无权利"。即使法律对于公民权利、自由规定得再完备，列举得再全面，如果这些权利和自由受到侵犯后，公民无法获得有效救济的话，那么法律上所规定的权利和自由将成为一纸空文。因此，法律不能仅满足于在书面上规定一系列的权利，还必须建立若干种权利救济途径，使得权利受到侵害的公民能够获得复议及诉讼的机会。

一般认为，实施侵害未成年人有关犯罪记录的情形主要包括，职权机关及其工作人员不按规定封存未成年人犯罪记录或者违法提供或泄露未成年人犯罪记录。例如，未成年人刑事案件中的相关民事裁判文书的公开导致犯罪记录封存效果不理想；实习律师在担任未成年人法律援助律师时，将犯罪记录封存过的判决书作为其办理的案件材料用以申请律师执业证，从而泄露了相关信息；某地检察院为了宣传帮教基地的效果，对几位矫治成功的未成年人的事迹通过媒体进行宣传；等等。①

基于此，当未成年人的犯罪记录泄露时，可以从以下几种途径寻求救济。第一，公权力机关应当发挥自身作用提供救济。一般认为，检察机关作为我国的法律监督主体应当履行监督职责，对于相关职权机关应当封存犯罪记录但是尚未封存的、办案机关违法披露未成年人信息的以及犯罪人员信息管理机关违法提供未成年人犯罪记录，对未成年人造成不良影响的，检察机关可以发出书面的检察意见，在必要的时候可以提起公益诉讼。第二，如果未成年犯罪人及其法定代理人发现司法机关未按照法律规定及时封存该未成年人的犯罪记录，或者错误登记了相关信息经提醒后未及时改正，或者不合规地向不具有申请资质的机关或者单位提供未成年人的犯罪信息的，未成年犯罪人及其法定代理人可以向该机关的上级主管部门或者法律监督部门提起申诉。第三，当侵犯未成年人隐私事实明确但轻微或者对未成年人影响不大的，由有权机关责令停止其不当行为，并给予侵权人以告诫、罚款等处罚，单位也可以给相关违规人员一定的处分。如

---

① 宋英辉、杨雯清：《我国未成年人犯罪记录封存制度研究》，载《国家检察官学院学报》2019年第4期。

果违规行为情节恶劣或者造成严重后果已经违反刑法的情况下,则未成年犯罪人及其法律代理人可以向监督部门检举或者直接向公安机关报案。第四,在《民法典》第一千零三十二条至第一千零三十九条对于自然人的隐私权和个人信息保护进行了规定,其中《民法典》第一千零三十四条明确规定:"自然人的个人信息受法律保护。个人信息是以电子或者其他方式记录的能够单独或者与其他信息结合识别特定自然人的各种信息,包括自然人的姓名、出生日期、身份证件号码、生物识别信息、住址、电话号码、电子邮箱、健康信息、行踪信息等。个人信息中的私密信息,适用有关隐私权的规定;没有规定的,适用有关个人信息保护的规定。"据此可以看出,未成年人的犯罪记录既属于《民法典》规定的自然人的个人信息也属于隐私权范畴,如果有关机关、单位或者个人故意或者不当泄露未成年人犯罪记录,则属于侵犯个人信息以及隐私权。并且《民法典》第一千零三十九条也规定:"国家机关、承担行政职能的法定机构及其工作人员对于履行职责过程中知悉的自然人的隐私和个人信息,应当予以保密,不得泄露或者向他人非法提供。"因此,如果未成年犯罪人及其法定代理人发现非司法机关的有关单位、组织或者个人违反法律规定的保密义务非法对外泄露未成年人犯罪信息,或者在使用已获取的关于未成年犯罪人犯罪记录信息时超出法律规定的使用范围的,未成年人及其法定代理人可以提起侵权之诉,要求消除不当公开所导致的对未成年犯罪人的消极影响,并要求获得赔偿从而维护自身的合法权益。

　　救济与法律本身同等重要,一套行之有效的法律制度离不开救济机制的建立和健全。未成年人犯罪与成年人犯罪不同,未成年人犯罪多为偶发、初犯。部分未成年人是因为缺乏家庭、社会以及学校等方面的正确引导而走上犯罪的道路。为了顺应国际社会对于未成年人犯罪立法的潮流,我国建立了未成年人犯罪记录封存制度,给予未成年人一定的宽宥处理。实践中,也会经常发生不当泄露未成年人犯罪信息的情况,基于此,必须建立健全一套行之有效、途径多元的救济制度,使得未成年人的犯罪记录在泄露后尽早地找到一条救济之路,尽早地消除不当泄露给未成年人带来的消极影响。因此,明确未成年人犯罪记录封存制度的救济途径对于制度的完善与发展,以及搭起未成年犯罪人回归社会的"金桥",从而预防未成年人再犯罪大有裨益。

第六章　法律责任

95. 诉讼过程中，国家机关发现实施严重不良行为的未成年人的父母或者其他监护人不依法履行监护职责的，可以采取什么措施？

家庭是孩子的第一所学校，父母是孩子的第一任老师。《民法典》第二十六条第一款规定："父母对未成年子女负有抚养、教育和保护的义务。"未成年人的父母或者其他监护人对未成年人的预防犯罪教育负有直接责任，应当依法履行监护职责，树立优良家风，培养未成年人良好品行；发现未成年人心理或者行为异常的，应当及时了解情况并进行教育、引导和劝诫，不得拒绝或者怠于履行监护职责。联合国有关未成年人犯罪人处遇[①]的刑事司法准则中，确立了"保护主义优先"的基本原则。其主要内涵是：对于未成年犯罪人，应侧重于帮助、教育，而不是压制、惩罚，惩罚只是最后手段；应把促进未成年犯罪人的健康和幸福作为少年司法的根本目的。该原则在延展意义上即要求"早发现早干预"，保护未成年人免于犯罪。作为预防未成年人犯罪的第一道防线，未成年人的父母或者其他监护人对未成年人自身的不良行为应介入矫正，防止发展成犯罪，对于"触法"未成年人和具有严重不良行为有可能犯罪的未成年人来说，通过国家适度干预，及时地矫正其行为是最符合其利益的做法。

《预防未成年人犯罪法》第六十一条规定："公安机关、人民检察院、人民法院在办理案件过程中发现实施严重不良行为的未成年人的父母或者其他监护人不依法履行监护职责的，应当予以训诫，并可以责令其接受家庭教育指导。"首先，本条明确规定了负有职责的国家机关包括公安机关、人民检察院和人民法院，这与新法修订之前仅规定公安机关为唯一主体有所区别。根据《预防未成年人犯罪法》（2012修正）第四十九条、第五十条的规定，未成年人的父母或者其他监护人不履行监护职责，放任未成年

[①] "处遇"一词，本义是指医学上对病人的处置和治疗。"二战"后随着人权运动的蓬勃发展，以及刑罚社会化、刑罚个别化思想的兴起，处遇一词被借用到刑事司法领域，意指以教育、救助和矫正犯罪人为核心理念的犯罪预防和处置模式。

人的不良行为或者严重不良行为的，由公安机关对未成年人的父母或者其他监护人予以训诫，责令其严加管教；或者让不满十六周岁的未成年人脱离监护单独居住的，由公安机关对未成年人的父母或者其他监护人予以训诫，责令其立即改正。由此可见，新法明确将人民检察院、人民法院纳入主体中，明显充实完善了各个司法机关在诉讼中的教育责任，力求在整个诉讼流程中加大对未成年人权益的保护，也相应地加重了未成年人的父母或者其他监护人不依法履行监护职责的法律责任。其次，本条所规制的对象是，对发现未成年人实施严重不良行为不依法履行监护职责的未成年人的父母或者其他监护人。父母是未成年人的监护人自无异议，问题在于本条所规定的"其他监护人"应当如何确定呢？根据《民法典》第二十七条第二款的规定，"未成年人的父母已经死亡或者没有监护能力的，由下列有监护能力的人按顺序担任监护人：（一）祖父母、外祖父母；（二）兄、姐；（三）其他愿意担任监护人的个人或者组织，但是须经未成年人住所地的居民委员会、村民委员会或者民政部门同意"。所谓"严重不良行为"是指《预防未成年人犯罪法》第三十八条规定的，未成年人实施的有刑法规定、因不满法定刑事责任年龄不予刑事处罚的行为，以及严重危害社会的行为。最后，我们应当重点关注国家机关发现未成年人的父母或者其他监护人不依法履行监护职责可以采取的措施。一是"应当予以训诫"，二是"并可以责令其接受家庭教育指导"。从法条用语表述的细微差别可以看出，国家机关必须对不依法履行监护职责的未成年人的父母或者其他监护人进行训诫，并在必要的情况下责令未成年人的父母或者其他监护人接受家庭教育指导。

"训诫"作为非刑罚性处置措施的一种，《刑法》第三十七条规定："对于犯罪情节轻微不需要判处刑罚的，可以免予刑事处罚，但是可以根据案件的不同情况，予以训诫或者责令具结悔过、赔礼道歉、赔偿损失，或者由主管部门予以行政处罚或者行政处分。"一般认为，"训诫"是司法机关对犯罪情节轻微不需要判刑的人公开进行谴责的教育方法。"训诫"作为一种非刑罚处罚方法，适用于情节轻微不需要判刑的犯罪人，可以产生感化、教育效应，进而实现预防和减少犯罪的目的。司法机关在适用训诫时，应当根据案件的具体情况，一方面严肃地指出未成年人的父母或者其他监护人的违法行为，分析其社会危害性；另一方面应当责令其努力改正，今后不再重犯。在司法实践中，司法机关适用训诫措施存在适用率低、适用效果差的问题，有必要予以优化调整。具体而言，可以从强化书面训诫的运用、明确训诫的核心内容、建立具有长效机制的训诫措施体系、注意训诫的程序性规范等方面着手。

与"训诫"不同的是，"责令接受家庭教育指导"实则为新法修订的内容。《预防未成年人犯罪法》（2012修正）第四十九条规定为"责令严加管教"、第五十条规定为"责令立即改正"，实际上该两条所表述的内容完全可以为"训诫"所涵盖，而新法修订的"责令接受家庭教育指导"可以视为不同于"训诫"的内容。虽然是新法的修订，但早在2017年最高人民检察院印发的《未成年人刑事检察工作指引（试行）》中就规定了与此相似的"亲职教育"。该司法解释性质文件第六十一条规定："对因家庭成员沟通和相处方式存在明显问题，影响涉案未成年人心理健康发育的，经涉案未成年人的法定代理人、监护人同意，可以对涉案未成年人及其法定代理人、监护人共同开展家庭教育和相处方式的心理咨询，并联合社会帮教力量启动亲职教育和亲子沟通辅导，帮助构建和谐健康的家庭模式。"如青浦区检察院在办理一起校园暴力案件中，在对4名未达刑事责任年龄的未成年人进行司法训诫的同时，向4人的监护人制发《严加管教令》，并在3个月的观护帮教过程中进行"一对一"的亲职教育。父母教育观念和教育方法的不科学、不正确对未成年人的行为认知会造成严重影响，极易引发未成年人犯罪，但可悲的是有很多父母并不知道科学、正确的教育观念和教育方法。有调查分析表明，60%以上的未成年犯父母对未成年犯存在溺爱的情况，20%左右的未成年犯父母对未成年犯存在关爱不够的情况，打骂教育方式约占20%，不管不问的约占5%。时至今日，对未成年人的家庭教育问题仍然没有引起人们的足够重视，新法的修订可以说是督促未成年人的父母或者其他监护人改变教育方式，依法履行监护职责的探索。2021年4月12日，重庆市检察机关发出首份《责令接受家庭教育指导令》。[①] 督促孩子父母正确履行监护职责，接受家庭教育指导，改

[①] 在该案中，年仅7岁的男孩宇轩（化名）多次遭受亲生父亲孙某的家暴，导致宇轩产生较强恐惧感，但尚未达到刑事立案的标准，重庆市沙坪坝区法院认定孙某家暴宇轩的事实，向孙某发出"禁止其对宇轩实施辱骂、殴打等家庭暴力行为"的人格权保护禁令。为帮助孩子彻底走出家暴阴霾，沙坪坝区检察院结合宇轩表现出的恐惧、焦虑情绪，聘请心理咨询师每周为宇轩提供一次心理疏导，由沙坪坝区检察院检察官、社工、心理咨询师组成监护考察组，共同构建孩子的情感倾诉空间，帮助其修复心理创伤。后检察机关发出《责令接受家庭教育指导令》，并让孙某在《监护教育保证书》上签字，责令孙某接受"一对一"的家庭教育指导。

善家庭教育方式。沙坪坝区检察院发出的《责令接受家庭教育指导令》，是对法院"人格权保护禁令"的有效补充。随着《预防未成年人犯罪法》的修订，"责令接受家庭教育指导"所规制的对象将不仅仅是家暴的父母或者其他监护人，还有其他情形下不依法履行监护职责的父母或者其他监护人。

96. 学校及其教职员工对预防未成年人犯罪有何特殊责任？

学校作为未成年人学习生活的主要场所，学校教育是家庭教育的重要补充，学校及其教职工对预防未成年人犯罪负有重大责任。我国《宪法》第四十六条规定："中华人民共和国公民有受教育的权利和义务。国家培养青年、少年、儿童在品德、智力、体质等方面全面发展。"即凡具有中华人民共和国国籍的适龄儿童、少年，不分性别、民族、种族、家庭财产状况、宗教信仰等，依法享有平等接受义务教育的权利，并履行接受义务教育的义务。学校应当做好预防未成年人犯罪工作，及时消除滋生未成年人违法犯罪行为的各种消极因素，为未成年人身心健康发展创造良好的学校环境。

《预防未成年人犯罪法》第六十二条第一款规定："学校及其教职员工违反本法规定，不履行预防未成年人犯罪工作职责，或者虐待、歧视相关未成年人的，由教育行政等部门责令改正，通报批评；情节严重的，对直接负责的主管人员和其他直接责任人员依法给予处分。构成违反治安管理行为的，由公安机关依法予以治安管理处罚。"

学校及其教职员工应当承担法律责任的违法行为有两类："不履行预防未成年人犯罪工作职责"和"虐待、歧视相关未成年人"。所谓"不履行预防未成年人犯罪工作职责"，是指违反本法第十七条、第十八条、第十九条、第二十条、第二十二条的规定，包括未将预防犯罪教育纳入学校教学计划，未聘任从事法治教育的专职或者兼职教师，未配备专职或者兼职的心理健康教育教师，未与未成年学生的父母或者其他监护人加强沟通，未严格排查并及时消除可能导致学生欺凌行为的各种隐患，未通过举办讲座、座谈、培训等活动指导教职员工、未成年学生的父母或者其他监护人有效预防未成年人犯罪，未将预防犯罪教育计划告知未成年学生的父母或者其他监护人等。

所谓"歧视相关未成年人"，是指学校及其教职工专门针对具有严重不良行为的未成年人的不平等地对待。我国《宪法》第四条第一款规定："中华人民共和国各民族一律平等。国家保障各少数民族的合法的权利和利益，维护和发展各民族的平等团结互助和谐关系。禁止对任何民族的歧视和压迫，禁止破坏民族团结和制造民族分裂的行为。"第三十六条第一款和第二款规定："中华人民共和国公民有宗教信仰自由。任何国家机关、社会团体和个人不得强制公民信仰宗教或者不信仰宗教，不得歧视信仰宗教的公民和不信仰宗教的公民。"由此看出，《宪法》中规定的"不得歧视"主要针对的是民族歧视和宗教信仰歧视。《未成年人保护法》第三条第二款规定："未成年人依法平等地享有各项权利，不因本人及其父母或者其他监护人的民族、种族、性别、户籍、职业、宗教信仰、教育程度、家庭状况、身心健康状况等受到歧视。"第二十九条第一款规定："学校应当关心、爱护未成年学生，不得因家庭、身体、心理、学习能力等情况歧视学生。对家庭困难、身心有障碍的学生，应当提供关爱；对行为异常、学习有困难的学生，应当耐心帮助。"第一百一十三条第二款规定："对违法犯罪的未成年人依法处罚后，在升学、就业等方面不得歧视。"《未成年人保护法》中规定的"不得歧视"则扩展到种族、性别、户籍、职业、教育程度、家庭状况、身心健康状况、学习能力、升学、就业等方面。值得注意的是，《预防未成年人犯罪法》将"具有不良行为的未成年人"纳入"不得歧视"的范围，进一步提高了其范围上的周延性。

　　学校对有不良行为的未成年学生，不得歧视，应当加强管理教育，具体的管理教育措施包括：予以训导、要求遵守特定的行为规范、要求参加特定的专题教育、要求参加校内服务活动、要求接受社会工作者或者其他专业人员的心理辅导和行为干预以及其他适当的管理教育措施。应当注意的是，未成年学生由专门学校转为普通学校的，其原所在学校不得歧视和拒绝接收。

　　所谓"虐待相关未成年人"，是指采用残暴狠毒的手段对待具有严重不良行为的未成年人。虐待有很多种，包括身体虐待、情绪虐待、心理虐待和性虐待。未成年人因心智发育不成熟而导致其意思能力、判断能力有所欠缺，而且缺乏必要的行动能力，因而对负有监护、看护职责的人员具有极强的依赖性，这就导致其在遭受虐待时不能或不敢反抗。虐待行为本身因手段和发生场域的特殊性而具有一定的隐蔽性，若再加上监护、看护职责的掩护，以及被害对象自身有限的对虐待行为的反抗能力，待到犯罪行为被发现时，虐待行为的危害后果早已相当严重且无法挽回。也正是在这一社会共识和要求下，2015年《中华人民共和国刑法修正案（九）》增设了虐待被监护、看护人罪以作出回应。一般来讲，"虐待罪"中的虐待行为，是指经常以打骂、冻饿、禁闭、强迫过度劳动、有病不治等方法，对共同生活的家庭成员在肉体上、精神上肆意摧残、折磨，且摧残、折磨行为须具有经常性、一贯性的特点。①

根据《预防未成年人犯罪法》第六十二条第一款的规定，对于构成违法的学校及其教职员工，有以下三种法律责任承担方式：一是由教育行政等部门责令改正，通报批评；二是情节严重的，对直接负责的主管人员和其他直接责任人员依法给予处分；三是构成违反治安管理行为的，由公安机关依法予以治安管理处罚。根据《行政处罚法》第九条的规定，"通报批评"是行政处罚的种类之一。一般认为，"通报批评"是指行政机关在一定范围内对违法行为人的违法事实予以公布，以导致其声誉和信誉造成损害，既制裁和教育违法者，又广泛教育他人的一种措施。在情节严重的情况下，则对直接负责的主管人员和其他直接责任人员依法给予处分。该处分应为行政处分，是指行政机关内部上级处理违纪的下级，或者行政机关内部监察部门或者纪委处理违反纪律的人。根据《治安管理处罚法》第十条的规定，"治安管理处罚的种类分为：（一）警告；（二）罚款；（三）行政拘留；（四）吊销公安机关发放的许可证。对违反治安管理的外国人，可以附加适用限期出境或者驱逐出境"。应当指出，这三种法律责任承担方式都是行政责任，该条虽未规定刑事责任，也应当认为学校及其教职员工构成犯罪的，依法应当追究其刑事责任，如可能构成《刑法》第二百六十条之一规定的"虐待被监护、看护人罪"。该条规定："对未成年人、老年人、患病的人、残疾人等负有监护、看护职责的人虐待被监护、看护的人，情节恶劣的，处三年以下有期徒刑或者拘役。单位犯前款罪的，对单位判处罚金，并对其直接负责的主管人员和其他直接责任人员，依照前款的规定处罚。有第一款行为，同时构成其他犯罪的，依照处罚较重的规定定罪处罚。"

---

① 值得注意的是，学理上认为，考虑到"虐待被监护、看护人罪"的被害对象具有特殊性，对"虐待"行为的认定不要求必须具有经常性、一贯性的特征。

97. 根据《预防未成年人犯罪法》规定，教职员工在什么情况下，会被教育行政部门、学校依法予以解聘或者辞退？

《预防未成年人犯罪法》第六十二条第二款规定："教职员工教唆、胁迫、引诱未成年人实施不良行为或者严重不良行为，以及品行不良、影响恶劣的，教育行政部门、学校应当依法予以解聘或者辞退。"由此可见，教职员工在两种情况下会被教育行政部门、学校依法予以解聘或者辞退：一是教唆、胁迫、引诱未成年人实施不良行为或者严重不良行为；二是品行不良、影响恶劣。

著名教育家叶圣陶曾说过："教育工作者的全部工作就是为人师表。"教师必须要规范自己的言行举止，要以自己的"言"为学生之师，"行"为学生之范，言传身教，动之以情，晓之以理，导之以行，做名副其实的人类灵魂工程师。未成年人正处于长身体、长知识的阶段，其生理和心理尚未完全发育成熟，对外部不良因素的侵袭缺乏抵御能力，很容易受到社会不良风气的影响。因此，未成年人的健康成长，必须有一个良好的外部环境。教职员工教唆、胁迫、引诱未成年人实施不良行为或者严重不良行为，会严重危害他们的健康成长，甚至使他们走上违法犯罪的道路。为了预防未成年人实施不良行为，保证未成年人健康成长，本条规定教职员工不得教唆、胁迫、引诱未成年人实施不良行为或者严重不良行为。教职员工非但不引导学生规范自己的不良行为，反而教唆、胁迫、引诱未成年人实施不良行为或者严重不良行为，其已经丧失了为人师表的资格，教育行政部门、学校依法予以解聘或者辞退具有正当性。

新法修订之前，《预防未成年人犯罪法》（2012年修正）第二十五条规定："对于教唆、胁迫、引诱未成年人实施不良行为或者品行不良，影响恶劣，不适宜在学校工作的教职员工，教育行政部门、学校应当予以解聘或者辞退；构成犯罪的，依法追究刑事责任。"新法在第二种情形下，删除了"不适宜在学校工作"的限制，也即教职员工自身的品行状况可以独立作为教育行政部门、学校依法予以解聘或者辞退的理由。其实，在《教师法》《教师资格条例》中已经规定了对教师品行和道德的要求。《教师法》第八条规定："教师应当履行下列义务：（一）遵守宪法、法律和职业道德，为人师表；（二）贯彻国家的教育方针，遵守规章制度，执行学校的教学计划，履行教师聘约，完成教育教学工作任务；（三）对学生进行宪法所确定的基本原则的教育和爱国主义、民族团结的教育，法制教育以及思想品德、文化、科学技术教育，组织、带领学生开展有益的社会活动；（四）关心、爱护全体学生，尊重学生人格，促进学生在品德、智力、体质等方面全面发展；（五）制止有害于学生的行为或者其他侵犯学生合法权益的行为，批评和抵制有害于学生健康成长的现象；（六）不断提高思想政治觉悟和教育教学业务水平。"第三十七条规定："教师有下列情形之一的，由所在学校、其他教育机构或者教育行政部门给予行政处分或者解聘：（一）故意不完成教育教学任务给教育教学工作造成损失的；（二）体罚学生，经教育不改的；（三）品行不良、侮辱学生，影响恶劣的。教师有前款第（二）项、第（三）项所列情形之一，情节严重，构成犯罪的，依法追究刑事责任。"《教师资格条例》第十九条规定："有下列情形之一的，由县级以上人民政府教育行政部门撤销其教师资格：（一）弄虚作假、骗取教师资格的；（二）品行不良、侮辱学生，影响恶劣的。"

也应当注意的是，教育行政部门、学校解聘或者辞退教职员工的同时也应当保护教职员工的权利和合法权益。《教师法》第三十九条规定："教师对学校或者其他教育机构侵犯其合法权益的，或者对学校或者其他教育机构作出的处理不服的，可以向教育行政部门提出申诉，教育行政部门应当在接到申诉的三十日内，作出处理。教师认为当地人民政府有关行政部门侵犯其根据本法规定享有的权利的，可以向同级人民政府或者上一级人民政府有关部门提出申诉，同级人民政府或者上一级人民政府有关部门应当作出处理。"

98. 在复学、升学、就业等方面歧视相关未成年人的，应当承担什么责任？

根据《预防未成年人犯罪法》第六十三条的规定，"违反本法规定，在复学、升学、就业等方面歧视相关未成年人的，由所在单位或者教育、人力资源和社会保障等部门责令改正；拒不改正的，对直接负责的主管人员或者其他直接责任人员依法给予处分"。第六十四条规定："有关社会组织、机构及其工作人员虐待、歧视接受社会观护的未成年人，或者出具虚假社会调查、心理测评报告的，由民政、司法行政等部门对直接负责的主管人员或者其他直接责任人员依法给予处分，构成违反治安管理行为的，由公安机关予以治安管理处罚。"第六十三条、第六十四条的规定均是新法修订新增的内容。新修订的《未成年人保护法》也增加了此类规定，第一百一十三条第二款规定："对违法犯罪的未成年人依法处罚后，在升学、就业等方面不得歧视。"

《预防未成年人犯罪法》第六十三条意在保护违法犯罪的未成年人免遭复学、升学、就业方面的歧视，一方面是保障未成年人的教育权利；另一方面体现了我国对未成年人违法犯罪所一贯坚持的"教育、感化、挽救"的方针。《未成年人保护法》第一百一十三条第一款规定："对违法犯罪的未成年人，实行教育、感化、挽救的方针，坚持教育为主、惩罚为辅的原则。"从根本上讲，本规定的目的在于消除相关未成年犯回归社会的障碍，帮助未成年犯重新融入社会，防止其重新犯罪。未成年人正处于人生观、价值观的形成时期，身心发展尚未健全，辨别是非的能力和抵御外界诱惑的能力差，其自身的自感性增加了重新犯罪的概率。相关未成年人回到社会后，他们一方面想要重新建立正常的人际网络，获得社会和他人的认同和尊重，但社会公众对犯罪人的歧视或不接受，令他们逐渐丧失生活的信心；另一方面，他们出于寻求认同的想法，更容易接受不良群体的诱惑和拉拢。这些不良群体里的人，往往有着相似的违法犯罪经历或类似的越轨行为方式，他们是被社会排斥的一群人，在这里他们获得了畸形的认同，这种认同促使他们与群体成员保持稳定的联系，他们彼此之间的影响不仅成为相关未成年人重新社会化的严重障碍，而且也是诱发他们重新犯罪的重要因素。事实表明，社会对未成年犯的排斥和不接受是导致未成年人重新犯罪的间接原因。根据《预防未成年人犯罪法》第五十八条的规定，"刑满释放和接受社区矫正的未成年人，在复学、升学、就业等方面依法享有与其他未成年人同等的权利，任何单位和个人不得歧视"。但在现实生活中，曾经有过犯罪记录的未成年人就像是被贴上了"犯罪"标签，无论是再次求学或再就业，总会遭遇不同程度的尴尬。调查发现，仅12%的未成年犯认为身边的同学同事朋友等对自己持关心态度，52%的人则认为他人态度一般，36%的人认为无人过问或受到歧视。[①] 犯罪标签理论认为，制造犯罪人的过程就是一个贴上标签、给他下定义、认同、隔离、描述、强调以及形成意识和自我意识的过程，它变成了一种刺激暗

[①] 上海市第一中级人民法院少年审判庭课题组：《未成年人重新犯罪的实证分析及对策研究——以上海市未成年犯管教所在押少年犯为研究样本》，载《青少年犯罪问题》2011年第3期。

示、强调和发展被谴责的那些品质的方式。对于误入歧途走上犯罪道路的未成年人，就像被贴上"犯罪"标签，得不到社会和他人的承认，难以进行社会的良好沟通并获得认同，这些都强烈地刺激了他们原本就脆弱的自尊，使其在重新面对社会时更加痛苦，导致他们与他人的交往更加困难。对于未成年犯，其回归的自我认同是艰难和痛苦的，一旦他自己认同了被他人扭曲的自我形象，认同自己就是罪犯，就把自己推向了更加危险的境地。为解决犯罪记录或其他不良记录给相关未成年人在升学、就业和生活等方面带来的困难和歧视，我国《预防未成年人犯罪法》规定了未成年人的犯罪记录封存制度。《预防未成年人犯罪法》第五十九条规定："未成年人的犯罪记录依法被封存的，公安机关、人民检察院、人民法院和司法行政部门不得向任何单位或者个人提供，但司法机关因办案需要或者有关单位根据国家有关规定进行查询的除外。依法进行查询的单位和个人应当对相关记录信息予以保密。未成年人接受专门矫治教育、专门教育的记录，以及被行政处罚、采取刑事强制措施和不起诉的记录，适用前款规定。"在复学、升学、就业等方面歧视相关未成年人的，应当承担行政责任，轻则由所在单位或者教育、人力资源和社会保障等部门责令改正；拒不改正的，对直接负责的主管人员或者其他直接责任人员依法给予处分。

《预防未成年犯罪法》第六十四条规定了有关社会组织、机构及其工作人员虐待、歧视接受社会观护的未成年人，或者出具虚假社会调查、心理测评报告的行为应当承担的法律责任。那么，何谓"社会观护"？"出具虚假社会调查、心理测评报告"为何要承担法律责任？社会观护制度[①]是人民法院在长期的未成年人审判中探索建立起来的一项新制度。《未成年人保护法》第一百一十六条规定："国家鼓励和支持社会组织、社会工作者参与涉及未成年人案件中未成年人的心理干预、法律援助、社会调查、社会观护、教育矫治、社区矫正等工作。"这为社会观护制度的探索建立提供了法律依据。在涉及未成年人的民事权益案件中，社会观护制度主要是指由社会观护组织推荐的合适社会人士，接受人民法院的委托，在部分案

---

① 观护制度，最早由美国观护制度之父——约翰·奥古斯塔确立。美国观护人协会将观护制度定义为："法院对于经过慎重选择的刑事被告，所采用的社会调查与辅导的一种处遇方法。这些刑事被告处于观护处分期间，虽允许生活于自由社会中，但其品行应遵守法院所告知的条件以及接受观护人的辅导监督。"

件中开展社会调查、协助调解、判后回访等工作的制度。未成年人社会观护制度能够充分表达未成年人的意愿，有效体现未成年人权益的特殊优先保护。因此，社会观护制度对未成年人的权益保护具有重要作用。为了更加规范地开展社会观护工作，上海市长宁区人民法院于 2011 年 9 月 9 日会同上海市长宁区妇女联合会、上海市阳光社区青少年事务中心长宁工作站共同出台了《在未成年人民事案件中开展社会观护的工作规程》，上海市高级人民法院于 2011 年 12 月 22 日出台《上海法院审理未成年人民事、行政案件开展社会观护工作的实施意见》，为社会观护工作提供了制度支持。《预防未成年人犯罪法》第五十一条规定："公安机关、人民检察院、人民法院办理未成年人刑事案件，可以自行或者委托有关社会组织、机构对未成年犯罪嫌疑人或者被告人的成长经历、犯罪原因、监护、教育等情况进行社会调查；根据实际需要并经未成年犯罪嫌疑人、被告人及其法定代理人同意，可以对未成年犯罪嫌疑人、被告人进行心理测评。社会调查和心理测评的报告可以作为办理案件和教育未成年人的参考。"社会调查是指公安机关、人民检察院、人民法院办理未成年人刑事案件时，对未成年犯罪嫌疑人、被告人的成长经历、犯罪原因、监护教育等情况进行调查。心理测评报告是指通过一套客观、科学的心理测评系统对未成年人犯罪嫌疑人、被告人细化评估其犯罪的成因、再犯的可能性及释放后的社会危险性，从而对未成年犯罪嫌疑人、被告人开展有个性化的矫正和教育。社会调查和心理测评报告能够证明未成年犯罪嫌疑人、被告人的人身危险性，因此是量刑的重要参考依据。有关社会组织、机构及其工作人员出具虚假社会调查、心理测评报告，不仅会对未成年犯罪嫌疑人、被告人的量刑产生实质影响，而且也会损害司法权威和公平正义。对于出具虚假社会调查、心理测评报告的有关社会组织、机构及其工作人员，应当依法给予处分；构成违反治安管理行为的，应予以治安管理处罚。

99. 教唆、胁迫、引诱未成年人实施不良行为或者严重不良行为，应当承担什么责任？

《预防未成年人犯罪法》第六十五条规定："教唆、胁迫、引诱未成年人实施不良行为或者严重不良行为，构成违反治安管理行为的，由公安机关依法予以治安管理处罚。"本条中规定的"教唆"，是指故意授意、怂恿、指使未成年人实施不良行为或者严重不良行为。"胁迫"，是指以打骂、威胁等方法迫使未成年人实施不良行为或者严重不良行为。"引诱",是指引导、诱惑、诱骗未成年人实施不良行为或者严重不良行为。本条中规定的"不良行为",是指《预防未成年人犯罪法》第二十八条规定的未成年人实施的不利于其健康成长的下列行为:(1)吸烟、饮酒;(2)多次旷课、逃学;(3)无故夜不归宿、离家出走;(4)沉迷网络;(5)与社会上具有不良习性的人交往,组织或者参加实施不良行为的团伙;(6)进入法律法规规定未成年人不宜进入的场所;(7)参与赌博、变相赌博,或者参加封建迷信、邪教等活动;(8)阅览、观看或者收听宣扬淫秽、色情、暴力、恐怖、极端等内容的读物、音像制品或者网络信息等;(9)其他不利于未成年人身心健康成长的不良行为。本条中规定的"严重不良行为",是指《预防未成年人犯罪法》第三十八条规定的未成年人实施的有刑法规定、因不满法定刑事责任年龄不予刑事处罚的行为,以及严重危害社会的下列行为:(1)结伙斗殴,追逐、拦截他人,强拿硬要或者任意损毁、占用公私财物等寻衅滋事行为;(2)非法携带枪支、弹药或者弩、匕首等国家规定的管制器具;(3)殴打、辱骂、恐吓,或者故意伤害他人身体;(4)盗窃、哄抢、抢夺或者故意损毁公私财物;(5)传播淫秽的读物、音像制品或者信息等;(6)卖淫、嫖娼,或者进行淫秽表演;(7)吸食、注射毒品,或者向他人提供毒品;(8)参与赌博赌资较大;(9)其他严重危害社会的行为。

根据《预防未成年人犯罪法》第六十五条规定,实施上述行为,构成违反治安管理行为的,由公安机关依法予以治安管理处罚。《治安管理处罚法》第十条规定:"治安管理处罚的种类分为:(一)警告;(二)罚款;(三)行政拘留;(四)吊销公安机关发放的许可证。对违反治安管理的外国人,可以附加适用限期出境或者驱逐出境。"《治安管理处罚法》第十七条规定:"共同违反治安管理的,根据违反治安管理行为人在违反治安管理行为中所起的作用,分别处罚。教唆、胁迫、诱骗他人违反治安管理的,按照其教唆、胁迫、诱骗的行为处罚。"也就是说,教唆、胁迫、引诱未成年人实施不良行为或者严重不良行为的,应当按照其教唆、胁迫、引诱的行为处罚。而且,该教唆、胁迫、引诱的行为属于从重处罚情节,应当适用该法从重进行处罚。《治安管理处罚法》第二十条规定:"违反治安管理有下列情形之一的,从重处罚:(一)有较严重后果的;

(二)教唆、胁迫、诱骗他人违反治安管理的;(三)对报案人、控告人、举报人、证人打击报复的;(四)六个月内曾受过治安管理处罚的。"此外,《治安管理处罚法》还对教唆、胁迫、引诱未成年人实施两类不良行为或者严重不良行为的行为规定了具体刑罚:一是从事邪教、会道门活动或者利用邪教、会道门、迷信活动。《治安管理处罚法》第二十七条规定:"有下列行为之一的,处十日以上十五日以下拘留,可以并处一千元以下罚款;情节较轻的,处五日以上十日以下拘留,可以并处五百元以下罚款:(一)组织、教唆、胁迫、诱骗、煽动他人从事邪教、会道门活动或者利用邪教、会道门、迷信活动,扰乱社会秩序,损害他人身体健康的;(二)冒用宗教、气功名义进行扰乱社会秩序、损害他人身体健康活动的。"二是吸食、注射毒品。《治安管理处罚法》第七十三条规定:"教唆、引诱、欺骗他人吸食、注射毒品的,处十日以上十五日以下拘留,并处五百元以上二千元以下罚款。"

若未成年人被教唆、胁迫、引诱实施了犯罪行为,仅仅因未达刑事责任年龄而不予刑事处罚,也应当追究教唆者、胁迫者、引诱者的刑事责任。具体而言分为两种情形:一是教唆、引诱未成年人实施犯罪行为,根据共同犯罪的原理,该行为人可能构成教唆犯。刑法对于教唆他人犯罪的,作了处罚规定。根据《刑法》第二十九条的规定,"教唆他人犯罪的,应当按照他在共同犯罪中所起的作用处罚。教唆不满十八周岁的人犯罪的,应当从重处罚。如果被教唆的人没有犯被教唆的罪,对于教唆犯,可以从轻或者减轻处罚",这一规定体现了对未成年人的重点保护和对教唆未成年人犯罪的人从重处罚的立法精神。二是胁迫未成年人实施犯罪行为,把未成年人作为工具加以利用,该行为人可能构成间接正犯。也就是说,该行为人和未成年人并不构成共同犯罪,其应当被认定为单独犯罪,也即单独正犯。未成年人走上违法犯罪的道路都是有一个过程的,一般都是从养成不良习惯、实施不良行为开始,由于教育挽救不及时而最终成为犯罪分子。所以,对于未成年人的不良行为要以预防为主,有了不良行为,要及时纠正、教育,防止进一步发展成违法犯罪行为。对于任何教唆、胁迫、引诱未成年人实施不良行为或者严重不良行为的,都要严厉禁止。本条的规定,对于预防未成年人的不良行为和严重不良行为,具有重要的意义。保护未成年人不受违法犯罪分子的侵害,防止未成年人在教唆、胁迫、引诱下违法犯罪，不仅是父母或者其他监护人的责任，也是学校的责任。未成年人在教唆、胁迫、引诱下实施违法犯罪，往往处在被动地位，需要各方面帮助摆脱违法犯罪分子的控制。学校发现有人教唆、胁迫、引诱未成年人违法犯罪的，应当向公安机关报告，以消除违法犯罪因素，保护未成年人的安全，使违法犯罪分子受到应有的制裁。为了预防教唆、胁迫、引诱未成年人违法犯罪事件的发生，学校应当加强预防犯罪教育，培养学生自我保护的能力，同时也应当关心学生的思想情绪、课余生活以及家庭和社会生活环境，努力减少未成年人因受到教唆、胁迫、引诱而违法犯罪的条件和机会。

100. 国家机关及其工作人员在预防未成年人犯罪工作中滥用职权、玩忽职守、徇私舞弊的，应当承担什么责任？

《预防未成年人犯罪法》第六十六条规定："国家机关及其工作人员在预防未成年人犯罪工作中滥用职权、玩忽职守、徇私舞弊的，对直接负责的主管人员和其他直接责任人员，依法给予处分。"第六十七条规定："违反本法规定，构成犯罪的，依法追究刑事责任。"国家机关及其工作人员在预防未成年人犯罪工作中滥用职权、玩忽职守、徇私舞弊的，应当承担行政责任；构成犯罪的，应当承担刑事责任。

所谓"依法给予处分"，在《中华人民共和国监察法》（以下简称《监察法》）出台之前仅指行政处分，但在该法颁布之后，应当认为也须包括政务处分。2018年3月，全国人大通过了《监察法》，该法把所有行使公权力的人员都纳入了监察范围。《监察法》第四十五条规定，监察机关有权对监察对象依法作出政务处分决定，由此形成了我国对行政机关公务员的违法违纪处分在法律体制上由单轨制向双轨制的演变。《监察法》出台之前，我国对行政公务员的违法违纪处分是以《中华人民共和国公务员法》（以下简称《公务员法》）、《行政机关公务员处分条例》及《中华人民共和国行政监察法》等为法律依据，以行政权力为依托，是一种内部行政惩戒行为，且具有单轨制的特征。直到2018年《宪法》修正及《监察法》颁布之后，对行政公务员的处分开始分化出两种相对独立的法律制度。其一是源自行政权，以《公务员法》等为主要法律依据的行政处分；其二是源自监察权，以《监察法》为法律依据的政务处分。对行政公务员违法违纪处分的双轨制是把行政处分和政务处分并列，在性质上是行政机关的内部监督与监察机关的外部制约相结合。它既不是处分上的重合,也不是处分上的相互替代,而是处分上的适度分工协作。为避免处分上的重复,相关法律及其规定对此进行了处理,其方式是采用处分的时间先后来确定,先作出的一种处分即可免除后作出的处分,即针对同一违纪违法行为,如果监察机关已经作出政务处分的,行政机关就不再作出行政处分(《公务员法》第六十一条第二款);如果行政机关先作出了行政处分的,监察机关就不再作出政务处分(《公职人员政务处分暂行规定》第十九条)。这种调适措施,建立在对监察权和行政权相互尊重的基础上,但对这两种处分之所以能够相互遵从和认可,主要还是因为监察机关对行政公务员作出的政务处分与行政机关作出的行政处分的法律依据相同,同为《公务员法》与《行政机关公务员处分条例》,并且两种处分措施相同,同为警告、记过、记大过、降级、撤职、开除。

《刑法》第三百九十七条规定了滥用职权罪和玩忽职守罪,二者均属于渎职犯罪。渎职犯罪是典型的基于特定职责义务的违反而形成的犯罪,因此此类犯罪普遍要求主体具有特定的国家机关工作人员身份。不过,作为违反职责的犯罪,其处罚的核心在于义务的违反,而至于以作为还是不作为的方式违反义务,则不那么重要。滥用职权罪与玩忽职守罪的区分并非单纯地属于作为与不作为的区分,相反,行为类型属于作为还是不作为,取决于行为对结果的实行性投入,而与罪名无关。《刑法》第三百九十七条规定:"国家机关工作人员滥用职权或者玩忽职守,致使公共财产、国家和人民利益遭受重大损失的,处三年以下有期徒刑或者拘役;情节特别严重的,处三年以上七年以下有期徒刑。本法另有规定的,依照规定。国家机关工作人员徇私舞弊,犯前款罪的,处五年以下有期徒刑或者拘役;情节特别严重的,处五年以上十年以下有期徒刑。本法另有规定的,依照规定。"作为典型的渎职犯罪,不管是何种方式,对于滥用职权罪和玩忽职守罪的客观行为表现来说,都要求行为的实施与一定的职权行使具有关联性,这是滥用职权罪和玩忽职守罪客观行为的基本特征。滥用职权罪与玩忽职守罪两罪的区分争议,焦点其实并不在于两罪行为类型的区分,而是集中于两罪主观构成要件的区分上。在学理上,故意说作为传统滥用职权罪的主观理论,目前确实遭到了很多批判,不过过失说虽然有一定道理,但也不能忽视司法实践中对滥用职权罪理解的继承。

也因此，关于此罪的主观要件还出现了第三种观点，并存罪过说。并存罪过说与复合罪过说都是学者为了解决滥用职权罪与玩忽职守罪之间界限难以清晰划分而提出的观点。滥用职权罪和玩忽职守罪不仅共用同一个法条，法定刑完全相同，而且在司法适用时也往往很难作出截然区分，规定统一入罪门槛既有利于及时立案，也不影响判决时根据案件具体情况准确定罪和在量刑时予以区别。

此外，值得注意的是，《刑法》第三百九十七条第二款特别规定了国家机关工作人员徇私舞弊滥用职权的，加重法定刑。那么作为加重法定刑条件的"徇私舞弊"，如何理解？首先关于徇私，在理论上有主观说和客观行为说两种不同的观点，显然一个将其理解为主观要素而另一个将其理解为客观要素。在徇私的内容上，通常将徇私解释为"徇私情""徇私利"两种，私情和私利各自侧重有所不同，但统一的都是因私而废公。接下来是关于"舞弊"的理解。作为滥用职权罪加重行为构成的客观要件，舞弊这一规定一般得到了承认。但是"舞弊"究竟是一种独立的客观要件，还是对滥用职权客观要件的一种整体概括呢？"舞弊"本身意指使用欺骗的方法，显然这一方法并不足以涵盖滥用职权的客观行为特征，所以可以认为"舞弊"是指一种比较特殊的滥用职权的方法，也因此才引起了法定刑的升格。此外，"舞弊"和"徇私"可以说是并存的滥用职权罪的加重构成的要素，二者不是选择的关系而是并列的关系，是二者的共同合力使得滥用职权罪的加重构成得以实现。

后　　记

《预防未成年人犯罪法》的修订开启了新时代未成年人保护的新篇章。上海市长宁区人民法院是中国少年审判的发源地，也是上海市人大常委会确定的基层立法联系点，为进一步加强未成年人保护的法治宣传工作，助力系统解读和准确适用《预防未成年人犯罪法》，全力守护"少年的你"，我们组织编写了此书。

本书由上海长宁法院党组书记、院长孙培江担任主编，长宁法院党组成员、副院长赵敏、王飞、彭志娟、金练红担任副主编。长宁法院孙海峰、顾薛磊、吴双、陈清、李旭颖、李超、朱霄霄、徐莉、颜世杰、陈立、王夏迎、陈云、饶婷、丁佳、赵丹、江玲、李宇、王一婷、庄云婧、朱浩然、房倩、曾晓琳、万达、石晓峰、张昕颖、丁宁、周晓宇、吕健，以及华东师范大学法学院基层立法联系点工作志愿者汤书晶、沈琦尧、王琳琳、刘萌、王波、宋凡、蹇新妹、高玉硕、张昊楠、金亦宁、孟令芹、阮彩瑜、杨安宝、赵丽丽等参与了本书的编写工作。

由于时间仓促，水平有限，本书难免有不足及疏漏之处，敬请读者批评指正。

编　者

2022 年 6 月